Tertiarisierung und Informatisierung
in Europa

SCHRIFTEN ZUR
EMPIRISCHEN WIRTSCHAFTSFORSCHUNG

Herausgegeben von Peter M. Schulze

Band 5

PETER LANG
Frankfurt am Main · Berlin · Bern · Bruxelles · New York · Oxford · Wien

Nora Lauterbach

Tertiarisierung und Informatisierung in Europa

Eine empirische Analyse des Strukturwandels in Deutschland, Frankreich, Italien und Großbritannien

PETER LANG
Europäischer Verlag der Wissenschaften

Bibliografische Information Der Deutschen Bibliothek
Die Deutsche Bibliothek verzeichnet diese Publikation in der Deutschen Nationalbibliografie; detaillierte bibliografische Daten sind im Internet über <http://dnb.ddb.de> abrufbar.

Zugl.: Mainz, Univ., Diss., 2003

D 77
ISSN 1437-0697
ISBN 3-631-52198-7

www.peterlang.de

VORWORT

Die vorliegende Arbeit wurde vom Fachbereich Wirtschaftswissenschaften der Johannes Gutenberg-Universität Mainz als Dissertation angenommen. Sie entstand während meiner Tätigkeit als Wissenschaftliche Mitarbeiterin am Institut für Statistik und Ökonometrie. Für die vielfältige Unterstützung möchte ich mich hiermit bedanken.

Mein besonderer Dank gilt Herrn Univ.-Prof. Dr. Peter M. Schulze, der die Arbeit als Erstgutachter betreute. Er hat mit angenehmen Arbeitsbedingungen, viel Geduld und ständigem Motivieren sehr zum Gelingen der Arbeit beigetragen. Herrn Univ.-Prof. Dr. Aloys Prinz danke ich für die bereitwillige und freundliche Übernahme des Zweitgutachtens. Nicht unerwähnt bleiben sollen Herr Univ.-Prof. Dr. Hartwig Bartling und Herr Univ.-Prof. Dr. Volker Hentschel, die gemeinsam mit Herrn Univ.-Prof. Dr. Peter M. Schulze die akademischen Gespräche während des Rigorosums zu einem guten Abschluss des Promotionsverfahrens werden ließen.

Die Arbeit hat von sehr wertvollen Anregungen meiner Kollegen profitiert. Hier sind vor allem Herr Dr. Christoph Balz, Herr Dr. Daniel Porath und Herr Dr. Günter Schmidt zu nennen. Meiner Mutter Hannelore Lauterbach danke ich ebenfalls für wertvolle Hinweise. Nicht zuletzt hat die moralische Unterstützung durch Uwe wesentlich zum Gelingen der Arbeit beigetragen.
Den Grundstein zu all dem hat jedoch Familie Stoffel gelegt. Sie kennen gelernt zu haben ist einer dieser besonders glücklichen und richtungsweisenden Zufälle im Leben. Ihr liebevolles Interesse für meinen Entwicklungsweg zu spüren, tut mir seid Jahren sehr gut.

Mainz, im Februar 2004 Nora Lauterbach

INHALTSVERZEICHNIS

ABKÜRZUNGS- UND SYMBOLVERZEICHNIS

A	Arbeitseinsatz
AD	Anteilsdifferenzen
AP	Arbeitsproduktivität
AB	Außenbeitrag
ADF-Test	Augmented-Dickey-Fuller-Test
AIC	Informationskriterium von Akaike
ARCH	Autoregressiv bedingte Heteroskedastie
ARMA-Modell	Autoregressives Moving Average-Modell
ARIMA-Modell	Autoregressives integriertes Moving Average-Modell
BANT	Beschäftigungsanteil des Dienstleistungssektors an der Gesamtbeschäftigung
BIP	Bruttoinlandsprodukt
BP	Breusch-Pagan-Test
BPM	Balance of Payments Manual
BSP	Bruttosozialprodukt
BVAR	Bayes'sches VAR-Modell
BVE	Bruttovolkseinkommen
BWS	Bruttowertschöpfung
CO	Cochrane-Orcutt-Prozedur
c.p.	Ceteris paribus
df	Degree of freedom
DF-Test	Dickey-Fuller-Test
DIW	Deutsches Institut für Wirtschaftsforschung, Berlin
DL	Dienstleistungen
DW-Wert	Durbin-Watson-Statistik
EMS	European Monetary System
EN	Euklidische Norm
EPL	Employment Protection Legislation
EU	Europäische Union
Eurostat	Europäisches Statistikamt
EXDL	Dienstleistungsexporte als Anteil am BIP
EZB	Europäische Zentralbank
FDI	Foreign Direct Investment
FuE	Forschung und Entwicklung
G	Wirtschaftliche Gesamtgröße
g_i	Wirtschaftliche Teilgrößen

GARCH-M	Generalized Autoregressive Conditional Heteroskedasticity in Mean
GATS	General Agreement on Trade in Services
GDI	Gottlieb Duttweiler Institut
GLI	Grubel-Lloyd-Index
GLS	Generalized Least Squares
HP	Hodrick-Prescott-Filter
HWWA	Hamburgisches Welt-Wirtschafts-Archiv
ICCP	Institute for Certification of Computing Professionals
I(d)	Integrationsgrad der Ordnung d
ifo	Institut für Wirtschaftsforschung, München
IFW	Institut für Weltwirtschaft, Kiel
IG	Informationsgewinn
iid	independent identical distributed
IKT	Informations- und Kommunikationstechnologien
ILO	International Labour Organization
IMF	International Monetary Fund
INSEE	Institut National de la Statistique et des Études Économiques
INV	Investitionen
ISCO	International Standard Classification of Occupations
ISIC	International Standard Industrial Classification
IT	Informationstechnologien
JB	Jarque-Bera-Test
K	Kapitaleinsatz
L	Erwerbstätigenzahlen der Gesamtwirtschaft
L_{DL}	Erwerbstätigenzahlen des Dienstleistungssektors
L_I	Erwerbstätigenzahlen des Industriesektors
LI	Lilien-Index
LM-Test	Lagrange-Multiplikator-Test
ln	Natürlicher Logarithmus
LR-Test	Likelihood-Ratio-Test
LSDV-Modell	Least Squares Dummy Variable-Modell
MA	Moving-Average-Prozess
M & A	Mergers & Acquisitions
n	Wachstumsrate der Bevölkerung
NACE	National Accounts in Europe
NBER	National Bureau of Economic Research
OECD	Organisation for Economic Cooperation and Development
OLS	Ordinary Least Squares

p.a.	Per annum
PKY	Pro-Kopf-Einkommen
PROD	Produktivität
RD	relative Anteilsdifferenzen
RELPREIS	relative Preise von Dienstleistungen im Vergleich zum Preisniveau des nationalen Gesamtoutputs
RELPROD	relative Arbeitsproduktivität im Dienstleistungssektor
RSS	Residual Sum of Squares
RWI	Rheinisch-Westfälisches Institut, Essen
t	Zeit, Proxy-Variable für den technischen Fortschritt
SBC	Informationskriterium von Bayes und Schwarz
S_L	Lilien-Index für die Beschäftigung
S_Y	Lilien-Index für die Wertschöpfung
ST	Steuereinnahmen als Anteil am BIP
STI	Science, Technology and Industry
SUR	Seemingly Unrelated Regression
SVAR	Strukturelles VAR-Modell
SVR	Sachverständigenrat zur Begutachtung der gesamtwirtschaftlichen Entwicklung
UNCTAD	United Nations Conference on Trade and Development
VAR	Vektorautoregressiv
VGR	Volkswirtschaftliche Gesamtrechnungen
VMA	Vektor-Moving-Average
WPIIS	Working Party on Indicators for the Information Society
WR	Wachstumsrate
WTO	World Trade Organization
WZ 93	Klassifikation der Wirtschaftszweige, Ausgabe 1993
XVAR	VAR-Modell mit exogenen Variablen
Y	Bruttowertschöpfung der Gesamtwirtschaft
Y_{DL}	Bruttowertschöpfung des Dienstleistungssektors
Y_I	Bruttowertschöpfung des Industriesektors
YANT	Wertschöpfungs-Anteil des Dienstleistungssektors am nationalen Gesamtoutput
ZR	Zuwachsratenmaßzahl
δ	Abschreibungsrate
Δ	Differenzenoperator über die Zeit
2SLS	Two Stage Least Squares

TABELLENVERZEICHNIS

ABBILDUNGSVERZEICHNIS

1 EINLEITUNG

Veröffentlichungen zum Thema Strukturwandel gibt es sehr viele. So hat z.B. im Jahre 1979 in Deutschland der Bundesminister für Wirtschaft die fünf führenden Wirtschaftsforschungsinstitute mit einer regelmäßigen Strukturberichterstattung beauftragt, die 1996/98 in die 6. Berichtsrunde ging.[1] Warum sollte also zu diesem Thema noch etwas Neues gesagt werden können? Weil Wandel in den Strukturen der Volkswirtschaften permanent stattfindet und weil damit die Hoffnung bestehen bleibt, Lösungsansätze z.B. für das gravierende Problem der Arbeitslosigkeit in Europa zu finden.

Der Schwerpunkt der bisherigen Veröffentlichungen zum Strukturwandel liegt auf der deskriptiven Seite. Die Zahl der ökonometrischen Analysen ist begrenzt. Noch erstaunlicher ist, dass es bisher wenig Analysen zum Strukturwandel in Europa gibt. Dabei ist der Anpassungsdruck durch die Vollendung des Binnenmarktes in Europa 1992 sowie durch die Einführung der gemeinsamen Währung Euro im Jahre 1999 zunächst als Buchgeld und ab 2002 als gesetzliches Zahlungsmittel größer geworden, vor allem in Bezug auf den Arbeitsmarkt. Denn die Wechselkurse sind als Ausgleichsmechanismus bei gravierenden makroökonomischen Problemen zwischen den Ländern der Europäischen Wirtschafts- und Währungsunion (EWWU) weggefallen. Das Analysedefizit sowohl mit dem Fokus des Strukturwandels in Europa als auch hinsichtlich ökonometrischer Untersuchungen zum Strukturwandel soll mit dieser Arbeit geringer werden.
Eine zusätzliche Erweiterung bisheriger Studien zum Strukturwandel findet unter dem Blickwinkel der Informatisierung statt. Auf diesem Gebiet hat die OECD bisher eine Vorreiterrolle gespielt. Denn obwohl Informatisierung seit den 1970er Jahren verstärkt stattfindet, sind nationale amtliche Statistiken zur Informatisierung derzeit kaum verfügbar. So wurde z.B. im Jahr 2002 in Deutschland erstmals eine Veröffentlichung des Statistischen Bundesamtes zur aktuellen Entwicklung der Informationsgesellschaft unter Präsentation verschiedener Fachstatistiken vorgelegt.[2] Im Auftrag von Eurostat fand in fast allen Mitgliedstaaten der Europäischen Union im Jahr 2002 eine Piloterhebung zu den Aspekten der Informationsgesellschaft statt. Erste Auswertungen daraus zu Informationstechnologien in Unternehmen und zur Nutzung von Informations- und Kommunikationstechnologien in Privathaushalten sind für Deutschland seit Februar 2003 verfügbar.[3] Die hier vorgelegte Studie gibt einen deskriptiven Überblick mit ausgewählten Kennziffern der Informatisierung für Deutschland, Frankreich, Italien und Großbritannien.

Unterschiede in der Art und im Grad des Strukturwandels hin zur Dienstleistungsgesellschaft - dem Prozess der Tertiarisierung - und weiter zur nächsten ökonomischen Entwicklungsstufe fortgeschrittener Volkswirtschaften - der Informationsgesellschaft - können Anhaltspunkte für die Ursache der unterschiedlich hohen Arbeitslosigkeit in den zu untersuchenden Ländern geben. Die Hoffnungen zur Minderung/Beseitigung

[1] Die Strukturberichterstattung im Auftrag des Bundesministeriums für Wirtschaft und Arbeit wurde nach der 6. Runde eingestellt.

[2] Vgl. Statistisches Bundesamt, 2002.

[3] Vgl. Petrauschke/Kaumanns, 2003 und Pötzsch/Decker/Kühnen, 2003.

des Arbeitslosigkeitsproblems ruhen dabei auf dem Dienstleistungssektor und dem Informationssektor.
Einigen Ländern scheint es allerdings besser als anderen zu gelingen, den Wandel der Wirtschaftsstrukturen in neue Arbeitsplätze umzusetzen. Ziel dieser Arbeit ist es, diese Unterschiede für die vier wirtschaftskräftigsten Länder in Europa, die europäischen G7, zu analysieren und damit Lösungsansätze für das Problem der Arbeitslosigkeit durch das Aufdecken von Schwachstellen bzw. Rückständen der einzelnen Länder beim Strukturwandel aufzuzeigen. Dies soll zum einen deskriptiv anhand der stilisierten Fakten des Strukturwandels, d.h. anhand grundsätzlicher Charakteristiken der ökonomischen Prozesse des Strukturwandels und somit anhand der Auswertung der amtlichen Statistiken für die Beschäftigungsstruktur, die Produktion sowie die Entwicklung der Preisstruktur erfolgen. Zum anderen werden ökonometrische Schätzmethoden von Einfachregressionen bis zu Strukturellen Vektorautoregressiven Modellen benutzt.

Trotz der Beschränkung auf diese vier Länder als Vertreter Europas ist ein repräsentatives Bild gegeben, weil sie in der Summe jeweils ca. 70 Prozent Anteil am Bruttoinlandsprodukt, an der Bevölkerung und an der Zahl der Erwerbspersonen der Europäischen Union repräsentieren.[4] In den hier untersuchten vier Ländern waren im Durchschnitt der Jahre 1990 bis 2001 zehn Millionen Menschen arbeitslos. Bei dieser sehr hohen Zahl kann nicht mehr davon gesprochen werden, dass diese Länder ihre verfügbaren Ressourcen, zumindest was ihr Humankapital anbelangt, optimal einsetzen. Dadurch werden potentielle Wachstums- und Wohlfahrtsgewinne in hohem Grad verschenkt. Untersucht werden soll, welche Ursachen bei der Bewältigung des Strukturwandels dafür verantwortlich sind.

Zunächst werden in Kapitel 2 notwendige Abgrenzungen zu den Begriffen der Tertiarisierung und Informatisierung vorgenommen. Es werden spezifische Charakteristika der Dienstleistungen aus der Literatur aufgeführt und auf ihre Verwendungsmöglichkeit für die folgende Analyse geprüft. Anschließend wird die Problematik der definitorischen Abgrenzung des Dienstleistungsbegriffs angesprochen. Nachdem der Informationsbegriff und die Wirtschaftsbereiche mit Informationsaktivitäten abgegrenzt wurden, wird auf den sektoralen und funktionalen Aspekt der Untersuchungsebenen zur Tertiarisierung und Informatisierung eingegangen.

Kapitel 3 enthält die theoretischen Fundierungen zur Erklärung von Strukturwandelprozessen in Form von Sektoren- und Modelltheorien. Bei den Modelltheorien werden zunächst die aus der Literatur bekannten Theorien zum Nachfrage- und Produktivitätsbias sowohl analytisch als auch graphisch erläutert. Darüber hinaus wird der Versuch unternommen, eine Erweiterung der Modelltheorien um einen Informationsbias vorzunehmen. Dieser Versuch hat die Hoffnungen Japans und Europas zum Anlass, binnen weniger Jahre zu führenden Regionen der Informationstechnologie (IT) zu werden und damit Wachstumsvorteile zu erzielen. Sollte das gelingen, müsste für andere fortgeschrittene Volkswirtschaften ein Informationsbias vorliegen.

---

[4] Zahlen für das Jahr 2001 aus OECD, 2002*a*, S. 7f., 12f. und 16f., eigene Berechnungen.

Zusätzlich werden in diesem Kapitel außenwirtschaftliche Erklärungsansätze erläutert, die durch den zunehmenden Handel mit Entwicklungs- und Schwellenländern und durch die Globalisierung eine größere Bedeutung für den Strukturwandel erhalten.

Im deskriptiven Befund des Kapitels 4 wird zunächst das drängende Thema der Arbeitslosigkeit unter dem Blickwinkel des Strukturwandels behandelt. Es werden das Ausmaß und ausgewählte Kennziffern für die Struktur der Arbeitslosigkeit dargestellt. In den Kapiteln der binnenwirtschaftlichen (Kapitel 4.2) und außenwirtschaftlichen (Kapitel 4.3) Determinanten des Strukturwandels wird u.a. auf die stilisierten Fakten des Strukturwandels hinsichtlich der Tertiarisierung als auch der Informatisierung eingegangen. Mit der deskriptiven Analyse werden Erklärungsvariablen für die Schätzungen in Kapitel 5 herausgearbeitet.

Kapitel 5 schließlich ist der empirischen Analyse in Form der Anwendung von statistisch-ökonometrischen Verfahren zur Erklärung des Strukturwandels gewidmet. Dieser Teil muss sich auf die Analyse von Tertiarisierungs-Prozessen beschränken, weil die bisher verfügbaren sehr kurzen Datenreihen zur Informatisierung keine Anwendung ökonometrischer Verfahren erlauben.
Als Einstieg werden Strukturwandelmaße (Kapitel 5.1) vorgestellt und kritisch beurteilt. Nachdem Trend und Zyklus beim Strukturwandel (Kapitel 5.2) mit Hilfe eines Hodrick-Prescott-Filters und in Kapitel 5.3 das Verdoornsche Gesetz empirisch analysiert werden, wird in Kapitel 5.4 mit dem Classical Pooling ein einfaches Schätzverfahren für Strukturwandelprozesse angewendet. Bereits die Darstellung der theoretischen Grundlagen dieses Verfahrens zeigt Kritikpunkte und Erweiterungsmöglichkeiten auf. Zum Abschluss dieses Kapitels werden mit SVAR-Modellen ökonometrische Schätzverfahren vorgestellt, deren Anwendungen zur Erklärung des Strukturwandels bisher sehr selten sind. Relativ oft dagegen werden strukturelle Schocks zur Erklärung der Entwicklung der gesamtwirtschaftlichen Beschäftigung verwendet. Diese Analyse beschreitet dagegen einen neuen Weg, indem Modelltheorien zur Erklärung der Tertiarisierungs-Prozesse bei Wertschöpfung und Beschäftigung herangezogen und Wirkungen von Schocks durch die Innovations-Rechnung auf diese zwei makroökonomischen Variablen aufgezeigt werden.
Die Arbeit endet mit den Schlussbemerkungen, die die Ergebnisse zusammenfassen.

Sämtliche Schätzungen wurden mit WinRATS-3.2, Version 5.1 durchgeführt.

2 ABGRENZUNGEN zur TERTIARISIERUNG und INFORMATISIERUNG

Unter Tertiarisierung wird sowohl die Zunahme des tertiären Sektors hinsichtlich seines Beitrages zur Wertschöpfung (*sektoraler* Aspekt) als auch die Expansion der Beschäftigung in Dienstleistungsberufen bzw. -tätigkeiten (*funktionaler* Aspekt) verstanden.
Die Messung der Tertiarisierung kann zum einen *inputorientiert* anhand der Entwicklung von Arbeitsmarktindikatoren wie Erwerbstätigkeit, Beschäftigten- und Berufsstruktur, Arbeitsvolumina, anhand der Anzahl der Arbeitsstätten und Unternehmen, des Sachanlagenbestandes und der Investitionen, sowie anhand von Lohn- und Gehaltssummen erfolgen. Die *outputorientierte* Messung der Tertiarisierung ist z.B. anhand von Brutto- und Nettowertschöpfung oder Umsätzen möglich.
Die Tertiarisierung hat den in der Literatur sehr unterschiedlich behandelten Begriff der Dienstleistungen zum Inhalt. Zunächst soll in Kapitel 2.1 auf Eigenschaften eingegangen werden, die für Dienstleistungen als typisch erachtet werden, bevor in Kapitel 2.2 kurz die Problematik der definitorischen Abgrenzung des Dienstleistungsbegriffs behandelt wird.

Seit der Veröffentlichung von Porat (1976) und der Übernahme seines Konzepts durch die OECD hat die Informationsgesellschaft bei Untersuchungen des Strukturwandels einen stetig zunehmenden Stellenwert erhalten. Wie bei den Dienstleistungen ist auch bei den Analysen zur Informationsgesellschaft die Definition des Begriffs und der zugehörigen Bereiche in Kapitel 2.3 der Einstieg zum Thema.

2.1 Spezifische Charakteristika von Dienstleistungen

Zur Herausarbeitung spezifischer Charakteristika von Dienstleistungen kann auf eine Vielzahl von Veröffentlichungen zurückgegriffen werden. Oftmals wurde je nach Ziel der Untersuchung ein neues Charakteristikum 'entdeckt'. Huber hat bei einer breit angelegten Durchsicht von Veröffentlichungen zum Dienstleistungsthema mehr als 25 voneinander verschiedene Merkmale identifiziert, die als 'wesensbestimmende Besonderheiten von Dienstleistungen', 'konstitutive Elemente', 'wesentliche Kriterien', 'determinierende Merkmale', 'spezifische Eigenschaften' oder ähnlich bezeichnet werden.[1]
Es bleiben für Huber fünf Merkmale, die einer genaueren Analyse unterzogen werden, da bzgl. ihrer Bedeutung im Rahmen der Bemühungen um eine allgemeine Dienstleistungsdefinition in der wissenschaftlichen Diskussion sehr kontrovers argumentiert wird.

1. Immaterialität:

   „Anything sold in trade that could not be dropped on your foot"[2], geht auf J.B. Say zurück, der als erster zwischen materiellen und immateriellen Gütern unterschied und damit den Begriff der Immaterialität in Zusammenhang mit den

[1] Vgl. Huber, 1992, S. 9f.
[2] Vgl. Freeman, 1989, S. 329.

Dienstleistungen prägte („un produit réel, mais immatériel"[3]). Durch die vorgenommene Unterscheidung sollte es möglich sein, die Dienstleistungen eindeutig von den Sachgütern zu trennen. Letztere werden als materiell bzw. stofflich bezeichnet und demnach in den Bereich der Warenproduktion eingestuft. Die Dienstleistungen, die weder im Prozess noch im Ergebnis als fassbar, sichtbar oder greifbar galten, wurden als immateriell bezeichnet. Huber fragt zu Recht, ob denn der immaterielle Charakter überhaupt als Abgrenzungskriterium Verwendung finden darf.[4] Betrachtet man das Leistungsergebnis, so wird man vielfach stoffliche Veränderung am Leistungsnehmer (z.B. Veränderung einer Frisur durch Dauerwelle) oder dessen Verfügungsobjekt (z.B. ein sauberes Kleidungsstück nach der chemischen Reinigung) finden, d.h. das Leistungsergebnis ist materiell. Deswegen können Dienstleistungen also nicht durchgängig als immateriell bezeichnet werden.

2. Nichtlagerfähigkeit/Nichttransportierbarkeit:

   Lange Zeit war dieses Merkmal neben der Immaterialität wohl das bekannteste Spezifikum von Dienstleistungen. Danach kann eine Dienstleistung nur im Sinne des Uno-Actu-Prinzips entstehen, d.h. Leistungserstellung und Leistungsabgabe sind identisch. Und wenn die Dienstleistung nicht gelagert werden kann, kann sie natürlich auch nicht transportiert werden. Eine große Anzahl von Autoren lehnt die Nichtlagerfähigkeit als allgemeingültiges Kennzeichen einer Dienstleistung ab.[5] Durch den technischen Fortschritt und die dadurch möglich gewordene Materialisierung der Dienstleistung in Speicher- oder Trägermedien, primär bei informierenden, bildenden und unterhaltenden Diensten, in Form von Büchern, Schallplatten, Ton- und Videobändern, CD's, Filmen, Disketten, DVD's usw. ist ihrer Meinung nach die Lagerfähigkeit und damit auch ihre Transportierbarkeit gegeben.

   Andere Autoren betrachten Nichtlagerfähigkeit als konstitutives Merkmal. Speichermedien stellen demnach Sachgüter dar. Die Erstellungsleistung von Musikern (Tonaufnahme), Schauspielern (Filmaufnahme), Autoren (Manuskript) oder Programmierern (Programmcode) sei mit der Anfertigung von Prototypen zu vergleichen. Durch die Vervielfältigung im Sinne einer Serienproduktion erhielten sie den Charakter eines Sachgutes.[6] Somit ist also dieses Merkmal der Nichtlagerfähigkeit/Nichttransportierbarkeit ebenfalls strittig.

3. Existenz eines externen Faktors:

   Nach Huber ist die notwendige Existenz eines externen Faktors weitgehend unstrittig.[7] Ohne die Existenz bzw. die Zur-Verfügung-Stellung eines solchen externen Inputs durch den Leistungsnehmer sei die Dienstleistung unmöglich und seine Integration in den Leistungsprozess sei zwingend. Dieses Merkmal ist durch die Speicherfähigkeit von Dienstleistungen auf den neuen elektronischen

---

[3] Vgl. Say, 1852, S. 87.

[4] Vgl. Huber, 1992, S. 12.

[5] Vgl. z.B. Gerstenberger, 1988, S. 20, Huber, 1992, S. 19, Loidl-Stuppi, 2001, S. 160, Miles, 1989, S. 57 und dort in Fußnote 87 weitere Quellen.

[6] Vgl. Huber, 1992, S. 20f.

[7] Ebenda, S. 13.

Medien überholt, wenn man z.B. an das Konzert auf einer CD denkt. Die CD stellt zwar ein materielles Gut dar, aber die Dienstleistung 'Konzert' auf ihr kann erstellt werden, ohne dass der Leistungsnehmer einen Input zur Verfügung stellen muss.

4. Synchroner Kontakt zwischen Anbieter und Nachfrager:
   Gleiches gilt für den synchronen Kontakt zwischen Anbieter und Nachfrager, der neben der Existenz des externen Faktors als zwingend notwendig für die Erstellung einer Dienstleistung galt.[8] Durch die Speicherfähigkeit von Dienstleistungen kann die Dienstleistung erstellt und abgerufen werden, ohne dass ein Kontakt zwischen Anbieter und Nachfrager hergestellt werden muss.

5. Auftragsindividualität:
   Die Verrichtung einer Dienstleistung ist immer auf individuelle Bedürfnisse, Wünsche und Vorstellungen eines bestimmten Abnehmers ausgerichtet und somit in der festgelegten Form auf andere nicht übertragbar. Dem gegenüber stehen standardisierte Dienstleistungen, bei denen sich die Handlungsalternativen des (potentiellen) Kunden faktisch auf die Entscheidung beschränken, die angebotene Dienstleistung zu akzeptieren oder sie abzulehnen. Damit ist Auftragsindividualität kein durchgängiges Merkmal einer Dienstleistung.

Zusammenfassend muss festgestellt werden, dass durch das erfolglose Festlegen ganz spezifischer Charakteristika von Dienstleistungen bereits die Problematik der Definition des Dienstleistungsbegriffs deutlich wird.

2.2 Problematik der definitorischen Abgrenzung des Dienstleistungsbegriffs

Obwohl schon in den 1940er Jahren nach der Weltwirtschaftskrise von Fisher (vgl. Kap. 3.2.1) festgestellt wurde, dass wesentliche Veränderungen der Wirtschaftstrukturen stattfinden und der Dienstleistungssektor stark an Bedeutung gewinnt, ist bis zum heutigen Tag weltweit keine wirklich griffige Definition des Dienstleistungsbegriffs vorhanden. Die Entwicklung hin zur Informationsgesellschaft hat die Grenzen zwischen Gütern und Diensten noch weiter verwischt.[9]
Nach wie vor forscht man in Veröffentlichungen der amtlichen Statistik oder in den internationalen Systematiken und Systemen der Volkswirtschaftlichen Gesamtrechnungen vergeblich nach einer trennscharfen Abgrenzung zwischen Waren und Dienstleistungen.[10] Einig sei man sich lediglich darüber, was Dienstleistungen nicht sind.[11] Einige Autoren sind sogar der Meinung, dass wegen mangelnder Erfolgsaussichten die

---

[8] Vgl. Huber, 1992, S. 16, Loidl-Stuppi beschränkt das nur noch auf personenbezogene Dienstleistungen, für viele unternehmensbezogene Dienstleistungen treffe es nicht mehr zu, 2001, S. 160.

[9] Vgl. Castells, 2001, S. 234. Castells/Aoyama z.B. stellen die Frage, ob ein Softwareprogramm, das auf einer Diskette verkauft wird, ein Gut sei, wenn es aber im Internet verkauft würde, dann zu einer Dienstleistung mutiere, 1994, S. 8.

[10] Vgl. Lützel, 1987, S. 20.

[11] Vgl. Castells/Aoyama, 1994, S. 8.

Bemühungen um eine Dienstleistungs-Definition unterlassen werden sollten.[12] Zahlreiche Versuche werden dazu allerdings noch immer unternommen.[13] Die vorgeschlagenen Definitionsansätze sind allerdings oftmals für eine statistische Umsetzung kaum tauglich[14] und orientieren sich sehr häufig am entsprechenden Untersuchungsziel der jeweiligen Veröffentlichung.
Ziel dieser empirischen Arbeit soll es allerdings ebenso nicht sein, eine solche Definition zu entwickeln, denn für den durchgeführten internationalen Vergleich muss auf die von den jeweiligen Ländern in den Volkswirtschaftlichen Gesamtrechnungen zur Verfügung gestellten Daten zurückgegriffen werden. Viel wichtiger ist es für diese Untersuchung, auf die Unterschiede in den Abgrenzungen der untersuchten Länder hinzuweisen. Außerdem wurde genau aus diesem Grund überwiegend auf Daten supranationaler Organisationen wie OECD und Eurostat zurückgegriffen, um dieses Problem weitestgehend zu umgehen.[15]

Dennoch soll der aktuelle Stand der Bemühungen um eine Dienstleistungs-Definition aufgezeigt werden. Ansätze einer Definition des Dienstleistungs-Begriffs können in drei Kategorien eingeteilt werden:[16]

1. Die Aufzählung aller subsumierbaren Fälle (enumerative Definition). Dieser Ansatz führt dazu, dass die Datenverfügbarkeit Ausschlag gebend für die jeweilige Definition ist und Daten, z.B. über zwei verschiedene Jahre, nicht vergleichbar sind. Außerdem hat er den Nachteil, dass er keine Kriterien zur Beurteilung enthält, ob eine Dienstleistung vorliegt oder nicht. Für die amtliche Statistik, die operationale Begriffe benötigt, können enumerative Definitionen allerdings ein hilfreiches Mittel sein.
2. Die Abgrenzung der Dienstleistungen von den Sachgütern über eine Negativdefinition. Dieser Ansatz wird von Corsten[17] mit Recht als wissenschaftliche Verlegenheitslösung bezeichnet, denn er stellt praktisch die Umkehrung des ersten Ansatzes dar und ist damit genauso wenig griffig und zeitkonsistent.
3. Die explizite Definition durch die Herausarbeitung von allgemeinen Begriffsmerkmalen. Diese dritte Kategorie erscheint am erfolgreichsten für eine präzise Abgrenzung des Dienstleistungsbegriffs und soll deshalb hier weiter verfolgt werden.

Lützel unterscheidet bei der Definition der Dienstleistungen zwischen drei Ebenen: dem Produzenten, dem Produkt und der Produktion von Dienstleistungen.[18]

---

[12] Vgl. Baethge/Oberbeck/Glott, 1997, S. 1, Klodt/Maurer/Schimmelpfennig, 1997, S. 5, Schedl/Vogler-Ludwig, 1987, S. 14, zitiert nach Mehnert/Schäfer, 1998, S. 10.

[13] Vgl. z.B. bei Mehnert/Schäfer, 1998, S. 9ff. Castells, 2001, S. 234 schlägt vor, das alte Paradigma von Clark mit der Unterscheidung zwischen Primär-, Sekundär- und Tertiärsektor aufzugeben, denn es sei zu einem epistemologischen Hindernis geworden. Je komplexer die Wirtschaft sei, desto stärker seien die Begriffe aufzufächern, die die wirtschaftliche Tätigkeit kategorisieren.

[14] Vgl. Lützel, 1987, S. 20.

[15] Dabei wird vorausgesetzt, dass diese Organisationen nur Datensätze veröffentlichen, die auf einer einheitlichen Abgrenzung beruhen.

[16] Vgl. Reim, 1988, S. 842.

[17] Vgl. Corsten, 1984, S. 253.

[18] Vgl. Lützel, 1987, S. 21, vgl. auch Bade, 1998, S. 133.

Dienstleistungs*produzenten* erbringen die Dienstleistung. Sie können bspw. Unternehmen, Unternehmensteile, oder staatliche Institutionen sein. Die *Produktion* von Dienstleistungen ist der Vorgang der Dienstleistungserstellung, und das Dienstleistungs*produkt* ist der Output aus diesem Vorgang, der Output des Dienstleistungsproduzenten.

Statistisch problemlos erfasst werden können gegenwärtig nur *marktbestimmte* Dienstleistungen über den Marktwert der verkauften Leistung. Das sind per definitionem Leistungen

(i) gegen ein spezielles Entgelt,
(ii) die einer anderen Wirtschaftseinheit erbracht werden und
(iii) nie auf Vorrat für einen noch nicht feststehenden Abnehmer erstellt werden können.[19]

Das spezielle Entgelt in i) darf also keine von einer Behörde festgelegte Gebühr sein. Die andere Wirtschaftseinheit in ii) schließt Leistungen an sich selbst (z.B. Mittagessen für Mitarbeiter eines Restaurants) als marktbestimmte Leistungen aus. Der dritte Punkt iii) schließlich zielt auf die Besonderheit der Dienstleistungen ab, die wie unter Kapitel 2.1 aufgeführt, lange Zeit als nicht lagerfähig galt.
Schwierigkeiten bereitet naturgemäß die statistische Erfassung *nichtmarktbestimmter* Dienstleistungen, weil keine Marktvorgänge beobachtet werden können und somit keine Preise existieren. Der Wert der staatlichen Dienstleistungen wird anhand der Summe der Kosten bzw. Aufwendungen bestimmt, die für ihre Erbringung entstanden sind. Kosten werden auch bei Schätzungen des Wertes der Haushaltsproduktion oder für die Bestimmung von Forschungs- und Entwicklungsleistungen angesetzt.
Nichtmarktbestimmte Dienstleistungen sind:

- vom Staat unentgeltlich bereitgestellte Dienstleistungen, wie z.B. Sicherheits- oder Erziehungsleistungen,
- unentgeltlich bereitgestellte Dienstleistungen privater Organisationen ohne Erwerbszweck, wie z.B. Leistungen von Kirchen oder karitativen Verbänden,
- nicht für den Markt bestimmte Haushaltsproduktion, wie z.B. Leistungen von Hausfrauen oder Do-it-Yourself,
- firmeninterne Leistungen, wie z.B. von einer Reparaturstelle.

Weitere Begriffsmerkmale, wie die in Kapitel 2.1 erläuterten spezifischen Charakteristika von Dienstleistungen, grenzen den Dienstleistungs-Begriff weiter ein.

2.3 Informationsbegriff und Wirtschaftsbereiche mit Informationsaktivitäten

Porat definiert Information als Daten, die organisiert und kommuniziert worden sind.[20] Einige Autoren betrachten Information neben Boden, Arbeit und Kapital als Produktionsfaktor.[21] Der Begriff 'Information' wird allerdings bei der Betrachtung wirtschaft-

---

[19] Vgl. Lützel, 1987, S. 22.
[20] Vgl. Porat, 1976, S. 2f.

licher Aktivitäten auch noch mit anderen Begriffen wie Wissen, Know-how, Expertise, manchmal auch Qualifikation und Organisation vermengt,[22] die sich allerdings für die Messung des Phänomens der Informationsgesellschaft bisher nicht durchsetzen konnten. Um die Bedeutung der Information als neuen Produktionsfaktor zu messen, haben Porat bereits 1976 und später vor allem Dostal[23] versucht, das Drei-Sektoren-Modell um einen weiteren Sektor - den Informationssektor - zu erweitern. Nach Dostals Abgrenzung wird eine Tätigkeit dem Informationssektor zugerechnet, wenn ein Erwerbstätiger im Durchschnitt zu mehr als 75% Arbeiten ausführt, die mit der Informationserstellung, -verarbeitung und -verteilung zu tun haben (Tätigkeitskonzept). Diese Sektoreneinteilung hat sich allerdings bis zum gegenwärtigen Zeitpunkt in der amtlichen Statistik in Deutschland nicht durchgesetzt. Die Daten für diese Sektoreneinteilung liefert für Deutschland seit den achtziger Jahren der Mikrozensus. Da die Tätigkeitseinordnung beim Mikrozensus durch Selbsteinstufung der Befragten erfolgt, was zwangsläufig zu Fehlern führt, wird dieser Ansatz nicht weiter verfolgt.
Diese Vier-Sektoreneinteilung enthält implizit, dass es nicht allein um die Informationserstellung und -verarbeitung geht, sondern dass die Informationen auch verteilt werden müssen. Deswegen würden Sektordefinitionen, die sich allein auf den Produktionsfaktor Information beschränken, zu kurz greifen. In der Literatur beinhalten deshalb die Kürzel Informationssektor und Informationsgesellschaft immer auch Kommunikationstechnologien, die der Verbreitung von Informationen dienen. Andererseits werden Informations- und Kommunikationstechnologien (IKT) als technologischer Fortschritt eingeordnet. So werden nach den vier Kondratieff-Wachstumszyklen mit entsprechenden Basisinnovationen die IKT als Basisinnovationen des fünften, gegenwärtig aktuellen Kondratieff-Wachstumszyklus verstanden.[24] Dieser Aspekt wird ausführlich in Kapitel 3.3.3 behandelt.
Die Bedeutung der Informations- und Kommunikationstechnologien ist dagegen nicht strittig. Sie überwinden die beiden klassischen Kommunikationshindernisse Entfernung und Zeitverzögerung, sie werden durch eine rasche Abfolge wichtiger Innovationsschübe immer leistungsfähiger und billiger, durchdringen eine Vielzahl von Wirtschaftsbereichen und Bereichen des täglichen Lebens, schaffen und erschließen neue Felder wirtschaftlicher Aktivität.[25]

Die OECD hat schließlich im April 1998 bei dem Treffen der Arbeitsgruppe zur Entwicklung von Indikatoren für die Informationsgesellschaft (Working Party on Indicators for the Information Society (WPIIS)) Systematik in die Messung des Informationssektors gebracht, indem eine Definition des Sektors der Informations- und Kom-

---

[21] Sogar Kommunikation wird bei Müller-Michaelis, 1996, S. 13 als Produktionsfaktor betrachtet. Bei ILO, 2001, S. 1 ist Wissen der neue Produktionsfaktor.

[22] Vgl. Dostal, 2000, S. 317.

[23] Vgl. Porat, 1976, Dostal, 1984, S. 498ff. und Dostal, 2000.

[24] Die vier Kondratieff-Wachstumszyklen sind gekennzeichnet durch die Entwicklung der Dampfmaschine (1800-1850), der Eisenbahn (1850-1900), des Automobils (1900-1945), des Flugzeugs und der Kunststoffe (1945-1970), vgl. Bundesministerium für Wirtschaft, 1995, S. 2. Andere Abgrenzungen der Wellen zur Industrialisierung finden sich bei Nefiodow, 1997, S. 254 bzw. bei Lutz, 1984, S. 21f.

[25] Vgl. ILO, 2001, S. 1.

munikationstechnologien verabschiedet wurde. Die in Tabelle 2.1 aufgeführten Prinzipien wurden der Definition zugrunde gelegt:

Tabelle 2.1: Prinzipien für die Definition des Informationssektors

Für *Verarbeitende* Industrien müssen die Produkte des Kandidaten:
□ die Funktion der Informationsverarbeitung und der Kommunikation einschließlich Übermittlung und Anzeige erfüllen,
□ elektronische Datenverarbeitung benutzen, um physikalische Phänomene zu entdecken, zu messen und/oder zu erfassen oder physikalische Prozesse zu kontrollieren.
Für *Dienstleistungs*-Industrien müssen die Produkte des Kandidaten:
□ vorgesehen sein, die Funktion der Informationsverarbeitung und Kommunikation durch elektronische Medien zu ermöglichen.

Quelle: OECD, 2000, S. 7.

Die Anwendung dieser Prinzipien führt zu einer Zusammensetzung des Informationssektors nach der ISIC (International Standard Industrial Classification)[26] mit den Gruppen der Tabelle 2.2.

Tabelle 2.2: Zusammensetzung des Informationssektors nach ISIC

Verarbeitendes Gewerbe
Herstellung von:
□ 3000 - Büromaschinen, Datenverarbeitungsgeräten und -einrichtungen
□ 3130 - isolierten Elektrokabeln, -leitungen und -drähten
□ 3210 - elektronischen Bauelementen
□ 3220 - nachrichtentechnischen Geräten und Einrichtungen
□ 3230 - Rundfunkgeräten sowie phono- und videotechnischen Geräten
□ 3312 - Mess-, Kontroll-, Navigations- u. ä. Instrumenten und Vorrichtungen
□ 3313 - industriellen Prozess-Steuerungseinrichtungen
Dienstleistungen
□ 5150 - Großhandel mit Maschinen, Ausrüstungen und Zubehör*
□ 7123 - Vermietung von Büromaschinen, Datenverarbeitungsgeräten und -einrichtungen
□ 6420 - Fernmeldedienste
□ 7200 - Datenverarbeitung und Datenbanken

*Die Mitgliedsländer wurden gebeten, diese Kategorie auf den Großhandel von Informations- und Kommunikationsgütern zu beschränken.
Quelle: wie Tabelle 2.1.

Anhand dieser Zusammensetzung ist erkennbar, dass der Informationssektor keineswegs aus neuen Wirtschaftszweigen besteht, sondern seine Bestandteile wurden bislang unter dem sekundären und tertiären Sektor subsumiert, d.h. es gibt wesentliche

---

[26] ISIC-Gliederung, Rev. 2, vgl. http://unstats.un.org/unsd/cr/registry/regcst.asp?Cl=8&Lg=1.

Überschneidungen mit den zwei anderen Sektoren. Damit ist ein empirisches Vier-Sektoren-Modell schwierig zu bilden. Der Informationssektor umfasst auf der materiellen Ebene die Leitungen, Geräte und Datenträger, mit denen Informationen gespeichert, verarbeitet, übertragen oder wiedergegeben werden und auf der personellen Seite Dienste, durch die Informationen produziert, verfügbar gemacht oder genutzt werden.

Außerdem ist diese Zusammensetzung des Informationssektors sehr weit gefasst. Eine trennscharfe Abgrenzung zwischen Tätigkeiten, die allein mit Informations- und Kommunikationstechnologien zu tun haben, gegenüber Tätigkeiten, die eindeutig dem sekundären oder tertiären Sektor zuzuordnen sind, ist mit dieser Zusammensetzung nicht möglich.[27] Nicht erleichtert für internationale Vergleiche wird die Abgrenzung des Informationssektors in einen klassischen und modernen IKT-Bereich, wie sie vom Statistischen Bundesamt vorgelegt wurde. Die Liste der einbezogenen Wirtschaftszweige richtet sich nach den Angaben der OECD, ergänzt um wenige Positionen der Klassifikationen der Wirtschaftzweige, Ausgabe 1993 (WZ 93).[28] Die OECD trennt allerdings nicht in einen klassischen und einen modernen IKT-Bereich.

2.4 Untersuchungsebenen der Tertiarisierung und Informatisierung

2.4.1 Sektoraler Aspekt

Der sektorale Aspekt untersucht die Verschiebungen zwischen den Wirtschaftssektoren hinsichtlich in- und outputorientierten Maßgrößen. Hier wird in vielen Veröffentlichungen auf das Problem der Sektorenabgrenzung hingewiesen.[29] In der amtlichen Statistik ist die Zuordnung der Unternehmen zu den Wirtschaftszweigen outputorientiert und richtet sich nach dem von den Unternehmen angegebenen *Schwerpunkt* ihrer wirtschaftlichen Tätigkeit. Bereits an dieser Stelle ergeben sich Erfassungsprobleme, indem es neben dem Schwerpunkt noch eine Vielzahl anderer Aktivitäten, so auch Dienstleistungserstellung, in den Unternehmen gibt, die nicht entsprechend erfasst werden, wodurch eine mehr oder weniger große Unschärfe entsteht.

So sind im primären und sekundären Sektor auch Unternehmen enthalten, die überwiegend Dienstleistungen erbringen, wie bspw. Unternehmen, die als Haupttätigkeit Gebrauchsgüter (z.B. Autos) reparieren oder die Dienstleistungen auf der land- und forstwirtschaftlichen Erzeugerstufe anbieten. Außerdem erbringen warenproduzierende Unternehmen in Nebentätigkeit entgeltlich auch Dienstleistungen. Es darf also auf keinen Fall die Erstellung von Dienstleistungen des tertiären Sektors mit der gesamt-

---

[27] So werden z.B. bei ISIC Nr. 3130 - Herstellung von isolierten Elektrokabeln, -leitungen und -drähten und ISIC Nr. 3210 - Herstellung von elektronischen Bauelementen im Ergebnis Produkte wie z.B. Küchenmaschinen entstehen, die mit Informations- und Kommunikationstechnologien nichts zu tun haben. Darüber hinaus bereitet ISIC Nr. 5150 - Großhandel mit Maschinen, Ausrüstungen und Zubehör große Probleme, weil in den Mitgliedsländer der OECD diese Kategorie üblicherweise den Großhandel von Informations- und Kommunikationsgütern enthält, d.h. diese ISIC-Kategorie wird den statistischen Anforderungen für eine exakte Zuordnung zur Untersuchung der Informationsgesellschaft nicht gerecht, sondern müsste zukünftig bei einer Revision tiefer untergliedert werden.

[28] Vgl. Statistisches Bundesamt, 2002*a*, S. 11ff. Eine Übersicht über die gesamte Struktur der WZ 93 findet sich unter http://www.destatis.de/allg/d/klassif/wz93.htm.

[29] Vgl. z.B. Peters, 1988, S. 38ff.

wirtschaftlichen Dienstleistungserstellung gleichgesetzt werden.[30] Kritiker der sektoralen Gliederung weisen darauf hin, dass es durch die Zuordnung der Unternehmen nach dem Schwerpunkt ihrer wirtschaftlichen Tätigkeit zu einer verzerrten Abbildung der Wirtschaftsstruktur und des Wandels kommt,[31] denn vor allem werden intern erstellte Dienstleistungen, wie z.B. Management, Forschung und Entwicklung, Verwaltung, nicht berücksichtigt.
Tatsächlich sei die Tendenz zur Dienstleistungsgesellschaft bei einer funktionalen Betrachtungsweise stärker ausgeprägt als bei sektoraler Gliederung.[32] Es wird deshalb vorgeschlagen, sich auf die Dienstleistungen gemäß ihrem spezifischen Charakteristikum als Tätigkeiten zu konzentrieren und sich damit auf die Leistenden und deren Funktionen[33] wie im folgenden Kapitel zu beziehen.

2.4.2 Funktionaler Aspekt

Beim funktionalen Aspekt wird der Strukturwandel anhand des Berufes bzw. der Tätigkeit der Erwerbstätigen analysiert. Die statistische Erfassung von Dienstleistungen in funktionaler Abgrenzung ist allerdings besonders schwierig, weil es u.a. nicht möglich ist, additionsfähige Maßeinheiten zu definieren, die alle denkbaren Fälle der Dienstleistungserstellung abdecken und ausreichend trennscharf sind. Als Ersatzindikator werden daher Dienstleistungsberufe herangezogen, d.h. es wird gezählt, wie viele Personen einen Dienstleistungsberuf ausüben, unabhängig davon, in welchem Wirtschaftzweig oder in welcher Branche sie tätig sind. Dabei ist klar, dass auch hier ungenau gemessen wird, denn Erwerbstätige, die einen Dienstleistungsberuf ausüben, sind mit Sicherheit nicht permanent mit der Erstellung von Dienstleistungen beschäftigt. Außerdem werden Dienstleistungen auch von Berufsgruppen erbracht, die nicht in Dienstleistungsberufen beschäftigt sind.[34]
Auch bei der funktionalen Einteilung gibt es Definitionsprobleme, die sogar noch größer als in der sektoralen Abgrenzung zu sein scheinen. So beginnen einige Studien, vor allem zu internationalen Vergleichen, mit der Kritik zu anderen Veröffentlichungen bezüglich deren Berufsgruppenzuteilung,[35] wobei man später bei der eigenen Analyse selbst Zuordnungsprobleme feststellen muss.[36] Das macht Vergleiche von Veröffentlichungen nach funktionaler Gliederung nahezu unmöglich. Außerdem sind internationale Vergleiche trotz der Existenz eines Standardisierungssystems für Berufe (International Standard Classification of Occupations (ISCO)) wegen differierender nationaler und institutioneller Gegebenheiten schwierig. Diese Probleme werden noch durch ständig wechselnde Arbeitsinhalte verstärkt.[37]

---

[30] Vgl. Lützel, 1987, S. 19.
[31] Vgl. Lindner, 1987, S. 78.
[32] Vgl. Bade, 1987, S. 35.
[33] Vgl. Rasmussen, 1977, S. 45.
[34] Vgl. Lützel, 1987, S. 26, Loidl-Stuppi, 2001, S. 160.
[35] Vgl. z.B. Cornetz/Schäfer, 1998, S. 54.
[36] Ebenda, S. 60.
[37] Vgl. Ochel/Wegner, 1987, S. 17.

Und schließlich bleibt das Definitionsproblem, was Dienstleistungsberufe sind, denn die Zuordnung nach dem Kriterium 'überwiegend ausgeübte Tätigkeit' lässt die gleiche Problematik entstehen, wie in sektoraler Abgrenzung bei der Zuordnung der Unternehmen zu den einzelnen Sektoren, die nach dem Schwerpunkt der Tätigkeit erfolgt. Eine Schwerpunktzuordnung lässt natürlich auch andere Tätigkeiten zu.
Ein Versuch, dieses Definitionsproblem zu umgehen, ist die Gliederung nach Tätigkeitsbereichen, d.h. es wird erfasst, wie viele Personen Dienstleistungen als ihre wichtigste Tätigkeit erbringen, unabhängig davon, in welchem Wirtschaftsbereich oder in welcher Branche sie beschäftigt sind und ob sie einen Dienstleistungsberuf ausüben.[38]
Ein allgemein akzeptiertes Kriterium für Dienstleistungstätigkeiten ist das Kriterium der „Distanz zur physischen Transformation von Material".[39] Als Dienstleistungstätigkeiten werden angesehen:

a. Handel treiben
b. Kontrollieren
c. Bürotätigkeiten
d. Planen, Konstruieren
e. Leiten
f. Transportieren
g. Andere Dienstleistungen

1980 haben fast zwei Drittel aller Erwerbstätigen in Deutschland derartige Tätigkeiten als ihre wichtigste angegeben. Werden Dienstleistungsberufe betrachtet, so beträgt der Anteil der Dienstleistungen dagegen nur 60,6%. Nach sektoraler Struktur wurde nur knapp die Hälfte der Erwerbstätigen in den Dienstleistungssektor eingegliedert.[40]

Soll der Informationsbereich abgegrenzt werden, so wird schon bei den Informationstätigkeiten klar, dass es Überschneidungen mit den Dienstleistungstätigkeiten gibt. Denn die Gliederungen a. bis e. der Dienstleistungstätigkeiten gehören auch zu den Informationstätigkeiten. Zusätzlich gehören noch dazu:

f. Anweisen in der Produktion
g. Forschen, Lehren
h. Gesetze anwenden
i. Beraten
j. Publizieren

Danach wurden 1980 in Deutschland 39,4% aller Erwerbstätigen vom Schwerpunkt ihrer Tätigkeit her dem Informationsbereich zugeordnet.[41]

Diese Tätigkeitsstatistiken auf der Basis von Individualdaten werden durch direkte Personen- und Haushaltsbefragungen erhoben. Zum Beispiel können dem bereits er-

---

[38] Vgl. Huber, 1992, S. 35.

[39] Vgl. Gershuny, 1986, S. 64.

[40] Vgl. Dostal, 1984, S. 494.

[41] Neuere Daten nach dieser Abgrenzung sind nicht verfügbar. Denn das Institut für Arbeitsmarkt- und Berufsforschung (IAB), für das die o.g. Veröffentlichung von Dostal entstand, hat keine feststehenden Statistiken zur Informationsgesellschaft. Die Zahlen werden nur projektbezogen zusammengestellt. Vgl. E-Mail von Dostal vom 17.10.2002 an die Autorin.

wähnten Mikrozensus, der vom Statistischen Bundesamt Deutschlands als jährliche 1%ige Repräsentativstatistik der Bevölkerung und des Erwerbslebens erhoben wird, Angaben über das Tätigkeitsprofil der Erwerbstätigen entnommen werden. Im zweijährigen Abstand wird dort seit 1976 auch eine Befragung über Berufe und vorwiegend ausgeübte Tätigkeit durchgeführt.[42] Die Problematik bei diesen Individualdaten ist, dass diese oftmals, wie eben auch beim Mikrozensus, durch Selbsteinstufung der Befragten zu den einzelnen Tätigkeitsbereichen erhoben werden. Dadurch kommt es in der Regel zu einem erheblichen Bias.[43] Außerdem kommen direkte Personen- und Haushaltsbefragungen niemals in die Reichweite der Repräsentativität von durch die amtliche Statistik erhobenen Daten aus der Volkswirtschaftlichen Gesamtrechnung.

Neben den Informationstätigkeiten wurden nach den Vorarbeiten von Porat,[44] auf die in Kapitel 3.2.3 eingegangen wird, und den sich daran anlehnenden Abgrenzungen der OECD-ICCP auch Informationsberufe abgegrenzt und ein Informationssektor mit vier Untergruppen festgelegt:[45]

- Informationsproduzenten (Information Producers) sind Personen, bei denen die Informationen entstehen, z.B. Wissenschaftler, Künstler.
- Informationsverarbeiter (Information Processors) bauen auf entsprechenden Informationen auf, setzen sie um und nutzen sie für ihre Arbeitsaufgaben, z.B. Bürokräfte, leitende Angestellte, Führungskräfte.
- Informationsverteiler (Information Distributors) geben Informationen weiter, oft aber mit eigenen Eingriffen und Aufbereitungen, wie es z.B. Lehrer und Publizisten tun.
- Informationsinfrastrukturberufe (Information Infrastructure Occupations) setzen sich aus allen Berufen zusammen, die den Informationsweg begleiten, z.B. Postverteiler oder in der Fernmeldestruktur Tätige.

Der Anteil der Informationsberufe an allen Erwerbstätigen betrug 1980 33,5%,[46] im Jahr 1998 sogar nach anderer Aufgliederung 44,3%.[47] Nach Schätzungen des Instituts für Arbeitsmarkt- und Berufsforschung in Nürnberg wird der Anteil der Informationsberufe unter den Erwerbstätigen bis zum Jahr 2010 insgesamt auf etwa 55% steigen.[48]

---

[42] Vgl. Grömling/Lichtblau/Weber, 1998, S. 77.

[43] Vgl. Dostal, 1984, S. 491.

[44] Vgl. Porat, 1976, S. 167.

[45] Vgl. Dostal, 1984, S. 493.

[46] Ebenda, S. 495.

[47] Diese Erhebung beruht auf der Beschäftigtenstatistik, die nur sozialversicherungspflichtig Beschäftigte erfasst und ist deshalb mit derjenigen von 1980 nicht vergleichbar, vgl. Dostal, 2000, S. 326. Das Statistische Bundesamt Deutschlands hat 2002 erstmalig eine Veröffentlichung zur aktuellen Entwicklung der Informationsgesellschaft vorgelegt, die überwiegend Daten ab 1995 enthält, vgl. Statistisches Bundesamt, 2002*a*. Die Abgrenzung der Erwerbstätigen in IKT-Berufen folgt der Klassifizierung der Berufe (die aktuelle Ausgabe ist die von 1992, vgl. Statistisches Bundesamt, 1992) und ist mit der o.g. der OECD nicht deckungsgleich, weil sie z.B. die o.g. Beispiele für Informationsproduzenten nicht enthält, sondern in IT-, Medienberufe und Berufe der Telekommunikation einteilt. Dementsprechend sind in dieser Veröffentlichung die Anteile der Erwerbstätigen mit IKT-Berufen an den Erwerbstätigen insgesamt mit 3,5% im April 1995 und 4,4% im April 2001 wesentlich geringer.

[48] Vgl. Mangold, 1997, S. 15.

Trotz der aufgeführten Probleme werden Statistiken nach sektoraler und auch nach funktionaler Gliederung sowohl im Dienstleistungssektor als auch im Informationssektor in dieser Untersuchung berücksichtigt. Um ein möglichst umfassendes Bild der Tertiarisierung und Informatisierung in Europa zum gegenwärtigen Zeitpunkt erstellen zu können, bleibt nichts anderes übrig, als die verfügbaren Datenquellen auszuwerten. Denn noch immer hinkt die amtliche Statistik dem wachsenden Bedeutungsgrad in den zwei Bereichen weit hinterher.

Obwohl in Deutschland mit der Einführung des Gesetzes zur Dienstleistungsstatistik im Jahr 2001 und den Harmonisierungsbemühungen in Europa endlich wesentliche Schritte gemacht wurden,[49] wird es noch einige Zeit dauern, bis ausreichend lange Zeitreihen über ein genaues Bild zur Dienstleistungsentwicklung zur Verfügung stehen.

Diese Bemerkungen gelten ebenso für den Informationssektor bzw. für Informationsberufe.

---

[49] Neben dem Gesetz zur Dienstleistungsstatistik trat in Deutschland am 15.2.2003 eine auf 3 Jahre befristete Konjunkturstatistikverordnung zu konjunkturstatistischen Erhebungen in den Dienstleistungsbereichen im Abschnitt I (Verkehr und Nachrichtenübermittlung) und den Abteilungen 72 (Datenverarbeitung und Datenbanken) und 74 (Erbringung von Dienstleistungen überwiegend für Unternehmen) zur Erfüllung von Informationsanforderungen der Europäischen Gemeinschaft in Kraft. Vgl. Statistisches Bundesamt, 2002*b*, S. 21.

3 ERKLÄRUNGSTHEORIEN FÜR SEKTORALEN STRUKTURWANDEL

3.1 Wirtschaftsstruktur und Strukturwandel: Definitionen

Als Wirtschaftsstruktur[1] soll hier die Aufteilung (Disaggregation) einer wirtschaftlichen Gesamtgröße in Teilgrößen bezeichnet werden, die in sich homogener sind als das Gesamtaggregat selbst. Sei die wirtschaftliche Gesamtgröße mit G bezeichnet und die Teilgrößen mit g_i so gilt:

(3.1) $G = g_1 + g_2 + ... + g_n$ und

(3.2) $\frac{g_1}{G} + \frac{g_2}{G} + ... + \frac{g_n}{G} = 1.$

Bei dieser Untersuchung sollen also lediglich Wirtschaftsstrukturen analysiert werden, die beim Strukturwandel eine Rolle spielen. Diese erfassen die Anteile der Wirtschaftssektoren an

- der sektoralen Produktionsstruktur, d.h. am Sozialprodukt, bzw. an der Bruttowertschöpfung,
- der sektoralen Beschäftigungsstruktur, d.h. an der Verteilung der Erwerbstätigen auf die Wirtschaftssektoren,
- der sektoralen Investitionsstruktur, d.h. an der Verteilung der Investitionen auf die Wirtschaftssektoren.

Bei diesen Wirtschaftsstrukturen wird der Strukturwandel zunächst *intersektoral* untersucht, d.h. es werden Anteils-Veränderungen zwischen den Sektoren analysiert.

Intrasektorale Untersuchungen, wie z.B. zur intrasektoralen Nachfragestruktur, d.h. der Verteilung der Nachfrage auf bestimmte Güter und Dienstleistungen innerhalb eines Wirtschaftssektors, werden ebenfalls durchgeführt, weil nur so der oftmals als Residuum angesehene Dienstleistungssektor extrahiert werden kann.

Die regionale Wirtschaftsstruktur wird nur insofern angesprochen, wie regionale Besonderheiten der hier betrachteten vier größten europäischen Länder Ursache für gravierende Unterschiede bei Anteilen an bestimmten Wirtschaftsstrukturen sind.

Der zweite Teil der Definitionen dieses Kapitels betrifft den Strukturwandel. Beim Strukturwandel wird analysiert, ob und wie sich die Prozentanteile der Teilaggregate g_i an den o.g. wirtschaftlichen Gesamtgrößen Produktion, Beschäftigung und Investitionen im Zeitablauf verändern. Allgemein kann Strukturwandel definiert werden als Veränderungen der Produktionsstruktur einer Volkswirtschaft, die sich als Konsequenz aus Veränderungen der Nachfragestruktur, der Konkurrenzverhältnisse sowohl

[1] Für den Begriff 'Wirtschaftsstruktur' gibt es nicht nur eine, sondern mehrere Definitionen, die sich auf unterschiedliche Sachverhalte beziehen, wie z.B. die Marktstruktur, die Produktionsstruktur als zeitliche Dimension des Produktionsprozesses. Diese und weitere Beispiele für den Begriff Wirtschaftsstruktur sowie das folgende finden sich bei Meißner/Fassing, 1989, S. 11f.

innerhalb der Volkswirtschaft als auch auf den Weltmärkten, der angebotenen Produktionsfaktoren und des technischen Fortschritts ergeben.[2]
Messgrößen für den Strukturwandel werden in Kapitel 5.1 vorgestellt.

Bedeutsam ist bei der Beurteilung des Strukturwandels, wie stark die Gesamtgröße in Teilgrößen disaggregiert wird. Denn ist der Disaggregationsgrad gering, wie z.B. bei Analysen auf der Drei-Sektoren-Ebene, so wird ein Großteil der Verschiebungen nicht zwischen, sondern innerhalb der drei Sektoren stattfinden. Je stärker also disaggregiert wird, desto höher wird die Intensität des gemessenen Strukturwandels ausfallen.[3] Dies ist bei dem Vergleich von Ergebnissen verschiedener Veröffentlichungen zu berücksichtigen.
In den Kapiteln 3.2 und 3.3 werden mit den Sektoren- und den Modelltheorien die Erklärungstheorien für den Strukturwandel dargestellt. Dabei handelt es sich bei den Sektorentheorien überwiegend um 'Theorien', die aus empirischen Beobachtungen der Sektorenverschiebungen abgeleitet wurden, während die Modelltheorien den Bias-Konzepten gewidmet sind, die modelltheoretisch erklärt werden können.

3.2 Sektorentheorien

Seit es systematische Beobachtungen des wirtschaftlichen Geschehens gibt, wird auch das Phänomen des wirtschaftlichen Wandels beobachtet. Die Versuche, dieses Phänomen zu beschreiben und seine Folgen für die Wirtschaftsentwicklung aufzuzeigen, sind zahlreich. Die im Folgenden behandelten Theorien zur Beschreibung des Strukturwandels haben sich als die in der Literatur am häufigsten verwendeten herausgestellt. Neben diesen Theorien gibt es allerdings noch zahlreiche andere, wie z.B. die Stufen- oder Zyklentheorien, auf die hier nicht eingegangen werden soll.[4]

3.2.1 Drei-Sektoren-Hypothese

Fisher hat als erster eine umfassende Aufspaltung der gesamtwirtschaftlichen Produktion in die drei Sektoren vorgenommen, den Begriff des tertiären Sektors eingeführt und auf die wachsende Bedeutung der Dienstleistungen für die Gesamtwirtschaft hingewiesen.[5] Er entwickelt seine Sektorenabgrenzung mit Hinblick auf die chronische Arbeitslosigkeit der Weltwirtschaftskrise der dreißiger Jahre des vorigen Jahrhunderts und will damit u.a. Hoffnungen vorbauen, dass Beschäftigungsausweitungen im Agrarsektor das Arbeitslosigkeitsproblem lösen können.[6]
Problematisch an seiner Sektorenabgrenzung ist, dass sie in direkter Verbindung zur Konsumentennachfrage steht und sich damit je nach Nachfrage-Änderung laufend Verschiebungen der Abgrenzungen zwischen sekundärer und tertiärer Produktion ergeben. Das macht statistische Vergleiche über verschiedene Jahre unmöglich. So wird

---

[2] Vgl. Dannenbaum, 1998, S. 21.
[3] Vgl. Meißner/Fassing, 1989, S. 15f.
[4] Vgl. z.B. Gornig, 2000.
[5] Vgl. Wolfe, 1955, S. 404.
[6] Vgl. Fisher, 1939, S. 30.

primäre Produktion als Befriedigung der wesentlichen (Nahrungs-) Grundbedürfnisse angesehen, ohne die jede Form der Aktivität unmöglich ist,[7] sekundäre Produktion ist Fabrik-, bzw. Fertigungsproduktion. Fisher hält es schon 1939 für 'erbärmliches Ausweichen', tertiäre Produktion als Restposten dessen anzusehen, was nicht zu primärer oder sekundärer Produktion gehört. Stattdessen subsumiert er unter tertiärer Erzeugung alles, was neue oder relativ neue Arten von Konsumentennachfrage betrifft. Ausdrücklich schließt Fisher die Begrenzung der tertiären Erzeugung lediglich auf Luxusgüter aus, weil das bedeuten würde, dass sich nur Personen mit hohem Einkommen tertiäre Güter kaufen könnten. Fisher will tertiäre Erzeugung als Dienst verstanden wissen, der der direkten Befriedigung des Konsumenten dient und sich von einem materiellen Gut unterscheidet.[8]

Clark schlägt später als Abgrenzungskriterium zwischen den Sektoren die Messung der Einkommenselastizität der Nachfrage vor.[9] Jedes Gut, dessen Einkommenselastizität größer als Eins ist, ist ein tertiäres Produkt, d.h., wenn das Einkommen um eine Einheit steigt, nimmt die Nachfrage nach diesem Gut um mehr als eine Einheit zu, steigt also im Vergleich mit anderen Produkten, wie zum Beispiel den Lebensmitteln, überproportional. Produkte aus dem sekundären Sektor haben eine Einkommenselastizität zwischen Eins und 0,5 und Produkte aus dem primären Sektor haben eine Einkommenselastizität kleiner als 0,5.[10]
Clark bezieht sich bei seinen Analysen zur Drei-Sektoren-Hypothese (wie auch Fourastié) vorwiegend auf den Verlauf der Erwerbstätigkeit. Das Verschieben der sektoralen Beschäftigungsstruktur im Verlauf des wirtschaftlichen Wachstums zugunsten der Dienstleistungen, worauf die Analysen zur Drei-Sektoren-Hypothese überwiegend beruhen, wird von Clark als 'Pettys Law' bezeichnet.[11]

Fourastié gilt als der bekannteste Vertreter der Drei-Sektoren-Hypothese. Er prognostizierte mit bemerkenswerter Genauigkeit für entwickelte Volkswirtschaften für das Ende des 20. Jahrhunderts, dass der Beschäftigtenanteil des tertiären Sektors an der Gesamtwirtschaft bei über 80% liegen wird, währenddessen das produzierende Gewerbe nur noch maximal 15% Beschäftigtenanteil haben wird.[12] Er entwickelte eine eigene Sektorenabgrenzung auf der Basis des technischen Fortschritts und damit verbunden der Arbeitsproduktivität,[13] d.h. seine Sektorenabgrenzung ist angebotsorientiert. Unter dem primären Sektor subsumiert er alle Produktionszweige mit mittelmäßigem technischem Fortschritt, vor allem die Landwirtschaft. Produktivitätssteigerungen sind hier durch natürliche Gegebenheiten, wie z.B. die Bodenknappheit begrenzt. Intensiven technischen Fortschritts sieht er im sekundären Sektor. Produktivitätssteige-

---

7 Kuriosum: Fisher weist darauf hin, dass im 1926er neuseeländischen Zensus richtigerweise auch Regierungsbeamte der primären Produktion zugeordnet sind. Vgl. Fisher, 1939, S. 31, Fußnote 24.

8 Vgl. Fisher, 1939, S. 32f.

9 Ebenda, S. 34, Fußnote 29.

10 Ders., 1952, S. 828.

11 Vgl. Clark, 1957, S. 492. William Petty hatte danach schon 1691 diese Zusammenhänge beschrieben.

12 Vgl. Fourastié, 1969, S. 120ff.

13 Ebenda, S. 27f.

rungen sind durch die industrielle Massenproduktion und durch die Substitutionsmöglichkeiten von Arbeit durch Kapital möglich.
Den tertiären Sektor sieht Fourastié als sehr arbeitsintensiv an, was Produktivitätssteigerungen und technischen Fortschritt eher gering hält. Eine Einteilung der Sektoren nach realisiertem technischem Fortschritt ist allerdings nur ex post möglich und führt im Zeitablauf zu Verschiebungen der Sektoren-Einteilung, je nachdem wie sich Änderungen der Arbeitsproduktivität ergeben.[14] Fourastiés Hoffnung, dass der technische Fortschritt das Problem der Arbeitslosigkeit - trotz vorübergehender Krisenzeiten - löst, hat sich allerdings nicht erfüllt. Fourastié ging davon aus, dass jeder, der seinen Arbeitsplatz durch technischen Fortschritt verloren hat, eine neue Beschäftigung findet, die durch einen anderen technischen Fortschritt geschaffen wurde. Denn der steigende Lebensstandard führe zu einem geänderten Bedarf des Verbrauchers und die Nachfrage würde von einem Gut auf ein anderes verlagert, womit ständig neue Absatzmärkte geschaffen werden.[15]

Wolfe schließlich grenzt die Sektoren mit Hilfe der unterschiedlichen Produktionsfaktoren ab, die nur sehr verschiedene Produktivitätssteigerungsraten zulassen. Produktivitätssteigerungen sind demnach im primären Sektor durch natürliche Wachstumsfaktoren begrenzt, im sekundären Sektor durch mechanische Faktoren und im tertiären Sektor durch berufliche Qualifikationen. In diesem Zusammenhang plädiert er auch für die Nutzung unternehmensbezogener Statistiken im Gegensatz zu Statistiken nach Tätigkeiten, weil sich in ersteren technologischer Fortschritt eher bemerkbar machen würde. Denn Individuen stellen lediglich ihre berufliche Qualifikation zur Verfügung, während es die Unternehmen sind, die Produktionsentscheidungen treffen.[16]

Die Schwerpunkte der jeweiligen Einteilungen der Sektoren durch die vier genannten Begründer der Drei-Sektoren-Hypothese sind in Tabelle 3.1 dargestellt.

Tabelle 3.1: Kriterien der sektoralen Aufteilung der Wirtschaftszweige

	Fisher	Clark	Fourastié	Wolfe
Primärer Sektor	Lebensnotwendige Güter	Güter mit natürlicher Produktionsdauer	Mittelmäßiger technischer Fortschritt	Dominanz des Bodens bei der Produktion
Sekundärer Sektor	Nicht lebensnotwendige Güter mit wenig elastischer Nachfrage	Kontinuierlich produzierbare physische Güter	Starker technischer Fortschritt	Dominanz des Kapitals bei der Produktion
Tertiärer Sektor	Nicht lebensnotwendige Güter mit elastischer Nachfrage	Immaterielle Güter (Dienstleistungen)	Geringer technischer Fortschritt	Dominanz der Arbeit bei der Produktion

Quelle: Cassel/Kruber, 1974, S. 314, mit eigenen Änderungen.

[14] Vgl. Staroske, 1995, S. 19. Bei Staroske findet sich eine ausführliche Beschreibung der historischen Entwicklungen der Drei-Sektoren-Hypothese.
[15] Vgl. Fourastié, 1969, S. 194.
[16] Vgl. Wolfe, 1955, S. 406.

In der empirischen Praxis wird schließlich überwiegend eine Einteilung verwendet, die auf der Volkswirtschaftlichen Gesamtrechnung aufbaut:

- Primärer Sektor: Land- und Forstwirtschaft, Fischerei; [17]
- Sekundärer Sektor: Bergbau, Energiewirtschaft, Verarbeitendes Gewerbe, Baugewerbe;
- Tertiärer Sektor: Handel, Verkehr, Nachrichtenübermittlung, Banken und Versicherungsgewerbe, Wohnungsvermietung, Staat, private Haushalte, sonstige Dienstleistungen (Gastronomie, Gesundheitsdienste, Bildungswesen, Organisationen ohne Erwerbscharakter).

Die vier genannten Begründer der Drei-Sektoren-Hypothese gingen von einem unaufhaltsamen Trend zur Dominanz der Dienstleistungserstellung in reifen Volkswirtschaften aus.[18] Hesse und Holtfrerich bezeichnen die Drei-Sektoren-Hypothese sogar als Fourastiésches Gesetz.[19]

Zusammenfassend kann abgeleitet werden, dass die Drei-Sektoren-Hypothese nicht eigentlich eine Theorie ist, sondern sie wird mit den stilisierten Fakten des Strukturwandels begründet, die in zahlreichen Ländern zu beobachten sind und die in Kapitel 4.2 deskriptiv analysiert werden. Die Hypothese besagt, dass im langfristigen Wachstumsprozess von Volkswirtschaften zunächst der sekundäre Sektor den Anteil des primären Sektors bei Produktion und Beschäftigung zurückdrängt und dass schließlich der Anteil des sekundären Sektors zugunsten einer Expansion des tertiären Sektors schrumpft. Die relative Bedeutung der einzelnen Sektoren hängt von der Höhe des Pro-Kopf-Einkommens ab,[20] wie in Abbildung 3.1 dargestellt. Bei niedrigem Pro-Kopf-Einkommen (Entwicklungsländer) dominiert der primäre Sektor, bei mittlerem Einkommen (entwickelte Volkswirtschaften) dominiert der sekundäre, bei sehr hohem Einkommen (hoch entwickelte Volkswirtschaften) dominiert der tertiäre Sektor.
Oftmals wird zwischen einer schwachen und starken Version der Drei-Sektoren-Hypothese unterschieden. Die schwache Version hat zum Inhalt, dass unterschiedliche Entwicklungsgrade von Volkswirtschaften an unterschiedlichen Sektorenanteilen festgestellt werden können, ohne dass man aber für eine bestimmte Wirtschaft aus ihrem Pro-Kopf-Einkommen bereits mit Sicherheit auf die Sektorenanteile schließen könne. Die starke Version dagegen behauptet letzteres und ist damit umfassender und stärker empirischen Widerlegungen ausgesetzt.[21] Dieser Differenzierung und Zuordnung der einzelnen Vertreter zu den verschiedenen Versionen der Drei-Sektoren-Hypothese soll hier nicht gefolgt werden, sondern diese empirische Untersuchung widmet sich vor allem der Feststellung der stilisierten Fakten für die untersuchten Länder und beinhaltet sowohl relative, als auch absolute Veränderungen.

---

[17] Einige Autoren, z.B. Cook/Healey, 1995, definieren den Bergbau inkl. Erdöl- und Erdgasgewinnung dem primären Sektor zugehörig, der dadurch z.T. erheblich an Bedeutung gewinnt.

[18] Vgl. Bußmann, 1999, S. 23.

[19] Vgl. Hesse, 1996, S. 15f. Holtfrerich weist darauf hin, dass Gesetze dieser Art nicht mehr leisten können als die Beschreibung historischer Entwicklungstrends und dass eine Prognose zukünftiger Entwicklungen damit nicht möglich ist, vgl. Holtfrerich, 1980, S. 419ff.

[20] Vgl. Willms, 1999, S. 442.

[21] Vgl. Staroske, 1995, S. 55f.

Abbildung 3.1: Sektoraler Strukturwandel nach der Drei-Sektoren-Hypothese

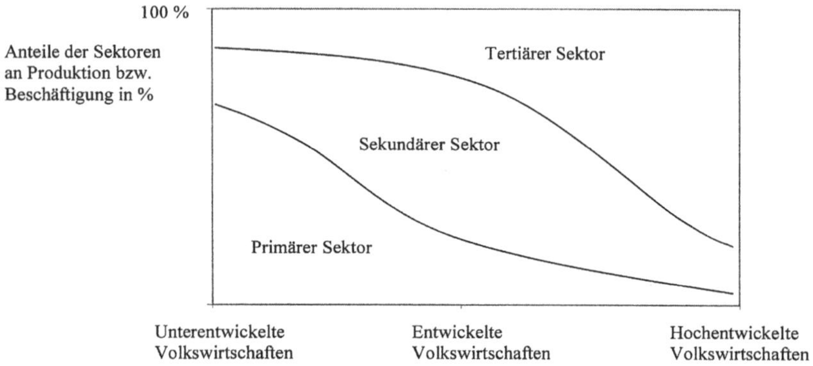

Quelle: Willms, 1999, S. 442, eigene Modifikationen.

In der Literatur sind die Positionen zur Drei-Sektoren-Hypothese sehr gegensätzlich. Postlep akzeptiert sie in ihren qualitativen Grundaussagen als empirisch relevant.[22] Nach Görgens[23] kann die Hypothese mittels zeitlicher und räumlicher Vergleiche Anhaltspunkte über zu erwartende Wachstums- und Schrumpfungssektoren geben.[24] Bei der Kritik an der Drei-Sektoren-Hypothese kann zwischen Fundamentalkritik und Methodenkritik unterschieden werden.[25] Die Fundamentalkritik bestreitet den Sinn der empirischen Beschreibung ökonomischer Sektoren. Helmstädter z.B. formuliert dazu: „Es ist sinnlos, aus der Güterwelt der allgemeinen Gleichgewichtstheorie einen ökonomischen Kosmos von ‚Sektoren' aufbauen zu wollen."[26] Für Ochel/Wegner ist die Drei-Sektoren-Hypothese inadäquat, weil sie Dienstleistungen als mehr oder weniger homogene Güter annimmt, sich überwiegend auf die traditionellen Konsumentendienste bezieht, die Rolle des sozialen und öffentlichen Sektors sowie der Innovationen außer Acht lässt, die Zeitbeschränkungen bei der Inanspruchnahme von Dienstleistungen nicht berücksichtigt[27], kurz: veraltet ist.

Die Methodenkritik setzt an den gewählten Abgrenzungskriterien und der behaupteten Entwicklungsgesetzlichkeit an. Gerstenberger z.B. erscheint die Hypothese zwar einleuchtend, er zweifelt jedoch ihre Grundprämissen - Produktivitätsschwäche des tertiären Sektors und Nachfrageverschiebung der Haushalte - an.[28] Für Lamberts ist die Hypothese von theoretischen Unzulänglichkeiten gekennzeichnet, ein Analysemodell von fragwürdigem Wert mit geringem Erklärungsgehalt.[29]

---

[22] Vgl. Postlep, 1982, S. 17.
[23] Vgl. Görgens, 1975, S. 65.
[24] Ausführlich zur Kritik der Drei-Sektoren-Hypothese bei Staroske, 1995, S. 92ff.
[25] Vgl. Hensel, 1990, S. 24f.
[26] Helmstädter, 1980, S. 2.
[27] Vgl. Ochel/Wegner, 1987, S. 25.
[28] Vgl. Gerstenberger, 1987, S. 38.
[29] Vgl. Lamberts, 1987, S. 523.

3.2.2 Selbstbedienungsgesellschaft

Die Kritik an der Drei-Sektoren-Hypothese führte zu alternativen Erklärungsversuchen der stilisierten Fakten des Strukturwandels. Ende der 1970er Jahre hat Gershuny für Großbritannien empirisch festgestellt, dass die Haushalte verstärkt Geld in langlebige Güter investieren. Dienstleistungen werden außerhalb des eigentlichen Wirtschaftsprozesses erstellt und zwar durch direkten Arbeitseinsatz und die Benutzung von Haushaltsmaschinen. Statt Dienstleistungen zu kaufen, stellen die Konsumenten sie für sich selbst her. Es zeigt sich also das Bild einer Selbstbedienungsgesellschaft. Selbstbedienungsaktivitäten ersetzen dabei das Angebot von Dienstleistungen über den Markt.[30]

Selbstbedienungsaktivitäten werden als Aktivitäten außerhalb des Marktprozesses definiert, die als Inputs die Konsumentenzeit, industrielle Produkte wie vorgefertigte Materialien sowie dauerhafte Güter und Energie erfordern. Als Beispiele dienen die Nutzung privater Fahrzeuge zum Transport von Personen und Gütern, Camping oder Buchen von Ferienappartements, Selbstbedienung in Restaurants, das Nutzen von Radio, Fernsehen, Videorecordern und CD-Playern zu Hause, anstelle des Besuchs von Theateraufführungen, Kinos und Konzerten. Die geänderten Konsumentenpräferenzen wurden mit hoher Besteuerung, der Angleichung in der Einkommensverteilung und dem technischen Fortschritt begründet.[31]
Ein weiterer wichtiger Aspekt ist, dass private Dienstleistungen zu einem hohen Anteil humankapitalintensiv sind. Das Arbeitsangebot ist in den industrialisierten Ländern allerdings konstant, was zu einer Beschränkung des zukünftigen Wachstums der privaten und öffentlichen Dienstleistungen führt. Diese Beschränkungen werden zu einem Anstieg der Reallöhne für private Dienstleistungen und damit deren Preisen führen, was langfristig zu ihrer Verdrängung vom Markt führt. Die Nachfrage nach diesen Dienstleistungen bleibt allerdings bestehen und wird durch Selbstbedienungsaktivitäten ersetzt.[32]

Gründe für die Selbstbedienungsaktivitäten sind also Substitutionsprozesse und die starke Zunahme des Bestandes an dauerhaften Gütern in privaten Haushalten. Außerdem spielt die komplementäre Beziehung zwischen Dienstleistungen und Gütern eine große Rolle. Der steigende Kapitalstock der Privathaushalte an dauerhaften Gütern hat Mittler-Dienstleistungen wie Wartung, Verwaltung, Restauration, Versicherungen und Finanz- und Beratungsdienstleistungen notwendig gemacht. Der Boom an neuer Heim-Elektronik hat sein übriges getan. Der Trend der Zunahme der Produzenten-Dienstleistungen hat also auch seine Ursache in den Selbstbedienungsaktivitäten der Haushalte. Außerdem steigt die Produktdifferenzierung bei dauerhaften Gütern, was zusätzliche Anstrengungen bei Marketing, Werbung, Design und Verpackung erfordert.[33]

---

30 Vgl. Gershuny, 1981, Kap. V.
31 Vgl. Skolka, 1976, S. 301.
32 Vgl. Gershuny, 1981, S. 18.
33 Vgl. Ochel/Wegner, 1987, S. 52f.

Die Tendenz zu Selbstbedienungsaktivitäten und Do-it-Yourself wird sich mit der weiteren Reduzierung der Arbeitszeiten und der Zunahme der Teilzeitarbeit fortsetzen. Die Allokation knapper Ressourcen, also die Entscheidung zwischen Freizeit und Geld und somit zwischen dem Kauf von Dienstleistungen oder Do-it-Yourself hängt von mehreren Faktoren ab, wie z.B.:

- der verfügbaren Freizeit,
- den Opportunitätskosten der Dienstleistungen,
- den sozialen und ökonomischen Bedingungen der Haushalte.

Zeitbudgeterhebungen in Großbritannien haben gezeigt, dass das erhebliche Sinken der durchschnittlichen Arbeitszeit pro Beschäftigten in den letzten 20 Jahren zwar vor allem zu einem rapiden Anstieg von Freizeitaktivitäten wie z.B. Sport und Reisen geführt hat, dass aber deswegen auch ein moderater kontinuierlicher Anstieg der Selbstbedienungsaktivitäten in den Haushalten zu verzeichnen ist.[34]
Für Deutschland wurde bei der Zeitbudgeterhebung 1991/92 für die erwachsene Bevölkerung festgestellt, dass sich das Verhältnis von Erwerbsarbeitszeit zu Freizeit im Vergleich zu früher umgekehrt hat. So beträgt heute der Zeitaufwand für Erwerbstätigkeit im Durchschnitt nur dreieinhalb Stunden, während für Freizeit über 5 Stunden zur Verfügung stehen. Insgesamt führte der seit Mitte der fünfziger Jahre zu verzeichnende Anstieg der freien Zeit bei großen Bevölkerungskreisen zu einer Erweiterung des Umfangs der unbezahlten produktiven Arbeit, sog. Do-it-Yourself-Aktivitäten wie z.B. Renovieren, Reparaturen, Gartenarbeit.[35]

Das Problem an diesem Erklärungsansatz ist, dass er große Mess-Schwierigkeiten bereitet, da Selbstbedienungsaktivitäten weder am Markt angeboten werden, noch einen Marktpreis haben. Damit kann ein Großteil der Produktivitätsanstrengungen der Bevölkerung nicht gemessen werden, was auch Auswirkungen auf die Messung der Wohlfahrt eines Landes hat.[36] So ist insbesondere die monetäre Bewertung der Haushaltsproduktion mit großen methodischen Schwierigkeiten verbunden, was zu einem größeren Unsicherheitsbereich bei der Schätzung führen würde, als sonst bei der Sozialproduktsberechnung üblich ist.[37] Aus diesem Grund wurde die Theorie der Selbstbedienungsgesellschaft vorwiegend rein akademisch behandelt und spielt in empirischen Untersuchungen mittlerweile fast keine Rolle mehr.

3.2.3 Postindustrielle Informationsgesellschaft

Über die Drei-Sektoren-Hypothese hinaus wird in der Literatur seit Jahrzehnten auch der strukturelle Wandel zur Postindustriellen Informationsgesellschaft diskutiert. Damit einher geht die Erweiterung der Drei-Sektoren-Hypothese um einen vierten Sektor - den Informationssektor. Mit dem Vier-Sektoren-Modell soll es möglich sein, die in der Vergangenheit in Verbindung mit Kommunikations- und Informationstechnolo-

---

[34] Vgl. Thomas/Miles, 1986.

[35] Vgl. Blanke/Ehling/Schwarz, 1996, S. 219f.

[36] Vgl. Skolka, 1976, S. 301.

[37] Vgl. Blanke/Ehling/Schwarz, 1996, S. 21.

gien abgelaufenen Strukturwandelvorgänge zu analysieren und aufzuzeigen, warum einige Länder erfolgreicher als andere Länder bei der Bewältigung des Strukturwandels und beim Wachstum sind. Schon Fisher schlug 1954 vor, die drei Sektoren um einen quartären und einen quintären Sektor als zusätzliche Partitionen der „übervollen ökonomischen Box“[38] zu erweitern, um die Probleme zu lösen, die durch die enumerative Aufzählung im tertiären Sektor und seine daraus folgende Heterogenität auftreten. Das Heterogenitätsproblem wird allerdings durch zusätzliche Sektoren nicht gelöst. Vielmehr kommt es auch in den zahlreichen unterschiedlichen Bezeichnungen für die Postindustrielle Industriegesellschaft zum Ausdruck.[39]

Nach den theoretischen Vorarbeiten von Machlup (1962)[40] zur Entstehung und Verteilung von Wissen und von Bell (1976) zur Postindustriellen Gesellschaft leiteten die Analysen von Porat (1976) in den siebziger Jahren Studien zum Übergang in die Informationsökonomien ein.[41]

Bell bedient sich zu analytischen Zwecken der Unterteilung in vorindustrielle, industrielle und nachindustrielle Gesellschaft und vergleicht sie in verschiedenen Dimensionen. Einige dieser Dimensionen sind in Tabelle 3.2 abgebildet. Nach Ansicht Bells entsprechen 1973 nur die Vereinigten Staaten seinem Konzept der nachindustriellen Gesellschaft. Westeuropa und Japan befinden sich dagegen noch im Stadium der industriellen Gesellschaft.

Tabelle 3.2 ist auch zu entnehmen, dass Bell den Dienstleistungssektor tiefer untergliedert. Als Bestandteile des tertiären Sektors will er lediglich den Verkehrs- und Erholungsbereich, als quartären Sektor Banken und Versicherungen und als Bestandteile des quintären Sektors Gesundheit, Ausbildung, Forschung und Staatsaktivitäten verstanden wissen. Bell fordert die empirische Überprüfung der zentralen Stellung des theoretischen Wissens,[42] leistet sie allerdings selbst nicht.

Der Begriff der Information, die Bell als DAS knappe Gut der nachindustriellen Gesellschaft ansieht,[43] taucht in seiner Sektorengliederung allerdings nicht auf, sondern er verwendet ihn als Grundlage für die Technologie der Postindustriellen Gesellschaft.

Diesen Beitrag leistet Porat, der mit seiner Konstruktion eines Informationssektors auch die Grundlage für empirische Analysen zur Informationsgesellschaft liefert. Porat verzichtet zwar darauf, ein theoretisches Konzept für die Informationsgesellschaft vorzulegen, denn er legt mit seiner Dissertation eine empirische Analyse der Information Economy vor, er beruft sich allerdings auf die theoretischen Vorarbeiten von Machlup und Bell.[44] Seine Analysen, auf die später noch eingegangen wird, kann man als Initialzündung für eine empirische Informationsgesellschafts-Forschung betrachten.

---

[38] Vgl. Fisher 1954*a*, S. 152 und 1954*b*, S. 621.

[39] Dienstleistungs- und Wissensgesellschaft heißt sie bei Haid/Preissl, 1997, S. 1, Bürogesellschaft bei Dostal, 1984, S. 491, Wissens-, Informationsökonomie bei der ILO, 2001, S. 1, Netzwerkgesellschaft bei Castells, 2001.

[40] Eine rein verbale und deskriptive Analyse zum Thema Wissen und Information.

[41] Ausführlich zu den Informationsökonomien bei Hensel, 1990, S. 28ff.

[42] Vgl. Bell, 1996, S. 113.

[43] Ebenda, S. 354.

[44] Vgl. Porat, 1976, S. 3ff.

Tabelle 3.2: Allgemeines Schema des sozialen Wandels nach Bell

	Vorindustrielle Gesellschaft	Industrielle Gesellschaft	Postindustrielle Gesellschaft
Regionen	Asien Afrika Lateinamerika	Westeuropa Sowjetunion Japan	Vereinigte Staaten
Wirtschaftlicher Sektor	*Primär* (Extraktive Industrien) Landwirtschaft Bergbau Fischerei Waldwirtschaft	*Sekundär* (Güterproduktionen) Verarbeitung Fertigproduktionen	*Tertiär* *Quartär* (Dienstleistungen) Verkehr Banken Erholung Versicherungen *Quintär* Gesundheit Ausbildung Forschung Regierung
Wichtigste Berufsgruppen	Bauer Bergmann Fischer ungelernter Arbeiter	angelernter Arbeiter Ingenieur	technische und akademische Berufe Wissenschaftler
Grundlage der Technologie	Rohstoffe	Energie	Information

Quelle: Vgl. Bell, 1996, S. 117.

Castells/Aoyama fassen die von Bell aufgestellten fünf Dimensionen bzw. Komponenten[45] der Theorie der Postindustriellen Gesellschaft durch drei wirtschaftswissenschaftliche Postulate zusammen:[46]

(1) Die Quelle von Produktivität und Wachstum liegt in der Generierung von theoretischem Wissen. Dieses Wissen wird durch elektronische Datenverarbeitung auf alle Gebiete der ökonomischen Aktivität verteilt.
(2) Folgerichtig wird in der Postindustriellen Gesellschaft die Bedeutung von Ausbildungen mit einem hohen EDV- und Wissensanteil steigen.
(3) Die ökonomischen Aktivitäten werden sich von der Güterproduktion auf das Dienstleistungsangebot verlagern. Je entwickelter eine Volkswirtschaft ist, desto stärker werden Produktion und Beschäftigung auf Dienstleistungen fokussiert sein, während Agrarwirtschaft und Fertigung eine geringe Bedeutung haben werden.

[45] Vgl. Bell, 1996, S. 32.
[46] Vgl. Castells/Aoyama, 1994, S. 6, vgl. auch Castells, 2001, S. 231f.

Dies gilt sowohl innerhalb der Länder, als auch für die internationale Arbeitsteilung.

In empirischen Studien wurde zum ersten Postulat in der Tat nachgewiesen, dass Wissen und Informationen die hauptsächlichen Quellen von Produktivität und Wachstum in fortgeschrittenen Volkswirtschaften sind.[47] Entwicklungsgeschichtlich ist es das, was die 2. Hälfte des 20. Jahrhunderts in ökonomischer Hinsicht ausmacht: die Entwicklung der Informationstechnologien und ihre Diffusion auf alle Gebiete der ökonomischen und sozialen Aktivitäten, einschließlich ihres Beitrags zur Infrastruktur für die Globalisierung.
Das zweite Postulat schließlich prognostiziert eine Ausweitung von Ausbildung und damit wissensbasierten Beschäftigungen, wie Positionen im Management und technischen Berufen sowie Selbständigkeit. Befürchtet wird aber auch die Zunahme von Dienstleistungstätigkeiten, zu denen keine Ausbildung notwendig ist. Trotz ihrer geringeren Wachstumsrate wird ihre absolute Zahl einen substantiellen Anteil an der postindustriellen sozialen Struktur ausmachen. Das heißt, dass entwickelte Informationsgesellschaften auch durch eine steigende polarisierende soziale Struktur gekennzeichnet sein werden.[48]
Eine Studie der OECD zeigt allerdings, dass zwischen 1984 und 1994 die Einkommensverteilung nur für die Hälfte der untersuchten Länder ungleicher wurde, denn die Umverteilungsaspekte des Steuer-Transfer-Systems sind in den meisten Ländern gestiegen, die Beschäftigungs-Polarisierung hinsichtlich relativer Armutsquoten und Einkommensungleichheit ist aber stärker geworden.[49]
Das dritte Postulat befasst sich mit dem irreversiblen Absinken der Zahl der Industriebeschäftigung. Das bedeutet allerdings nicht, dass Industriebeschäftigung ganz verschwinden wird, sondern im Gegenteil hängt die Struktur und Dynamik der Dienstleistungen von den industriellen Aktivitäten ab.[50] Die Gruppe der unternehmensnahen Dienstleistungen sind dafür der deutlichste Beleg. So schätzen Cohen/Zysman für die USA, dass 24% des Bruttosozialprodukts durch Industrieunternehmen und 25% von unternehmensnahen Dienstleistern generiert werden. Daraus schließen sie, dass die postindustrielle Gesellschaft ein Mythos ist und dass wir uns nach wie vor in einer industriellen Ökonomie befinden.[51]

Der Generierung von theoretischem Wissen kommt also eine zentrale Stellung zu, um die sich neue Technologien, das Wirtschaftswachstum und die Schichtung der Gesell-

---

[47] Vgl. z.B. Porat, 1976, Eaton/Kortum, 1995.

[48] Vgl. Castells/Aoyama, 1994, S. 8 sowie Castells, 2001, S. 234f. und weitere Quellen dort.

[49] Vgl. Förster, 2000 und dort die Länderstudien ab S. 39. In Frankreich blieb die Einkommensverteilung im o.g. Zeitraum wegen des starken Ausgleichseffekts des Steuer-Transfer-Systems stabil, in den alten Bundesländern Deutschlands ist die Ungleichheit moderat, in Großbritannien stark gestiegen, für Italien sind wegen neuer methodischer Abgrenzungen zu Beginn der 1990er Jahre keine Aussagen möglich.

[50] Müller-Michaelis vertritt dagegen die Extremposition, dass der tertiäre Sektor auch hinsichtlich seiner Arbeitsplatz-Potentiale zum bestimmenden Wirtschaftsbereich der Zukunft wird, völlig unabhängig (sic!) von Entwicklungen im industriellen und gewerblichen Bereich. Vgl. Müller-Michaelis, 1996, S. 13.

[51] Vgl. Cohen/Zysman, 1987.

schaft organisieren werden.[52] Dabei muss für das Verständnis von Wachstumsprozessen zwischen Humankapital und Wissen unterschieden werden. Während Humankapital in Individuen inkorporierte (gebundene) Kenntnisse und Fertigkeiten darstellen, über deren Nutzung jedes Individuum frei entscheiden kann und deren Bestand mit seinem Tod untergehen, bezeichnet Wissen ungebundene, theoretische Kenntnisse, wie sie z.B. in Veröffentlichungen vorliegen. Während also für Humankapital das Ausschlussprinzip funktioniert, weil z.B. eine Erfindung noch nicht patentiert und nur dem Erfinder bekannt ist, werden durch die ökonomische Nutzung von Erfindungen in Produkten und ihre Speicherung in 'abstrakter' Form (z.B. in Konstruktionsplänen) diese einem größeren Personenkreis zugänglich gemacht (Wissensdiffusion) und nehmen damit die Form allgemein zugänglichen Wissens an. Personenungebundenes Wissen kann durch gezielte Forschungs- und Entwicklungsinvestitionen sowie Erfahrungen im Produktionsprozess entstehen. In beiden Fällen können Eigentumsrechte an neuem Wissen allenfalls temporär durch das Patentwesen durchgesetzt werden. Wissen hat den Charakter eines öffentlichen Gutes, denn es ist durch Nichtrivalität in der Nutzung sowie nur partielle Ausschließbarkeit gekennzeichnet. Das heißt, Wissen kann durch mehrere Individuen gleichzeitig genutzt werden, ohne dass zusätzliche Kosten entstehen, und es steht auch jenen Wirtschaftssubjekten zur Verfügung, die keinen Beitrag zur Forschung und Entwicklung geleistet haben - den ‚Free Ridern'.[53]

Porat schließlich versucht, anhand der in der US-amerikanischen Volkswirtschaftlichen Gesamtrechnung üblichen National Income Accounts einen Informationssektor zu bilden und zu analysieren, indem er die Entstehungs- und Verwendungsseite des Sozialprodukts im Informationssektor darstellt. Sein Ziel ist u.a., Angebot und Nachfrage nach Informationsgütern und -dienstleistungen mit Hilfe der Input-Output-Rechnung darzustellen. Er bedient sich dabei nicht der institutionellen Gliederung nach den Wirtschaftssubjekten Unternehmen, Staat und Haushalte, sondern will mit dem funktionalen Ansatz die ökonomischen Aktivitäten der Informationsproduktion, der -konsumption und der -distribution statistisch erfassen. Das heißt, die Informationsaktivitäten der (traditionellen) Sektoren sollen zu einem vierten, dem Informationssektor zusammengefasst werden.
Dieser Informationssektor wird nochmals unterteilt: der *primäre* Informationssektor enthält Güter und Dienste, die am Markt angeboten werden. Der *sekundäre* Informationssektor ist dadurch gekennzeichnet, dass die in diesem Sektor produzierten bzw. verarbeiteten Informationen nicht zu Marktpreisen gehandelt werden. Das damit entstehende statistische Erfassungs- und Bewertungsproblem versucht Porat mit einer indirekten Methode zu umgehen. Er schlüsselt die Wertschöpfung nach der Art der Einkommensentstehung auf, d.h. er betrachtet

- die Lohn- und Gehaltsumme der Informationsarbeiter,
- die Abschreibung für den periodischen Werteverzehr der Maschinen zur Informationserstellung,
- kalkulatorische Kosten für Informationsgüter und -dienstleistungen (z.B. Mieten, Zinsen, Unternehmergehalt).

---

[52] Vgl. Bell, 1996, S. 112f.

[53] Vgl. Frenkel/Hemmer, 1999, S. 239f.

Die definitorische Abgrenzung bereitet auch beim Informationsarbeiter enorme Abgrenzungsschwierigkeiten, denn praktisch zu jeder beruflichen Tätigkeit gehört die Verarbeitung von Informationen. Porat definiert deshalb als Informationsarbeiter jene Erwerbstätigen, die überwiegend mit der Produktion, Bearbeitung oder Verteilung von Informationen beschäftigt sind.[54] Darauf aufbauend wurden die auf S. 15 aufgeführten Informationsberufe festgelegt. Bei der Kategorisierung müssen allerdings die individuellen Berufsbeschreibungen berücksichtigt werden, denn ein Arzt zum Beispiel hat nicht per se einen Informationsberuf. Er informiere sich, seine Patienten, erledige manuelle Arbeit und schreibe Rezepte. Wichtig ist deshalb nach Filip-Köhn/Neckermann/Stäglin für die analytische Arbeit die Einteilung der Informationsberufe nach

- Investitions-,
- Produktions- oder
- Konsumzwecken.[55]

Diese Einteilung hat sich allerdings bisher in den Veröffentlichungen zum Thema Informationsgesellschaft nicht durchgesetzt.

Der erste Kritikpunkt an diesem Ansatz ist das bereits von den Dienstleistungstätigkeiten bekannte Zuordnungsproblem. Denn der Passus 'überwiegend' lässt sehr viel Entscheidungsspielraum und macht die definitorische Abgrenzung der Informationsberufe von den Nicht-Informationsberufen willkürlich.

Außerdem vernachlässigt die Einteilung von Tätigkeiten in Informationsbeschäftigungen, dass praktisch jede ökonomische Aktivität durch Informationen geprägt ist. Der Unterschied liegt im Umfang des Informationsinputs, der für die Tätigkeit benötigt wird und im entsprechenden Output. Dieser Unterschied wird durch die Ausbildungsstufe und durch On-the-job-Training determiniert und macht die Abstufungen zwischen den Ländern und ihre Dynamik beim Ersetzen von Humankapital durch automatische Informationsgeräte aus.[56] Auf den letzten Aspekt wird später noch einzugehen sein, denn das besondere ist, dass der Mensch nicht wie bei der Industrialisierung/-Automatisierung verdrängt wird, sondern dass seine Arbeit produktiver wird - eine neue, in Hinsicht auf Erwerbstätigkeit beruhigende Qualität der Beschäftigung.

Eine zweite Kritik setzt an den sich im Zeitablauf ändernden Informationsinhalten der Tätigkeiten an. Empirische Analysen im Zeitablauf sind, zumindest über einen längeren Zeitraum, nicht möglich, denn diese Inhalte haben sich stark verändert. Eine Zeitkonsistenz ist damit nicht gegeben.

Kalmbach schließlich stellt eine zunehmende Irrelevanz der Unterscheidung zwischen Waren- und Dienstleistungsproduktion fest und übt damit implizit Kritik an allen Vorstellungen einer Postindustriellen Gesellschaft. Denn eine wissensbasierte Gesellschaft, auf Information und Kommunikation beruhende Produktion, gewinne sicher an Bedeutung. Was produziert wird, ist aber zunehmend ein Ensemble von Waren und Dienstleistungen, die Industrie- und Dienstleistungsunternehmen einander annähern, was aber keineswegs in eine andere Gesellschaft führt.[57]

---

[54] Vgl. Porat, 1976, S. 167.

[55] Vgl. Filip-Köhn/Neckermann/Stäglin, 1984, S. 44.

[56] Ebenda, S. 43.

[57] Vgl. Kalmbach, 1998, S. 122.

Trotz dieser Kritikpunkte wurde im Jahr 1978 Porats Konzept von der OECD in weiten Teilen übernommen, um zu prüfen, ob es sich bei der Entwicklung zur Informationsgesellschaft um ein international nachweisbares Phänomen des Strukturwandels handelt.[58] Die OECD forderte 1978 aufgrund Porats Analyse ihre Mitgliedsländer auf, diese Untersuchungen in ihren Ländern nachzuvollziehen, um einen internationalen Vergleich durchführen zu können.
Für Deutschland wurde diese Untersuchung von Legler/Speckner (1978) von der Fraunhofer-Gesellschaft und die Nachfolgeuntersuchungen von Filip-Köhn/Neckermann/Stäglin (1984) vom DIW durchgeführt. Zum ersten Mal wurden alle Output-Daten zur Produktion von Gütern und Diensten in Deutschland für 1970 und 1980 als informationell und nicht-informationell nach den Richtlinien der OECD zugeordnet. Danach betrug bereits 1970 der Anteil des primären Informationssektors (also der über den Markt gehandelten Güter und Dienste) an der gesamten Bruttowertschöpfung 16,7%. Dieser Anteil stieg bis 1980 auf 19,8%.[59]

Zusammenfassend kann für dieses Kapitel festgestellt werden, dass beim Wandel zur postindustriellen Gesellschaft nicht die Verdrängung alter durch neue Wirtschaftszweige im Vordergrund steht, sondern die Verdrängung traditioneller durch informationsintensive Produkte, die zwar in verschiedenen Branchen unterschiedlich stark ausgeprägt sein mag, aber letztlich alle Bereiche der Wirtschaft erfasst.[60]

3.3 Modelltheorien für den sektoralen Strukturwandel

Zur modelltheoretischen Erklärung des sektoralen Strukturwandels entwickelter Volkswirtschaften vom Industrie- zum Dienstleistungssektor werden Nachfrageverschiebungen (Kapitel 3.3.1) und Produktivitätsunterschiede (Kapitel 3.3.2) sowie unterschiedliche Grade der Entwicklung von Informations- und Kommunikationstechnologien zwischen den Volkswirtschaften (Kapitel 3.3.3) herangezogen. Mit dem Nachfragebias wird versucht, eine nachfrageseitige Begründung für die Expansion der Dienstleistungen zu liefern, mit dem Produktivitätsbias werden Produktivitätsunterschiede zwischen sekundärem und tertiärem Sektor analysiert, der neue Ansatz des Informationsbias analysiert Ursachen für unterschiedliche Fortschritte der Länder bei der Entwicklung und Verbreitung von Informations- und Kommunikationstechnologien.

3.3.1 Nachfragebias

Mit dem Nachfragebias werden strukturelle Verschiebungen aufgrund von Nachfrageänderungen im Laufe der wirtschaftlichen Entwicklung beschrieben. Bei entwickelten Volkswirtschaften steigt das Pro-Kopf-Einkommen, damit ändert sich auch die Ausgabenstruktur der Haushalte. Die Struktur der Nachfrage ergibt sich aus der Dringlichkeit

---

58 Vgl. OECD/ICCP, 1981.

59 Vgl. Filip-Köhn/Neckermann/Stäglin, 1984, S. 32f.

60 Vgl. Klodt, 2001, S. 7.

der Bedürfnisse der privaten Haushalte (Maslowsche Bedürfnispyramide) und der Höhe ihrer Einkommen.[61] Bei geringem Einkommen können nur Grundbedürfnisse befriedigt werden, d.h. Bedürfnisse nach Produkten, die überwiegend der Produktion der Land- und Forstwirtschaft entstammen. Die Einkommenselastizität η der Ausgaben für die Güter des Grundbedarfs $\eta = (dC_i / dY) \cdot (Y / C_i)$ ist kleiner als 1, d.h. steigt das Einkommen Y, wachsen diese Ausgaben C_i unterproportional, d.h. die Einkommenselastizität reagiert unelastisch. Die Annahme einer Sättigungstendenz bei (Grund-) Nahrungsmitteln und von Gütern, die der Befriedigung existentiellen Bedarfs dienen,[62] mit der Folge, dass bei steigendem Einkommen die Nachfrage nach ihnen relativ sinkt, wird als Engel-Schwabesches-Gesetz[63] bezeichnet.
Steigt das Einkommen, fällt der Anteil der Ausgaben für den Grundbedarf, es werden verstärkt Güter des warenproduzierenden Gewerbes nachgefragt. Damit verlagert sich die Produktionsstruktur zugunsten des warenproduzierenden Gewerbes.
Bei weiteren Einkommenszuwächsen, die durch die hohen Produktivitätspotentiale im sekundären Sektor entstehen, differenziert sich die Konsumnachfrage aus, es werden schließlich höherwertige Güter nachgefragt, unter denen vor allem Dienstleistungen verstanden werden. Damit wächst bei steigendem Einkommen der relative Konsumanteil von Dienstleistungen, d.h. dass die Einkommenselastizität der Nachfrage nach Dienstleistungen höher ist als die nach Industriewaren. Dieser Zusammenhang wird als Nachfrage-Bias bezeichnet.[64] Er bedeutet, dass von jeder zusätzlichen Einkommenseinheit ein größerer Teil für Dienstleistungen ausgegeben wird als für Industriegüter.[65] Dabei nimmt die Nachfrage im Laufe des Entwicklungsprozesses nicht nur beim Endverbraucher zu, sondern auch bei den Güterproduzenten, da die Bedeutung von Dienstleistungen als Vorleistungen größer wird.[66] Steigt also die Nachfrage nach Dienstleistungen, werden diese sich im Laufe der Zeit relativ verteuern, was zur Ressourcenallokation zugunsten des Dienstleistungssektors führt. Damit steigt langfristig der Anteil dieses Sektors sowohl beim Einsatz von Arbeit und Kapital als auch an der nominalen und realen Wertschöpfung.[67]
Die Konsequenzen des Nachfragebias für den Strukturwandel lassen sich anhand von Abbildung 3.2 zeigen. Gegeben sei eine Volkswirtschaft, die zwei Güterbündel, Dienstleistungen und Industriewaren produziert, dargestellt durch die konkave Transformationskurve T, die die Produktionsmengenkombinationen der beiden Güterbündel beschreibt. Durch das Wirtschaftswachstum steigen die Produktionsmengen und die Transformationskurve verschiebt sich nach rechts außen auf T'. Unterstellt sei dabei,

---

[61] Vgl. Heinze, 1979, S. 10f.

[62] Dieser Zusammenhang des abnehmenden Grenznutzens wir als 1. Gossensches Gesetz bezeichnet. Vgl. z.B. Schumann/Meyer/Ströbele, 1999, S. 46.

[63] Durch Querschnittsvergleiche fanden Engel für Grundnahrungsmittel und Schwabe für Mietausgaben heraus, dass die Einkommenselastizität der Nachfrage nach Nahrungsmitteln und Mieten deutlich kleiner als 1 ist, so dass mit steigendem Einkommen die Nachfrage nach diesen Produkten relativ sinkt, vgl. Staroske, 1995, S. 28.

[64] Vgl. Schaden et al., 2000, S. 92.

[65] Ausführliche Begründungen dafür sind z.B. bei Klodt, 1995, S. 297, bei Klodt/Maurer/Schimmelpfennig, 1997, S. 19f. und Grömling/Lichtblau/Weber, 1998, Kap. 4 zu finden. Huber, 1992, untersucht in Teil C Determinanten der Dienstleistungsnachfrage.

[66] Vgl. Grömling/Lichtblau/Weber, 1998, S. 240.

[67] Vgl. Maennig/Stamer, 1999, S. 4f.

dass sich die Produktionsstruktur nicht ändert. Nicht konstant bleibt dagegen die Nachfragestruktur, dargestellt durch die asymmetrische Lage der Indifferenzkurven. Der Anteil der Dienstleistungen an der gesamten konsumierten Gütermenge steigt bei Wachstum an, wenn die Einkommenselastizität der Nachfrage bei Dienstleistungen höher ist als bei Industriewaren,[68] der Produktions- und Konsumpunkt verlagert sich von a nach b.

Abbildung 3.2: Struktureffekt des Nachfragebias

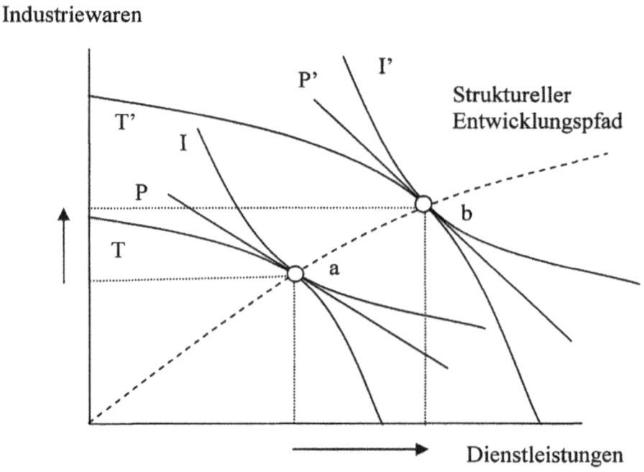

Quelle: Klodt/Maurer/Schimmelpfennig, 1997, S. 21, eigene Modifikationen.

Der strukturelle Entwicklungspfad[69] zeigt, dass die Konsumstruktur der Haushalte sich zugunsten der Dienstleistungen verlagert, Dienstleistungen werden überproportional nachgefragt. Da die Produktionsstruktur annahmegemäß konstant bleibt, wird die Preisgerade P' steiler, d.h. Dienstleistungen verteuern sich relativ gegenüber den Industriewaren.

Der Versuch der Erklärung des Strukturwandels mit dem Nachfragebias geht auf Baumol (1967) zurück und ist häufig kritisiert worden. Nach Saeger gibt es recht wenig Evidenz, dass die Ausgabenmuster zwischen Dienstleistungen und Industriewaren die langfristige Verlagerung der Beschäftigung weg von der Fertigung hin zu den Dienstleistungen erklären können.[70] Maennig/Stamer weisen darauf hin, dass der Nachfragebias nur unter den sehr theoretischen Annahmen der identischen Faktorentlohnung und des vollkommenen Arbeitsmarktes aufrecht zu erhalten ist und nur, wenn

---

[68] Es handelt sich dann um nicht-homothetische Präferenzen, d.h. die relative Güternachfrage ändert sich nach Einkommensänderungen, die Einkommenselastizität ist ungleich Eins. Zu homothetischen Präferenzen vgl. z.B. Varian, 2001, S. 95f.

[69] Der strukturelle Entwicklungspfad wird für Nachfrageeffekte auch als Engel-Kurve bezeichnet, da Engel 1857 erstmals beschrieben hat, wie sich die Konsumstruktur der Haushalte bei steigendem Einkommen ändert, vgl. Klodt/Maurer/Schimmelpfennig, 1997, S. 20, Fußnote 14.

[70] Vgl. Saeger, 1997, S. 584.

sich eine Volkwirtschaft tatsächlich trennscharf in einen Industrie- und einen Dienstleistungssektor einteilen lässt.[71] Die größere Einkommenselastizität in Bezug auf Dienstleistungen bezieht sich nach Krämer nur auf die personenbezogenen Dienstleistungen. Zumindest für Deutschland gilt, dass der dienstleistungsbestimmte Strukturwandel nicht so sehr von der Endnachfrage der privaten Haushalte, sondern auf Unternehmensebene, also durch den Wandel der Vorleistungsstrukturen, getragen wird.[72] Die Vermutung ist, dass das auch für die anderen, hier zu untersuchenden europäischen Länder gilt. Deshalb wird in Kapitel 4.2.1.3 darauf eingegangen.

Kalmbach weist darauf hin, dass die Zunahme des Dienstleistungssektors in der Produktion und der Beschäftigung vor allem auf den produktionsorientierten Dienstleistungen beruht. Der Begriff der Einkommenselastizität ist auf diese Dienstleistungen nicht sinnvoll anwendbar, weil die Einkommenselastizität üblicherweise als ein Ausdruck der Präferenzen von Wirtschaftssubjekten begriffen wird. Bei der Entwicklung der produktionsorientierten Dienstleistungen handelt es sich auf der Nachfrage- wie der Angebotsseite allerdings um Unternehmensentscheidungen.[73]
Völlig außen vor gelassen wird die Preiselastizität, d.h. wie Verbraucher mit ihrer Nachfrage auf die Änderung von Preisen reagieren.[74] Da gerade wachsende Volkswirtschaften dynamisch sind und je nach Marktsituation die Preise angepasst werden, spielen Preisänderungen natürlich eine große Rolle. Denn gerade sie sind es, die zur veränderten Ressourcenallokation anregen. Und schließlich gilt, was Rowthorn/Ramaswamy für die Deindustrialisierung ausführen,[75] genauso für die Tertiarisierung. Denn obwohl es eine empirische Evidenz für Nachfrageverschiebungen gibt, ist eine Erklärung der Tertiarisierung allein über den Nachfragebias unvollständig, weil er den Einfluss der Produktivität und der Preise auf die Nachfragestruktur und somit auf die Produktion und Beschäftigung vernachlässigt. Der Einfluss der Änderungen von Produktivität und Preisen auf den Strukturwandel wird im folgenden Kapitel analysiert.

3.3.2 Produktivitätsbias

Unter Produktivitätsbias wird in der Literatur allgemein das größere Potential des industriellen Sektors verstanden, Produktivitätsfortschritte zu erzielen. Dabei wird unterstellt, dass der industrielle Sektor starke Produktivitätsfortschritte realisieren kann und somit steigende Arbeitsproduktivität aufweist, der Dienstleistungssektor dagegen durch seinen Schwerpunkt bei der Faktorausstattung auf dem Faktor Arbeit geringere Produktivitätsfortschritte und damit eine relativ geringe Arbeitsproduktivität zu verzeichnen hat.[76] Deshalb werden für das verarbeitende Gewerbe steigende Skalenerträge (Increasing Returns to Scale) erwartet, d.h. eine Vervielfachung aller Faktormengen bewirkt eine überproportionale Vervielfachung der produzierten Menge.

---

[71] Vgl. Maennig/Stamer, 1999, S. 4f.
[72] Vgl. Krämer, 1998, S. 168.
[73] Vgl. Kalmbach, 1998, S. 120.
[74] Vgl. Schaden et al., 2000, S. 92.
[75] Vgl. Rowthorn/Ramaswamy, 1999, S. 20.
[76] Vgl. Schaden et al., 2000, S. 92.

Die Begründung für den Produktivitätsbias sind die im Vergleich mit dem verarbeitenden Gewerbe beschränkten Möglichkeiten der Kapitalintensivierung bei den Dienstleistungen durch ihre hohe Arbeitsintensität. Denn dadurch existieren vergleichsweise geringere Mechanisierungs- und Automatisierungspotentiale sowie Möglichkeiten zum Einsatz neuer Technologien bei den Dienstleistungen.
Analytisch lässt sich das mit der Identitätsgleichung [77]

$$(3.3) \quad \frac{Y_{DL}}{Y} = \frac{\frac{Y_{DL}}{L_{DL}}}{\frac{Y}{L}} \cdot \frac{L_{DL}}{L}$$

zeigen, wobei Y_{DL} die Bruttowertschöpfung des Dienstleistungssektor und Y die der Gesamtwirtschaft, L_{DL} und L die Erwerbstätigenzahlen im Dienstleistungssektor und in der Gesamtwirtschaft, Y_{DL}/L_{DL} und Y/L die entsprechenden Produktivitätsverhältnisse darstellen. Der Anteil des Dienstleistungssektors an der realen Bruttowertschöpfung der Gesamtwirtschaft ergibt sich also aus dem Produktivitätsverhältnis, multipliziert mit dem Erwerbstätigenanteil.
Wenn der Erwerbstätigenanteil des Dienstleistungssektors stärker steigt als sein Anteil an der Bruttowertschöpfung der Gesamtwirtschaft, so muss die Produktivität der Erwerbstätigen im Dienstleistungssektor geringer sein als in der Gesamtwirtschaft.

In Abbildung 3.3 sind die Konsequenzen des Produktivitätsbias für den Strukturwandel graphisch dargestellt. Der Tangentialpunkt a stellt den Produktions- und Konsumpunkt der Volkswirtschaft dar, der durch die Tangente P, die Preisgerade, festgelegt wird. Die Steigung der Tangente ergibt sich durch das relative Preisverhältnis von Dienstleistungen zu Industriewaren. Bei einer wachsenden Volkswirtschaft verschiebt sich die Transformationskurve auf T', d.h. asymmetrisch, denn durch den Produktivitätsbias steigen die Produktionsmöglichkeiten für Industriewaren stärker als die für Dienstleistungen. Von Nachfrageeffekten wird dabei abstrahiert. Das neue Gleichgewicht liegt in b und enthält zwei Änderungen:

1) Die Preisgerade P' ist steiler geworden, d.h. Dienstleistungen haben sich im Verhältnis zu Industriewaren verteuert.
2) Der Anteil der Industriewaren an der realen Wertschöpfung ist gestiegen.

Aussagen über den sektoralen Anteil an der nominalen Wertschöpfung lassen sich nicht treffen, denn einerseits geht der Mengenanteil der Dienstleistungen zurück, andererseits steigt ihr Preisanteil. So kann der Anteil des Dienstleistungssektors an der nominalen Wertschöpfung steigen oder fallen, je nachdem, welcher der beiden Effekte überwiegt.[78]

[77] Vgl. Kalmbach, 1998, S. 110.
[78] Vgl. Klodt/Maurer/Schimmelpfennig, 1997, S. 17ff.

Abbildung 3.3: Struktureffekt des Produktivitätsbias

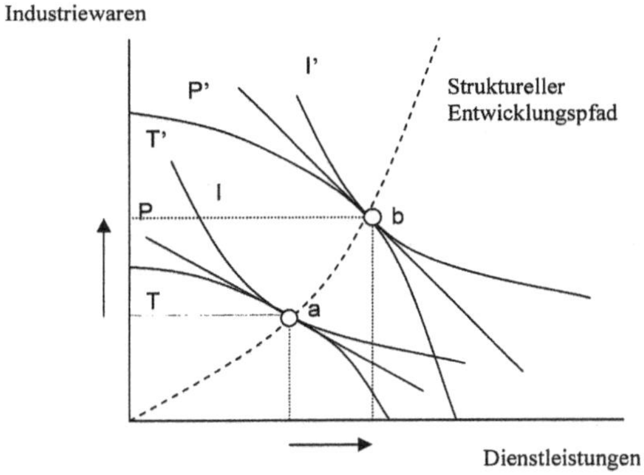

Quelle: Klodt/Maurer/Schimmelpfennig, 1997, S. 18, eigene Modifikationen.

Anders betrachtet gibt das unterschiedliche Produktivitätswachstum eine plausible empirische Erklärung für den sinkenden Beschäftigungsanteil in der Fertigung des Industriesektors L_I. Gegeben ein fixes Nachfragemuster, führt die unterschiedliche Produktivität zur Reduzierung der Beschäftigung im dynamischeren Sektor.[79]

Schnelleres relatives Produktivitätswachstum in der Fertigung impliziert nach Gleichung (3.4), dass der Anteil an der realen Wertschöpfung Y_I / Y konstant bleiben oder steigen kann, während der Anteil der Beschäftigung L_I / L sinkt.

$$(3.4) \quad \frac{Y_I}{Y} = \frac{\frac{Y_I}{L_I}}{\frac{Y}{L}} \cdot \frac{L_I}{L}$$

Der Zusammenhang zwischen der Arbeitsproduktivität und der Wertschöpfung kann mit dem Verdoornschen Gesetz quantifiziert werden. Dieses Gesetz unterstellt einen funktionalen Zusammenhang zwischen der Wachstumsrate der Arbeitsproduktivität WRAP und der Wachstumsrate der Wertschöpfung WRY und kann in einer modifizierten Form für Produktivitätsvergleiche zwischen den Sektoren herangezogen werden.[80] In Kapitel 5.3 wird dieser Zusammenhang mit linearen Regressionsgleichungen untersucht:[81]

$$(3.5) \quad WRAP = \alpha_1 + \beta_1 WRY + \varepsilon.$$

[79] Vgl. Saeger, 1997, S. 584.

[80] Dieser Zusammenhang geht auf eine Untersuchung der britischen Wachstumsschwäche von Kaldor, 1966, zurück. Kaldor zeigte, dass der Zusammenhang für die Industrie, nicht aber für die Landwirtschaft und den Dienstleistungssektor nachgewiesen werden konnte.

[81] Für eine bessere Lesbarkeit wird der Index i für die Sektoren weggelassen.

Das Absolutglied α_1 gibt die autonome Wachstumsrate der Arbeitsproduktivität an, also die Wachstumsrate, die sich bei Nullwachstum der Wertschöpfung ergeben würde. Sie ist somit gewissermaßen Auffangbecken für alle Einflüsse, die nicht auf das Wachstum der Wertschöpfung zurückgeführt werden können, wie z.B. Investitionen.[82]
Für den Steigungskoeffizienten β_1, den sog. Verdoorn-Koeffizienten, wird ein positiver Wert erwartet. Das bedeutet, dass Wachstum der Produktion des jeweiligen Sektors zu Wachstum der jeweiligen Sektoren-Arbeitsproduktivität führt. Bei Signifikanz der entsprechenden Koeffizienten für β_1 kommt es auf die numerischen Unterschiede bei den jeweiligen Sektorenschätzungen zwischen β_{1DL} und β_{1I} zur Quantifizierung des Produktivitätsbias an.
Da die Funktionalität von Wachstumsraten untersucht wird, kann der Koeffizient von β_1 auch als Schätzer der Elastizität des Produktivitätswachstums bzgl. des Outputwachstums angesehen werden.
Die Wachstumsrate der Arbeitsproduktivität WRAP ist definiert als:

$$(3.6) \quad WRAP = \ln\left(\frac{Y}{L}\right)_t - \ln\left(\frac{Y}{L}\right)_{t-1}.$$

Es folgt $WRAP = WRY - WRL$, wobei $WRL = \ln L_t - \ln L_{t-1}$ die Wachstumsrate der Beschäftigung darstellt. Dies eingesetzt in Gleichung (3.5) und aufgelöst nach WRL, ergibt:

$$(3.7) \quad WRL = \alpha_2 + \beta_2 WRY + \varepsilon^* \qquad \text{mit } \alpha_2 = -\alpha_1,\ \beta_2 = 1 - \beta_1 \text{ und } \varepsilon^* = -\varepsilon.$$

Damit kann die Verdoorn-Elastizität auch als Konjunkturreagibilität der Beschäftigung bezeichnet werden. Liegt $0 < \beta_2 < 1$ vor, so erhöht sich die Wachstumsrate der Beschäftigung des jeweiligen Sektors mit der Erhöhung der Wachstumsrate der Wertschöpfung des jeweiligen Sektors. Ist $\beta_2 > 1$, so lässt Wachstum der Wertschöpfung die Wachstumsrate der Beschäftigung sinken.[83]

Die Meinungen zur Relevanz des Produktivitätsbias klaffen seit ihrer Einführung von Balassa (1964) und Samuelson (1964) in der Literatur weit auseinander. Die Existenz des Produktivitätsbias wird auch in neueren Studien nachgewiesen.[84] Für Gundlach erweist sich die Schwäche der Dienstleistungs-Produktion, keinen raschen Produktivitätsfortschritt erzielen zu können, anhand der vorliegenden Statistiken zwar als plausibel. Seiner Meinung nach kann die Produktivitätshypothese anhand der vorliegenden Daten allerdings nicht falsifiziert werden, denn der Output vieler Dienstleistungsbereiche, z.B. im öffentlichen Sektor wird mangels Marktpreisen häufig nur anhand der Inputs geschätzt.[85] Viele Autoren weisen auf erhebliche Messprobleme bei Produktivitätsmaßen hin.[86] Oftmals wird z.B. statt der geleisteten Arbeitsstunden lediglich die

---

[82] Weitere denkbare Einflüsse bei Jasperneite/Allinger, 1998, S. 3.
[83] Zu einer Herleitung dieser Zusammenhänge vgl. auch Schulze, 2001, S. 3f.
[84] Vgl. z.B. Asea/Mendoza, 1994.
[85] Vgl. Gundlach, 1993, S. 3.
[86] Vgl. z.B. Castells, 2001, S. 94, Ochel/Wegner, 1987, S. 18ff. und Hofmann/Ochel/Wilhelm, 1999, S. 33.

Zahl der Arbeitskräfte angesetzt und dabei noch nicht einmal zwischen Vollzeit- und Teilzeitkräften unterschieden.
Für einige Autoren zeigt der empirische Befund allerdings, dass der Produktivitätsbias zumindest für Deutschland keine Erklärungskraft mehr besitzt.[87] In Kapitel 4.2.1.4 wird dargestellt, dass die Arbeitsproduktivität seit Anfang der 1980er Jahre in Italien und seit den 1990er Jahren in Deutschland im Dienstleistungssektor höher war als im sekundären Sektor. Der Grund dafür ist u.a. eine beachtliche Änderung der Möglichkeiten der Kapitalnutzung bei den Dienstleistungen in den letzten Jahrzehnten durch den technologischen Wandel, z.B. im Kreditgewerbe beim 'Electronic Banking', im Einzelhandel beim 'Teleshopping'. Diese Kapitalnutzungsmöglichkeiten sind nicht begrenzter als im sekundären Sektor. Weder mit dem Niveau der Kapitalintensität noch mit den Veränderungsraten lässt sich ein eindeutiger Hinweis auf sektoral unterschiedliche Rationalisierungspotentiale finden.

Zusammenfassend lassen sich also sowohl gegen den Nachfragebias als auch gegen den Produktivitätsbias gewichtige Argumente vorbringen. Ohnehin ist die Trennung didaktischen Gründen zuzuschreiben, denn Nachfrage- und Angebotseffekte treten in der Realität niemals isoliert auf, jedoch sind sie einer simultanen modelltheoretischen oder graphischen Analyse nicht zugänglich. Tertiarisierung findet allerdings nach wie vor statt. Das lässt sich neben den real existierenden Nachfrage- und Angebotseffekten auch durch veränderte Arbeitsteilung und veränderte Produkte erklären. Strukturwandel vollzieht sich nicht so sehr durch die überproportionale Erhöhung der privaten Nachfrage nach Dienstleistungen, sondern durch die Zunahme der Vorleistungsnachfrage der Unternehmen,[88] wie in Kapitel 4.2.1.3 analysiert wird.
Das Zusammenspiel von angebotsseitigem Produktivitätsanstieg und Nachfrageentwicklung ist außerdem durch weitere Trends überlagert worden, die in Kapitel 3.4 mit den außenwirtschaftlichen Erklärungsansätzen erläutert werden.

3.3.3 Informationsbias

Es gibt bisher in der Literatur seit dem Aufkommen der Analysen zur Informationsgesellschaft nach Kenntnis der Autorin kein dem Nachfrage- und Produktivitätsbias entsprechendes theoretisches Erklärungskonzept für die unterschiedlichen Entwicklungsstadien der Länder auf dem Weg hin zur Informationsgesellschaft. In dieser Studie soll eine Erklärung durch die Wachstumstheorie versucht werden. Dafür wird in Analogie zu den Bias-Konzepten der Nachfrage und der Produktivität der neue Begriff des Informationsbias begründet. Ein Informationsbias liegt danach bei Volkswirtschaften vor, in denen Informations- und Kommunikationstechnologien weniger weit entwickelt und verbreitet sind als in vergleichbaren anderen Volkswirtschaften. Die These lautet also, dass Volkswirtschaften mit einem Informationsbias einen Wachstumsnachteil haben. Diese These lässt sich mit der Vermutung begründen, dass Informations- und Kommunikationstechnologien zur Produktivität und damit zum Wachstum sowohl

[87] Vgl. z.B. Klodt/Maurer/Schimmelpfennig, 1997, S. 28.
[88] Vgl. Schaden et al., 2000, S. 129.

bei Investitionen als auch bei der Produktion und der Beschäftigung beitragen. Es gibt aktuell in der Literatur zahlreiche Untersuchungen zu diesem Thema.[89]
Außerdem werden die Überlegungen zu einem Informationsbias durch den erhofften Wachstumsvorsprung legitimiert, der hinter den japanischen und europäischen Statements zur forcierten Nutzung der Informations- und Kommunikationstechnologien steht und mit konkreten Aussagen unterlegt wird, in welchem Zeitrahmen dieser Vorsprung erreicht werden soll. So will der Europäische Rat mit seinem im Juni 2002 in Sevilla beschlossenen Programm 'eEurope 2005' Europa bis zum Jahr 2010 zum wettbewerbsfähigsten und dynamischsten wissensgestützten Wirtschaftsraum der Welt mit mehr Arbeitsplätzen und besserem sozialem Zusammenhalt machen.[90] Japan will mit seiner 'e-Japan Strategy' aus dem Januar 2001 bis zum Jahr 2005 zur fortgeschrittensten IT-Nation der Welt werden. Dafür wurde bereits im November 2000 ein Gesetz zur Bildung einer fortgeschrittenen Informations- und Telekommunikations-Netzwerk-Gesellschaft verabschiedet.[91]

Zur folgenden Herleitung des Informationsbias soll zunächst der komplexe Beitrag des technischen Fortschritts zum Wirtschaftswachstum analysiert werden. Da technologischer Fortschritt nach wie vor keine Maßgröße hat, wird als Indikator oftmals die Zeit t als eigenständige Variable aufgenommen. Somit sei im neoklassischen Wachstumsmodell eine linear-homogene Produktionsfunktion mit Y für die Wertschöpfung, A für den Arbeitseinsatz, K für den Kapitaleinsatz und t als Proxy-Variable für den technischen Fortschritt angenommen:

(3.8) $Y = F(A, K, t)$.

Wird diese Gleichung nach der Zeit differenziert, so erhält man nach einigen Umformungen,[92]

(3.9) $\hat{Y} = \alpha\hat{A} + \beta\hat{K} + \frac{\partial F}{\partial t} \cdot \frac{1}{Y}$, wobei $\frac{\partial F}{\partial t} \cdot \frac{1}{Y} = \hat{T}$

und somit

(3.10) $\hat{T} = \hat{Y} - \left(\alpha\hat{A} + \beta\hat{K}\right)$,

d.h. der Wachstumsbeitrag des technischen Fortschritts $\hat{T}$ als Term auf der linken Seite der Gleichung (3.10) wird als Residualgröße, dem sog. 'Solow-Residuum' ermittelt. Diese Residualgröße beschreibt die Wachstumsrate der totalen Faktorproduktivität, welche nicht auf Inputwachstum, d.h. auf Zunahme des Faktoreinsatzes, zurückgeht. Somit ergibt sich der Wachstumsbeitrag des technischen Fortschritts als Differenz zwischen der Wachstumsrate des Sozialprodukts $\hat{Y}$ und der Summe der mit ihren par-

---

[89] Vgl. z.B. Colecchia, 2001, Colecchia/Schreyer, 2001, Pilat/Lee, 2001 für die OECD, SVR, 2000, S. 127ff. für die USA, Vijselaar/Albers, 2002 für die Euro-Länder.

[90] Vgl. Kommission der Europäischen Gemeinschaft, 2002, S. 2.

[91] Vgl. Furuta/Makita, 2001, S. 1, Japanische Regierung, 2002.

[92] Vgl. z.B. Frenkel/Hemmer, 1999, S. 111, auch für das folgende.

tiellen Produktionselastizitäten gewichteten Wachstumsraten von Arbeit $\left(=\alpha\hat{A}\right)$ und Kapital $\left(=\beta\hat{K}\right)$.
Die tatsächlichen Wachstumsraten der vier größten Länder in Europa von 1950 bis 1992 sind in Tabelle 3.3 dargestellt. Für die Einkommensquoten als Ausdruck der partiellen Produktionselastizitäten wurden 0,7 für die Lohneinkommensquote sowie dementsprechend 0,3 für die Kapitaleinkommensquote angenommen[93] und in Spalte (7) jeweils das 'Solow-Residuum' berechnet.

Tabelle 3.3: Wachstumsbeiträge ausgewählter volkswirtschaftlicher Aggregate, 1950-1992

	1950-1973					
	Reales BIP	Arbeits-stunden-volumen	Bildungs-kompo-nente[1]	Brutto-kapital-stock	Human- u. Sach-kapital	Solow-Residuum
(1)	(2)	(3)	(4)	(5)	(6)	(7)
Deutschland	6,0	0,00	0,27	6,30	6,57	4,03
Frankreich	5,0	0,01	0,52	4,80	5,32	3,40
Italien	5,6	-0,13	0,86	-	-	-
Großbritannien	3,0	-0,15	0,19	5,17	5,36	1,50
Europäischer Durchschnitt	4,8	-0,21	0,56	5,21	5,77	3,22
	1973-1992					
Deutschland	2,3	-0,38	0,17	3,37	3,54	1,50
Frankreich	2,3	-0,46	0,99	4,33	5,32	1,03
Italien	2,7	0,22	1,23	-	-	-
Großbritannien	1,6	-0,57	0,60	3,30	3,90	0,83
Europäischer Durchschnitt	2,3	-0,21	1,08	3,48	4,56	1,08

[1]Erläuterungen siehe Fußnote 94.
Datenquelle: Maddison, 1996, S. 32ff., eigene Berechnungen.

Im Zeitalter des sog. 'Golden Age' von 1950 bis 1973 waren die jährlichen durchschnittlichen Wachstumsraten des Bruttoinlandsprodukts der vier Länder sowie im europäischen Durchschnitt (Spalte (2)) wesentlich höher als im zweiten Zeitabschnitt, denn diese Jahre waren durch den Wiederaufbau und eine wachstumsfördernde Wirtschaftspolitik in den Ländern geprägt. Großbritannien hatte jeweils ein deutlich unterdurchschnittliches Wachstum des Bruttoinlandsprodukts zu verzeichnen.
Die Wachstumsraten der geleisteten Arbeitsstunden in Spalte (3) sind von 1973 bis 1992 im Vergleich zum ersten Zeitraum stark zurückgegangen, d.h. das Arbeitsangebot wurde weniger genutzt, was sich in ansteigenden Arbeitslosenquoten niederschlug (Vgl. Kapitel 4.1). Deutschland gelang es im Gegensatz zu den anderen drei Ländern und auch dem europäischen Durchschnitt nach den verfügbaren Daten zur Bildungs-

[93] Vgl. Maddison, 1996, S. 58.

komponente[94] in Spalte (4) nicht, die Qualität des Faktors Arbeit durch Bildung zu verbessern. Ursache dafür ist ein im Vergleich zu den anderen Ländern geringerer Anteil der höheren Bildung in diesem Zeitraum.[95]
Die durchschnittliche jährliche Wachstumsrate des Bruttokapitalstocks (Spalte (5)) betrug in Europa für den ersten Zeitraum 5,2%, wobei der Bestand an Maschinen und Ausrüstungen wesentlich stärker stieg (7,8%),[96] als der Bestand an gewerblichen Bauten. Die Wachstumsraten sanken nach dem 'Golden Age' stark, besonders stark in Deutschland. Das Human- u. Sachkapital in Spalte (6) ergibt sich als Summe aus der Bildungskomponente und dem Bruttokapitalstock.
Das 'Solow-Residuum' in Spalte (7) weist für die Länder und Zeiträume einen Wachstumsbeitrag des technischen Fortschritts auf, der überwiegend über die Hälfte des Wachstums des Bruttoinlandsprodukts erklärt. Demnach zeigt sich, dass technologischer Fortschritt für das Wirtschaftswachstum eine sehr bedeutende Rolle spielt.[97]
Wünschenswert wäre ebenso eine Berechnung des 'Solow-Residuums' für den Zeitraum nach 1992 gewesen, allerdings sind Daten für die jährlichen durchschnittlichen Wachstumsraten der Bildungskomponente nach 1992 für alle Länder nicht verfügbar. Durch die deutsche Wiedervereinigung treten in Deutschland außerdem bei allen Komponenten Strukturbrüche auf, so dass ein Vergleich für Deutschland mit den vorhergehenden Zeiträumen ohnehin nicht möglich wäre.

Bei Untersuchungen von Wirkungen des technischen Fortschritts kann zum einen die Wirkung auf der Outputebene und zum anderen die auf der Inputebene unterschieden werden. Auf der Outputebene führt der technische Fortschritt zu einer Produktinnovation, d.h. mit gegebenem Input wird ein neues Produkt erstellt. Diese Ebene wird hier nicht betrachtet. Auf der Inputebene führt technischer Fortschritt dagegen zu einer Verfahrensinnovation, d.h. die gleiche Produktmenge wird mit effektiverem Faktoreinsatz erstellt, bzw. eine größere Produktmenge mit gleichem Faktoreinsatz (ökonomisches Prinzip).

Von den zwei Grundtypen der Verfahrensinnovation, dem Hicks-neutralem-Fortschritt und dem Harrod-neutralem-Fortschritt soll ersterer zur Ableitung des Informationsbias verwendet werden, weil er nicht - wie Harrod-neutraler-Fortschritt - von konstanten Wachstumsraten ausgeht.[98] Beiden Grundtypen ist gemein, dass die Einkommensverteilung konstant bleibt ('Neutralität'). Bei Harrod-neutralem-Fortschritt wird das Ergebnis erreicht, indem im gleichen Maße, wie durch den technischen Fortschritt die Arbeitsproduktivität und damit der Lohnsatz steigen, der Arbeitseinsatz sinkt. Bei Hicks-neutralem-Fortschritt steigen dagegen das Grenzprodukt der Arbeit (Lohnsatz) und das Grenzprodukt des Kapitals (Zins) mit der gleichen Rate, womit ebenfalls die Einkommensverteilung konstant bleibt.

---

[94] Die Bildungskomponente steht als Proxy-Variable für die Qualität des Faktors Arbeit. Sie wird gemessen mit den Durchschnittsjahren an primärer, sekundärer und höherer Bildung. Vgl. Maddison, 1996, S. 49ff.

[95] Vgl. Maddison, 1996, S. 50.

[96] Ebenda, S. 53.

[97] Zu den Problemen in Zusammenhang mit der Berechnung von Wachstumsraten dieser Art vgl. Maddison, 1996, S. 28ff.

[98] Vgl. z.B. Frenkel/Hemmer, 1999, S. 137.

Bei Hicks-neutralem-Fortschritt wirkt der technische Fortschritt wie ein proportionaler Mehreinsatz von Arbeit und Kapital, d.h.:

(3.11) $Y = F(A \cdot T, K \cdot T)$.

Unterstellt war die Annahme einer Cobb-Douglas-Produktionsfunktion, d.h. die partiellen Produktionselastizitäten von Arbeit und Kapital addieren sich zu Eins, es liegen konstante Skalenerträge vor:

(3.12) $\alpha + \beta = 1$.

Die Gleichung (3.11) lässt sich dann, nach den entsprechenden Umformungen,[99] schreiben als

(3.13) $\hat{Y} = \alpha\hat{A} + \beta\hat{K} + \hat{T}$.

Im neoklassischen Gleichgewicht liegt Konstanz der Wachstumsraten vor. Annahmengemäß sind die Wachstumsrate des Arbeitskräftepotentials $\hat{A}$ (die üblicherweise dem Bevölkerungswachstum n entspricht: $\hat{A} = n$) und die Wachstumsrate des technologischen Fortschritts $\hat{T}$ konstant, deshalb muss im Gleichgewicht die Wachstumsrate des Kapitals der der Gütermenge $\hat{Y}$ gleich sein. Somit kann Gleichung (3.13) umgeformt werden zu:

(3.14) $\hat{Y} = \hat{A} + \frac{\hat{T}}{\alpha}$.

Wenn nun die Bestandteile des Bruchs größer als Null sind, muss die Wachstumsrate der Gütermenge größer als die Wachstumsrate der Arbeitsmenge sein. Damit kann als zweite Implikation eine permanente Zunahme der Kapitalintensität abgeleitet werden.

Im Zwei-Perioden-Fall verschiebt sich durch technischen Fortschritt in Abbildung 3.4 die Sparfunktion pro Arbeitseinheit (die wegen der neoklassischen Räumung des Gütermarktes gleichzeitig die Investitionsfunktion pro Arbeitseinheit darstellt), $s \cdot y_0$ nach oben zu $s \cdot y_1$. Im Punkt C, der das neue neoklassische Wachstumsgleichgewicht darstellt, wird die $(n+\delta)\cdot k$-Gerade geschnitten. Die $(n+\delta)\cdot k$-Gerade gibt Auskunft darüber, welche Investitionen pro Arbeitseinheit erforderlich sind, um den Kapitalstockverschleiß auszugleichen und die neu hinzukommenden Arbeitseinheiten mit dem gleichen Kapitalstock auszustatten, wie die bereits im Produktionsprozess eingesetzten Arbeitseinheiten.[100] Die Abschreibungsrate δ drückt den Ersatzbedarf durch Kapitalverschleiß im Verlauf des Produktionsprozesses aus, der Teil der Investitionen ist.
In Punkt C wachsen alle Pro-Kopf-Variablen, d.h. Pro-Kopf-Einkommen, Pro-Kopf-Konsum und Pro-Kopf-Kapitalbestand mit der gleichen Rate, ein Wachstumsgleichgewicht (Steady State) liegt vor. Der langfristige Wachstumstrend wird dabei durch eine exogene Größe, das Bevölkerungswachstum n, determiniert.

---

[99] Vgl. z.B. Rose, 1991, S. 170f.
[100] Vgl. z.B. Frenkel/Hemmer, 1999, S. 44.

Abbildung 3.4: Wachstumseffekt des technologischen Fortschritts

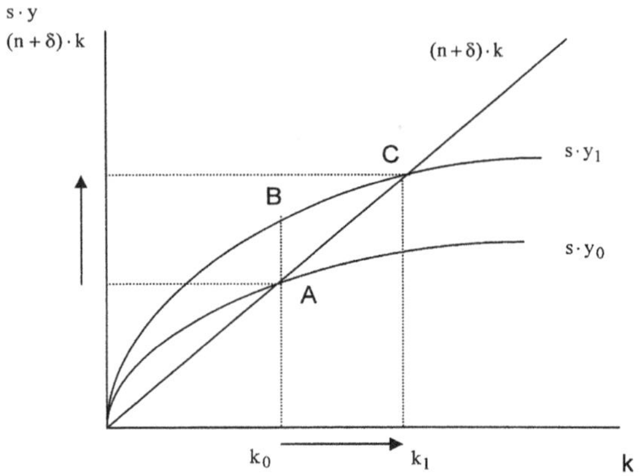

Quelle: Frenkel/Hemmer, 1999, S. 131, eigene Modifikationen.

Gedanklich können die Anpassungen nach dem Fortschrittsschock in zwei Teilaspekte aufgespaltet werden. Strecke AB zeigt den Niveaueffekt des technischen Fortschritts nach Hicks. Strecke BC zeigt den Substitutionseffekt, denn temporär ist $s \cdot y > n \cdot k$. Im Gleichgewicht C sind dann alle Wachstumsraten wieder konstant. Im Ergebnis sind die Arbeitsproduktivität und die Kapitalintensität gestiegen, das Arbeitskräftepotential ist allerdings annahmegemäß konstant geblieben. Damit wachsen bei Hicks-neutralem-Fortschritt der Output und der Kapitalstock mit einer höheren Rate als das Arbeitskräftepotential. Die Wachstumsbeiträge in Tabelle 3.3 bestätigen das empirisch, wenn als Proxy-Variable für das Arbeitskräftepotential das Arbeitsstundenvolumen herangezogen wird.

Mit dieser Grafik kann gezeigt werden, wie technischer Fortschritt sich auf das Wachstum von Volkswirtschaften auswirkt. Wachstumsvorteile von Volkswirtschaften, die Informations- und Kommunikationstechnologien stark nutzen, können damit allerdings nicht erklärt und somit auch kein Informationsbias abgeleitet werden. Denn problematisch an dieser Darstellung sind drei Punkte:

Der erste Punkt ist, dass zwar über den Zwei-Perioden-Fall gezeigt werden kann, wie durch technischen Fortschritt die empirisch auch langfristig zu beobachteten positiven Wachstumsraten der Pro-Kopf-Größen bei entwickelten Volkswirtschaften entstehen, indem im Gleichgewicht die Wachstumsrate des Kapitalstocks die Bevölkerungswachstumsrate übersteigt und es zu einem Anstieg des Pro-Kopf-Einkommens kommt. Zur Erklärung dient allerdings der technische Fortschritt als exogener Faktor, was wenig plausibel erscheint, wenn man z.B. an Arrows Konzept des Sammelns von Erfahrungen im Verlauf des Produktionsprozesses, des 'Learning by Doing'[101] oder an For-

[101] Vgl. Arrow, 1962, S. 155ff.

schungseinrichtungen denkt. Mit der endogenen Wachstumstheorie[102] wird deshalb versucht, die Rate des technischen Fortschritts und damit dauerhaftes Wachstum des Pro-Kopf-Einkommens aus dem Modell heraus, also endogen über technologische Zusammenhänge, Präferenzen und Marktstrukturen zu erklären.[103]

Der zweite Punkt ist die Komplexität des technischen Fortschritts. Denn neben Informations- und Kommunikationstechnologien spielen z.B. die Biotechnologie oder Umwelttechnologien im Entwicklungsprozess derzeit eine große Rolle. Ein besonderer Wachstumsbeitrag der Informations- und Kommunikationstechnologien kann allerdings abgeleitet werden, wenn angenommen wird, dass es sich bei den Informations- und Kommunikationstechnologien um eine Universaltechnologie (General Purpose Technology) handelt. Da die Informations- und Kommunikationstechnologien in den letzten Jahrzehnten zu einem gravierenden Wandel in **allen** gesellschaftlichen Bereichen geführt haben, alle Sektoren betroffen sind, werden sie auch als Basisinnovationen angesehen und deshalb - wie bereits in Kap. 2.3 erwähnt - als 5. Kondratieff-Zyklus[104] bezeichnet. An eine Basisinnovation werden folgende Anforderungen gestellt:[105]

- Auf der technologischen Ebene muss sie in der Lage sein, das Tempo und die Richtung des Innovationsprozesses maßgeblich zu bestimmen.
- Das mit ihr erreichte Umsatzvolumen muss auf der wirtschaftlichen Ebene die gesamtwirtschaftliche Entwicklung während der Aufschwungphase maßgeblich tragen.
- Sie muss auf der gesellschaftlichen Ebene zu einer weitreichenden Umorganisation der Gesellschaft beitragen und den Strukturwandel maßgeblich bestimmen.

Die Implementierung einer Universaltechnologie bzw. Basisinnovation entwertet schlagartig den bestehenden Kapitalstock, erfordert einen gesamtwirtschaftlichen Lernprozess und deshalb mehr qualifizierte als unqualifizierte Arbeit.[106] Damit kommt der Qualifizierung des Faktors Arbeit zunehmende Bedeutung zu. In der Literatur wird dieses Thema unter dem Forschungszweig der Humankapitalansätze behandelt.[107]

Der dritte Punkt schließlich ist der Zwei-Länder-Vergleich zur Darstellung der Wachstumsunterschiede bei unterschiedlicher Nutzung und Verbreitung von Informations-

---

[102] Vertreter sind Romer, 1986, Lucas, 1988 und Rebelo, 1991. Weiterentwicklungen wurden u.a. von Grossman/Helpman, 1991*a*, *b* und Aghion/Howitt, 1992, vorgenommen.

[103] Vgl. Frenkel/Hemmer, 1999, S. 174.

[104] Zu den Kondratieff-Zyklen vgl. Fußnote 24 in Kap. 2 auf S. 10.

[105] Vgl. Nefiodow, 1997, S. 259. Nefiodow prüft im Folgenden die Kriterien mittels deskriptiver Analysen ab und kommt zu dem Schluss, dass die Anforderungen an eine Basisinnovation erfüllt sind.

[106] Vgl. Alecke et al., 1999, S. 58.

[107] Lucas, 1988, hat in seinem grundlegenden Beitrag zur endogenen Wachstumstheorie die *Akkumulation* von Humankapital mit den zwei Quellen Bildung und Learning-by-Doing als eine alternative Quelle zum technologischen Fortschritt für dauerhaftes Wachstum aufgezeigt. Ein zweiter Zweig der Humankapitalansätze geht auf Nelson/Phelps zurück, die den *Bestand* an Humankapital und damit die Möglichkeiten, technischen Fortschritt zu generieren als Erklärungsvariable für unterschiedliches Wirtschaftswachstum zwischen den Ländern ansehen. Vgl. Aghion/Howitt, 1998, S. 327ff. Empirische grundlegende Studien zu diesem Thema vgl. z.B. Barro/Sala-i-Martin, 1995, und Benhabib/Spiegel, 1994. Zum empirischen Zusammenhang zwischen Informationstechnologien und Humankapital in den USA vgl. z.B. SVR, 2000, S. 131f.

und Kommunikationstechnologien. Auch hierfür gibt es kein Modell, das zwischen den Technologievarianten differenziert. In der endogenen Wachstumstheorie kann man mit dem auf offene Volkswirtschaften durch Rivera-Batiz/Romer[108] erweiterten Modell von Romer[109] lediglich Ergebnisse bei unterschiedlichen Wissensständen zwischen zwei Ländern ableiten. Im Romer-Ansatz wird auf Produktinnovationen und Wissensschaffung abgestellt, denen nach Meinung vieler Ökonomen wesentliche Bedeutung bei der Erzielung von Vorteilen aus internationalen Wirtschaftsverflechtungen zukommt. Im Ergebnis ist durch Außenhandel die Wachstumsrate im Zwei-Länder-Modell im Vergleich zum Autarkiefall mehr als doppelt so hoch, denn es treten dynamische Wachstumseffekte auf. Diese Dynamik entsteht im innovationsbasierten endogenen Wachstumsansatz von Romer durch mindestens zwei Integrationseffekte:[110]

1. Durch Außenhandel kann jedes Land zu einer größeren Anzahl von Kapitalgütervarianten kommen und gleichzeitig seinen Markt für die selbst hergestellten Kapitalgüter erweitern.
2. Das im Ausland geschaffene Wissen steht bei einer Öffnung der Grenzen auch den heimischen Forschern zur Verfügung und erhöht ihre Produktivität.[111] Spillover-Effekte sind dann nicht nur auf den nationalen Markt beschränkt, sondern treten auch international auf.[112]

Die dynamischen Wachstumseffekte wiederum basieren auf einem Skaleneffekt, einem Allokationseffekt und einem Redundanzeffekt.[113]
Der *Skaleneffekt* entsteht durch die bei Außenhandel größere verfügbare Anzahl von Kapitalgütervarianten. Die größere Zahl von Kapitalgütervarianten erhöht die Produktivität des Kapitalgüterstocks, da dieser mit zunehmender Vielfalt der Sachkapitalgüter mehr zur Produktion der Konsumgüter beiträgt.
Der *Allokationseffekt* wirkt durch die Aufteilung des Humankapitaleinsatzes auf den Endprodukt- und Forschungs- und Entwicklungs (FuE)-Sektor. Denn z.B. durch Wissensdiffusion, d.h. durch die Verbreitung von Wissen, werden (theoretisch) alle Forscher produktiver, da ihnen nicht mehr nur das inländische, sondern auch das ausländische Wissen zur Verfügung steht. Ihre höhere Produktivität führt über den dadurch ausgelösten Lohnanstieg für Humankapital zu einer Verlagerung von Humankapital vom Endproduktsektor zum FuE-Sektor.
Durch *Redundanzeffekte* werden durch Wissensdiffusion nicht mehrfach Ressourcen für die gleiche Erfindung eingesetzt.[114]

Sollen nun die Wirkungen des Außenhandels bei unterschiedlichen Wissensständen analysiert werden, so wird angenommen, dass ein Land technologisch rückständiger ist

---

[108] Vgl. Rivera-Batiz/Romer, 1991. Zitiert nach Frenkel/Hemmer, 1999, Kap. 11.3 und 11.4.

[109] Romer, 1990. Eine gute Darstellung dieses Modells findet sich bei Frenkel/Hemmer, 1999, Kap. 11.3 und 11.4.

[110] Vgl. Frenkel/Hemmer, 1999, S. 272f.

[111] Dieser Effekt ist dem Veblen-Gerschenkron-Effekt bei Direktinvestitionen vergleichbar, s. Kapitel 4.3.2.1.

[112] Zu den internationalen Spillover-Effekten von Forschungsaktivitäten vgl. Eaton/Kortum, 1995.

[113] Vgl. Frenkel/Hemmer, 1999, S. 278ff.

[114] Wegen der Vermeidung der Redundanzen müsste dieser Effekt eigentlich Redundanzvermeidungseffekt heißen.

als ein zweites, und damit auch über weniger Kapitalgütervarianten verfügt. Alle anderen ökonomischen Größen, wie die Mengen an Produktionsfaktoren und die Parameter in den Produktions- und Nutzenfunktionen der Wirtschaftseinheiten sollen gleich sein. Das Ergebnis unterscheidet sich in diesem Fall lediglich durch einen Niveaueffekt bei der Konsumgüterproduktion; durch Wissensdiffusion bleiben die Wachstumsraten gegenüber dem Fall gleicher Wissensstände unverändert.[115] Nimmt man also offene Volkswirtschaften und internationale Handelbarkeit der Informations- und Kommunikationstechnologien an, was beides für die hier betrachteten Länder gegeben ist, so können aufgrund der Wissensdiffusion keine Vorteile für die nationale Wettbewerbsfähigkeit abgeleitet werden.

Zu einem Informationsbias kann es demnach nur temporär kommen, denn Wissensdiffusion benötigt realistischerweise Zeit. Denkbar wäre lediglich, dass durch den Zeitverzug, der durch Wissensdiffusion entsteht, ein Vorteil bei der Aufteilung der Märkte für den Vertrieb von Produkten der Informations- und Kommunikationstechnologie entsteht. Diesen Vorteil zu quantifizieren, ist allerdings nahezu unmöglich.
Dieses Ergebnis könnte die Hoffnungen Japans und der Europäischen Union auf Wachstumsvorteile durch Förderung der Informations- und Kommunikationstechnologien dämpfen.

3.4 Außenwirtschaftliche Erklärungsansätze für sektoralen Wandel

Die in Kapitel 3.2 und 3.3 behandelten Theorien befassten sich überwiegend mit binnenwirtschaftlichen Bedingungen, die zum Strukturwandel führen. Richtung und Geschwindigkeit des Strukturwandels werden bei entwickelten offenen Volkswirtschaften allerdings auch von außen vorgegeben. Dieser Aspekt kommt oftmals bei Untersuchungen zum Strukturwandel zu kurz. Internationale Handelsverflechtungen, Mobilität von Produktionsfaktoren, internationale Kapitalbewegungen, Ausstattung mit Sach- und Humankapital, Abhängigkeit von Rohstoffen und Wechselkursentwicklungen spielen dabei u.a. eine große Rolle. So kann z.B. eine zeitweilige Unterbewertung der heimischen Währung den Strukturwandel verlangsamen oder sogar in die entgegengesetzte Richtung lenken, denn Exporte werden billiger, Importe teurer, so dass den heimischen Export-Unternehmen ein Wettbewerbsvorsprung gegenüber der ausländischen Konkurrenz erwächst und zwar auch in den Bereichen, in denen das Land keine komparativen Kostenvorteile besitzt. Produktionsbereiche, die stark auf ausländische Rohstoffe angewiesen sind, haben stattdessen bei einer realen Unterbewertung Wettbewerbsnachteile, denn sie müssen die Rohstoffe am Weltmarkt teurer einkaufen. Bei einer realen Überbewertung dagegen kommt es zu Fehllenkung von Ressourcen in die entgegengesetzte Richtung.
Von den o.g. möglichen Einflussfaktoren wird auf zwei näher eingegangen. Als erstes werden in Kapitel 3.4.1 die Folgen des zunehmenden Handels mit Entwicklungs- und Schwellenländern und dann in Kapitel 3.4.2 die Auswirkungen der Globalisierung analysiert.

---

[115] Vgl. Frenkel/Hemmer, 1999, S. 282f. Über den Zeitaspekt werden in der Quelle keine Angaben gemacht. Das dort abgeleitete Ergebnis kann jedoch lediglich bei sehr hoher Anpassungsgeschwindigkeit gelten.

3.4.1 Handel mit Entwicklungs- und Schwellenländern

Die Integration wirtschaftlich wenig entwickelter Länder in den Welthandel kann die relative Faktorentlohnung bzw. die relative Faktorbeschäftigung in den Industrieländern beeinflussen und dadurch Strukturwandel auslösen oder verstärken. Diese Entwicklung wird in der Literatur unter dem Begriff Nord-Süd-Handel beschrieben.[116] Denn immer mehr Schwellenländer machen den Industrieländern selbst bei forschungsintensiven Produkten Konkurrenz. Es handelt sich dabei um Produkte, bei denen eine enge räumliche Beziehung zwischen Forschung und Produktion nicht notwendig ist (sog. 'mobile Schumpeter-Industrien'), wie z.B. bei Produkten der Chemischen Industrie, der Mineralöl-, bzw. Kunststoffverarbeitung, der Elektrotechnik, der Herstellung von Büromaschinen und EDV-Geräten.[117] Gründe dafür sind u.a. Kostenvorteile durch z.B. niedrige Lohnkosten, aber auch neue Möglichkeiten des Managements, der Steuerung und der Überwachung durch die sich ständig weiterentwickelnden Informations- und Kommunikationstechnologien.
Die Exporte der Entwicklungsländer nahmen in der letzten Dekade deutlich zu, denn der Anteil der Exporte von Gütern und kommerziellen Diensten am BIP stieg in den Entwicklungsländern gesamt von 1990 auf 2000 von 17% auf 26% überproportional. Die jeweiligen Anteile in der Welt gesamt betrugen 18% im Jahr 1990 und 23% im Jahr 2000.[118]

Mit einem revidierten neoklassischen Heckscher-Ohlin-Modell - auch unter dem Namen Neo-Faktorproportionentheorem[119] bekannt - können die Wirkungen von unterschiedlichen Ausstattungen mit Sach- und Humankapital studiert werden. Das Ergebnis ist, dass der Handel mit Entwicklungs- und Schwellenländern bei den hoch entwickelten Industrieländern zu einem Produktions- und damit Beschäftigungsrückgang in den Bereichen des verarbeitenden Gewerbes führt, in denen intensiv niedrig qualifizierte Arbeitskräfte genutzt werden. Denn Entwicklungs- und Schwellenländer exportieren jene Güter, welche den Faktor relativ intensiv nutzen, mit dem das Land reichlich ausgestattet ist, d.h. arbeitsintensive Produkte. Dagegen sind hoch entwickelte Industrieländer, wie die hier betrachteten vier größten europäischen Länder, relativ reich mit Humankapital ausgestattet und exportieren überwiegend diese Produkte.
Ausgegangen wird von einem hoch entwickelten Industrieland, das durch zwei Produktionsfaktoren, hoch qualifizierte Arbeitskräfte und niedrig qualifizierte Arbeitskräfte und zwei Sektoren, einem relativ humankapitalintensiven und einen relativ arbeitsintensiven, abgebildet werden kann.[120] Diese Sektoren produzieren die Güter 1 (humankapitalintensiv) und 2 (arbeitsintensiv). Die möglichen Produktionsmengen stellt in Abb. 3.5 die Transformationskurve T dar. In Autarkie ist die Höhe der Produktion durch Punkt A, den Tangentialpunkt der Preisgeraden P_1 an der Transformationskurve gegeben. Die Steigung der Preisgeraden gibt den relativen Preis der produzierten Güter

[116] Vgl. z.B. Saeger, 1997, Rowthorn/Ramaswamy, 1999 mit empirischen Studien zu diesem Thema.
[117] Vgl. Willms, 1999, S. 44.
[118] Vgl. WTO, 2002, S. 99.
[119] Vgl. Rose/Sauernheimer, 1999, S. 414.
[120] Vgl. Kleinert et al., 2000, S. 4ff.

an. Punkt A ist in Autarkie gleichzeitig Produktions- und Konsumpunkt, die Indifferenzkurve I_1 tangiert deswegen ebenfalls in diesem Punkt.

Abbildung 3.5: Interindustrieller Handel und relative Güterpreise

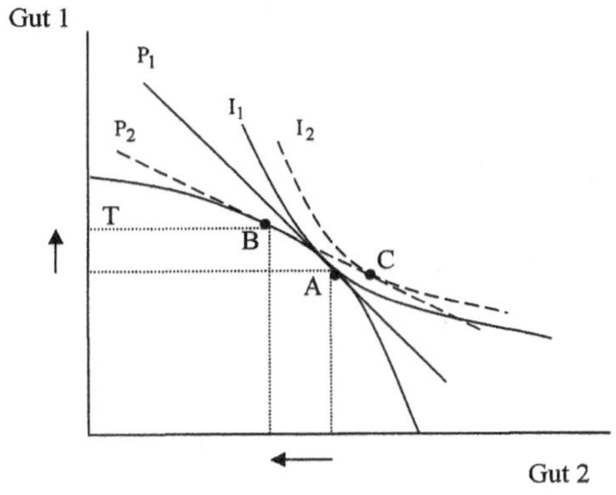

Quelle: Kleinert et al., 2000, S. 5, mit eigenen Modifikationen.

Eine Aufnahme des Handels mit einem arbeitsreichen Entwicklungs- oder Schwellenland erhöht das im Inland verfügbare Angebot an arbeitsintensiven Gütern. Infolgedessen sinkt der relative Preis dieser Güter in humankapitalreichen Volkswirtschaften, die Preisgerade dreht sich zu P_2, der Preis der humankapitalintensiven Güter steigt damit gegenüber dem Autarkiezustand. Das Industrieland spezialisiert sich durch den Preisanstieg auf die Produktion des Sektors, der diesen Faktor relativ intensiv nutzt, auf das humankapitalintensive Gut 1, der neue Produktionspunkt liegt in B. Durch diese Spezialisierung gemäß den komparativen Vorteilen erhöhen sich die Konsummöglichkeiten des Industrielands, die weiter vom Ursprung entfernte Indifferenzkurve I_2 tangiert die Preisgerade P_2 im Punkt C. Damit hat sich durch die Aufnahme des Handels mit dem Entwicklungs- oder Schwellenland das gesamtgesellschaftliche Wohlfahrtsniveau des Industrielands erhöht.
Der Strukturwandel kommt zustande, weil die Erhöhung der relativen Preise für humankapitalintensive Güter zu einer Expansion dieses Produktionssektors führt, währenddessen der arbeitsintensive Sektor schrumpft. Da im schrumpfenden Sektor relativ mehr einfache Arbeit freigesetzt wird, als im humankapitalintensiven Sektor nachgefragt wird, entsteht ein Überangebot an einfacher Arbeit und ihre relative Entlohnung, ihr Faktorpreis müsste sinken. Allerdings sind die Faktorpreise in den meisten europäischen Ländern nicht durch die notwendige Anpassungsflexibilität an Veränderungen der Güterpreise gekennzeichnet. Es liegt im Gegenteil aufgrund zahlreicher institutioneller Regelungen eine Starrheit der Lohnstruktur vor, die eine Anpassung der Löhne für einfache Arbeit nach unten verhindern.[121] Im Ergebnis entsteht deshalb kein Preis- sondern ein Mengeneffekt - die Zunahme der Arbeitslosigkeit gering qualifizierter Ar-

[121] Eine Übersicht zu institutionellen Regelungen auf dem Arbeitsmarkt für die vier europäischen G7-Länder findet sich z.B. bei Hubert, 1997, S. 122ff.

beitskräfte als Folge des Strukturwandels durch den Handel mit Entwicklungs- und Schwellenländern.

Empirisch könnte der Einfluss des Handels mit Entwicklungs- oder Schwellenländern geprüft werden, indem der Effekt des Wettbewerbs der Niedriglohnländer auf die Arbeitsproduktivität der Industrieländer in eine Schätzgleichung aufgenommen wird. Dieser Effekt müsste sich dann in einer steigenden Effizienz der Aktivitäten niederschlagen, die direkt mit Niedriglohnproduzenten konkurrieren. Außerdem sind Verschiebungen in der Zusammensetzung der Produktionsstruktur der Industrieländer hin zu qualifizierter Arbeit, höherer Wertschöpfung oder kapitalintensiverer Produktion zu erwarten. Diese Effekte treten allerdings nur bei großen Handelsanteilen der Entwicklungs- und Schwellenländer im Vergleich zum sonstigen Außenhandel der Industrieländer auf.
Rowthorn/Ramaswamy testen für den Zeitraum 1963-94 für 18 Industrieländer zwei hauptsächliche Wirkungskanäle, über die sich Wettbewerb mit Niedriglohnproduzenten auswirken: Der erste wirkt sich direkt auf den gehandelten Gesamtoutput zwischen Industrie- und Niedriglohnland aus. Für diesen Wirkungskanal konnten Rowthorn/-Ramaswamy nur geringe Zusammenhänge zwischen dem Gesamtoutput und dem Volumen der Importe aus den Niedriglohnländern nachweisen. Der zweite Einfluss wirkt über die steigende Arbeitsproduktivität im verarbeitenden Gewerbe, die sich entweder dadurch ergab, dass mehr Output des gleichen Gutes pro Arbeitseinheit produziert wurde, oder dass zu anderen Gütern gewechselt wurde, bei denen die Wertschöpfung höher ist. Rowthorn/Ramaswamy erhalten außerdem das Ergebnis, dass der Effekt der Eliminierung von Arbeitsplätzen im verarbeitenden Gewerbe durch Importe aus Entwicklungs- und Schwellenländern im Durchschnitt 1,9% gegenüber 0,3% der Schaffung neuer Stellen durch den Export in Entwicklungs- und Schwellenländern beträgt. Das bedeutet, dass bei der Gesamtbeschäftigung von 350 Mio. in diesen 18 Ländern 7 Mio. Arbeitsplätze in der Industrie durch die Konkurrenz mit Entwicklungs- und Schwellenländern verloren gingen, aber nur 1 Mio. durch Exporte geschaffen wurden. Der Nettoverlust von 6 Mio. Arbeitsplätzen stellt nur ein Fünftel aller Industriearbeitplätze dar, die seit 1970 durch den Strukturwandel verloren gingen. Aber die Auswirkungen auf einfache Arbeit sind größer, als diese Zahlen zeigen.[122] Das Thema der Arbeitslosigkeit in Hinsicht auf den Strukturwandel wird in Kapitel 4.1 analysiert.

3.4.2 Globalisierung

Während der Handel mit Entwicklungs- und Schwellenländern nur einen Teilbereich der außenwirtschaftlichen Wirkungsfaktoren des Strukturwandels abdeckt, wirkt die Globalisierung umfassend.
Unter Globalisierung versteht man die Zunahme internationaler Wirtschaftsbeziehungen und -verflechtungen und das Zusammenwachsen von Märkten für Güter und Dienstleistungen über die Grenzen einzelner Staaten hinaus, wobei die Mobilität aller Produktionsfaktoren und die Diffusion neuer Technologien eine große Rolle spielen. Denn der technische Fortschritt in den Bereichen Information und Kommunikation

[122] Vgl. Rowthorn/Ramaswamy, 1999, S. 33.

sowie Transport hat die Distanzkosten rapide sinken lassen. Finanz- und Warentransaktionen können in Sekundenschnelle vereinbart und über elektronische Börsen abgewickelt werden, was die Transparenz der Märkte enorm erhöht hat. Liberalisierung, Deregulierung und Privatisierung öffnen die Märkte zunehmend, Kapital und Güter können ungehinderter fließen.
Globalisierung kann auch als geographische Diversifizierung von Unternehmen durch die Verlagerung/den Aufbau von Produktionsstätten ins Ausland angesehen werden. Gründe für diese Diversifizierung können u.a. sein:[123]

1. Geringere Kosten im Ausland in Bezug auf Produktion, Transport und Vermarktung,
2. Bessere Zugriffsmöglichkeiten auf ausländische Ressourcen, z.B. auf Rohstoffe oder Forschungskapazitäten,
3. Leichterer Marktzutritt, z.B. wegen bestehender Handelsbeschränkungen,
4. Niedrigere Besteuerung der Erträge,
5. Geringere Wechselkursrisiken.

Globalisierung von Märkten findet einerseits statt in einer zunehmenden interindustriellen und intraindustriellen Arbeitsteilung im internationalen Handel. Die Globalisierung von Unternehmensstrukturen äußert sich andererseits in einer dynamischen Entwicklung der ausländischen Direktinvestitionen multinationaler Unternehmen.[124]
Als ein Indikator der Globalisierung werden oftmals die ausländischen Direktinvestitionen (Foreign Direct Investment: FDI) angesehen.[125] Sie stellen die Kapitalkomponente der internationalen Produktion dar. Tabelle 3.4 gibt einen Überblick über ausgewählte Indikatoren der FDI weltweit. Die durchschnittlichen jährlichen Wachstumsraten der Mittel-Zuflüsse sind wesentlich höher als die Wachstumsraten des BIP, die Wachstumsraten der Beschäftigung der ausländischen Konzernunternehmen haben sich im Zeitraum 1990-2001 im Vergleich zu dem Zeitraum 8 Jahre davor nahezu verdoppelt. Der globale Bruttoproduktionswert ausländischer Tochtergesellschaften betrug im Jahr 2001 ein Elftel des globalen BIP, verglichen zu einem Fünftel noch im Jahr 1982. Das Verhältnis des Bestandes an Direktinvestitionen zum globalen BIP ist von 6,8% im Jahr 1982 auf 21,5% im Jahr 2001 gestiegen und hat sich damit mehr als verdreifacht. Das zeigt, wie stark die Bedeutung der internationalen Produktion für die Weltwirtschaft zugenommen hat. Die globalen Umsätze ausländischer Tochtergesellschaften waren 1999 doppelt so hoch wie die globalen Exporte, während zwei Dekaden davor noch Parität herrschte.[126] Damit haben die Direktinvestitionen den Exporten hinsichtlich der Bedeutung für die Globalisierung weltweit den Rang abgelaufen.

---

[123] Vgl. Donges/Schmidt et al., 1988, S. 23.

[124] Vgl. Stehn, 2000, S. 528. Zur Verbindung zwischen Globalisierung und Strukturwandel in Deutschland vgl. z.B. Härtel/Jungnickel, 1998, Kap. 3 und 4. Ausführlich behandelt werden diese Themen bei Kleinert et al., 2000, Kap. B und C.

[125] Weitere Indikatoren sind z.B. die Entwicklung des internationalen Handels und die Entwicklung der Finanzmärkte, vgl. Härtel, 1996, mit empirischen Untersuchungen dazu in Kap. 2.2. und 2.3.

[126] Vgl. UNCTAD, 2000, S. 4.

Tabelle 3.4: Ausgewählte Indikatoren der FDI weltweit, 1982-2001

	Wert in jeweiligen Preisen (in Mrd. Dollar)			Durchschnittliche jährliche Wachstumsraten (in Prozent)		
	1982	1990	2001	1982-1990	1990-2001	1982-2001
FDI-Zuflüsse	59	203	735	16,7	12,4	14,2
FDI-Bestand im Inland	734	1 874	6 846	12,4	12,5	12,5
Bruttoproduktionswert ausl. Töchter	594	1423	3 495[g]	11,5	8,5	9,8
Nachrichtlich: BIP	10 805	21 672	31 900	9,1	3,6	5,9
Nachrichtlich: Beschäftigte der FDI-Unternehmen (1000)	17 987	23 858	53 581[g]	3,6	7,6	5,9

g: geschätzt
Quelle: UNCTAD, 2002, S. 4, eigene Berechnungen.

Die Wirkungskette der Globalisierung zum Strukturwandel ist wegen der am Anfang des Kapitels aufgeführten verschiedenen Gründe nicht eindimensional, sondern wirkt sich vielfältig hinsichtlich des Strukturwandels aus. Handelsliberalisierungen bei Dienstleistungen werden den Strukturwandel weiter verstärken. Internationale Verträge wie mit GATS (General Agreement on Trade in Services) tragen durch den Abbau von Handelsbeschränkungen bzw. Protektionismus dazu bei.
Die Wirkungen der Globalisierung werden in Kapitel 4.3 deskriptiv analysiert.

4 DESKRIPTIVER BEFUND

4.1 Ausmaß und Struktur der Arbeitslosigkeit

Die Motivation zur Analyse der Unterschiede zwischen den vier betrachteten europäischen Ländern bei der Bewältigung des Strukturwandels besteht neben der Beurteilung der Wachstumsaussichten vor allem wegen des Problems der Arbeitslosigkeit, denn Arbeitslosigkeit ist mit ihren gravierenden ökonomischen Auswirkungen ein Hauptproblem unserer Zeit. Als Ursachen für die Entstehung von Arbeitslosigkeit werden vor allem Angebotsschocks, Lohnstarrheiten, Hysteresis und Missmatch angesehen. Diese Themen wurden in zahlreichen theoretischen und empirischen Veröffentlichungen untersucht.[1] In dieser Arbeit soll die Entwicklung und der Stand der Arbeitslosigkeit sowie seine Struktur lediglich unter dem Blickwinkel des Teilaspekts des Strukturwandels als Ursache für Arbeitslosigkeit empirisch analysiert werden.[2] Zu diesem Aspekt gibt es relativ wenige empirische Untersuchungen.[3] Die Vermutung ist, dass es den hier betrachteten Ländern unterschiedlich gut gelingt, den Strukturwandel zu bewältigen, und dass diese Unterschiede eine (teilweise) Erklärung für die verschieden hohe Arbeitslosigkeit sind.

Zur Arbeitslosigkeit kommt es, wenn in Folge des Strukturwandels in schrumpfenden Bereichen Beschäftigung abgebaut wird und die erworbenen Qualifikationen und die angebotene Zahl der Arbeitsplätze in prosperierenden Bereichen nicht ausreichen, um eine neue Beschäftigung zu finden. Die seit den 1970er Jahren stark angestiegenen absoluten Arbeitslosenzahlen und Arbeitslosenquoten lassen vermuten, dass beide Ursachen vermehrt auftreten.

Arbeitslosigkeit bedeutet Verzicht auf die Produktion von Gütern und Dienstleistungen und gesamtwirtschaftliches sowie privates Einkommen.[4] Sie verursacht hohe fiskalische Kosten,[5] bewirkt einen verstärkten Abbau von Humankapital und vergrößert die Ungleichheit, weil Arbeitslose stärkere Wohlfahrtseinbußen hinnehmen müssen als Beschäftigte. Zusätzlich verursacht sie z.T. erhebliche psychische Belastungen, weil die Betroffenen das Gefühl haben, nicht gebraucht zu werden, oder weil Jugendlichen Zukunftsperspektiven genommen werden.[6]

Die Entwicklung und der gegenwärtige Stand der Arbeitslosenquoten der hier betrachteten Länder sind dementsprechend äußerst unbefriedigend und die absolute Zahl der Arbeitslosen seit Jahren alarmierend, wie folgende Darstellungen zeigen.

---

[1] Eine umfassende theoretische Darstellung findet sich z.B. bei Franz, 2003, empirische Analysen z.B. bei Balz, 1999, Elmeskov, 1993.

[2] Strukturelle Arbeitslosigkeit ist damit nicht gemeint, denn diese beruht auf grundsätzlichen Funktionsstörungen der Faktor- und Gütermärkte. Vgl. dazu z.B. Fehn, 1997.

[3] Vgl. z.B. Dannenbaum, 1998, für Deutschland, Hubert, 1997, für Europa in Kap. 3.2.3, Thuy, 1994, für die OECD-Länder.

[4] Die materiellen Einbußen an gesellschaftlicher Wohlfahrt, ausgedrückt als Verlust an Waren und Dienstleistungen durch Unterbeschäftigung (Output-Gap) betrugen im Jahr 2002 in Deutschland ca. 230 Mrd. €, d.h. ca. 11% des BIP, im Durchschnitt der Jahre 1991 bis 2002 waren es 11,8% des nominalen BIP. Vgl. Bach/Spitznagel, 2003, S. 2f.

[5] So entstanden durch die registrierte Arbeitslosigkeit im Jahr 2002 in Deutschland gesamtfiskalische Kosten in Höhe von ca. 75 Mrd. €. Davon waren 55% Ausgaben, vor allem für Arbeitslosengeld und -hilfe; 45% entstanden aus Mindereinnahmen bei Steuern und Sozialbeiträgen. Ebenda, S. 4.

[6] Vgl. Franz, 2003, S. 341.

Die standardisierten Arbeitslosenquoten als Anteil an der zivilen Erwerbsbevölkerung weisen für Deutschland bis ins Jahr 1996 Quoten auf, die deutlich unterhalb der anderen drei Länder lagen (Abbildung 4.1). Deutschland gelang es seit 1985 in der Folge des Booms Mitte der achtziger Jahre, Arbeitslosigkeit abzubauen. Dieser Prozess wurde erst 1991 unterbrochen, als die Arbeitslosenquoten nach der Wiedervereinigung bis auf einen Maximalwert von 9,7% im Jahr 1997 steil anstiegen, seitdem sinken die Quoten wieder. Die deutschen Arbeitslosenquoten folgen im Zeitraum 1982 bis 2001 einem steigenden Trend, durchschnittlich stiegen die Arbeitslosenquoten pro Jahr um 0,14 Prozentpunkte (Tabelle 4.1).[7]

Abbildung 4.1: Standardisierte Arbeitslosenquoten 1982 bis 2001, in Prozent

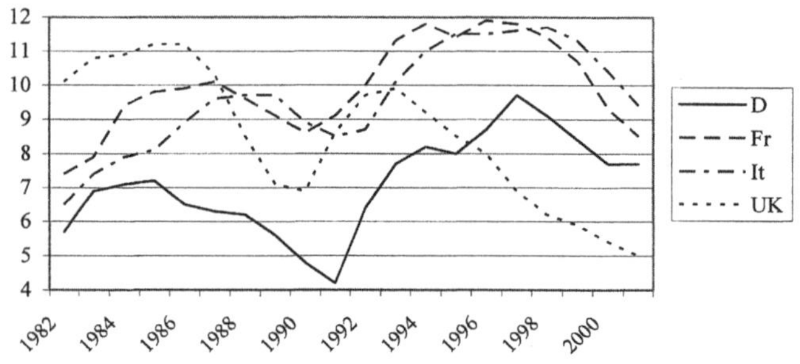

Datenquelle: Datenbank Source OECD, Rubrik: Employment, Stand: 31.07.02

Frankreich und Italien weisen eine nahezu parallele Entwicklung auf. Ihre Arbeitslosenquoten folgen ebenso wie in Deutschland einem steigenden Trend mit durchschnittlichem Anstieg um 0,12 Prozentpunkte für Frankreich und 0,21 Prozentpunkte für Italien, allerdings bei höherem Absolutglied, d.h. höherem Niveau der Arbeitslosenquoten. Diese zwei Länder erreichten außerdem mit 11,9% (1996) und 11,7% (1998) die höchsten Arbeitslosenquoten in diesem Zeitraum. Deutlich erkennbar ist auch der Anstieg der Sockelarbeitslosigkeit in Frankreich und Italien, denn während der Boomphase Ende der achtziger Jahre gingen die Arbeitslosenquoten nicht wieder auf ihr Niveau Anfang der achtziger Jahre zurück, auch nicht seit dem Abbau der Quoten Ende der neunziger Jahre.[8]

Großbritannien ist das einzige der vier Länder mit einem über diesen Gesamtzeitraum fallenden Trend der Arbeitslosenquoten. Durchschnittlich wurden pro Jahr 0,28 Prozentpunkte der Arbeitslosenquoten abgebaut, wobei allerdings Großbritannien noch bis 1986 die höchsten Arbeitslosenquoten aufwies, gefolgt von Frankreich und Italien.

---

[7] Diese Trendberechnung soll lediglich der Illustration dienen, denn methodisch wäre noch zwischen deterministischem und stochastischem Trend zu unterscheiden.

[8] Frankreich gelang es von 1982 bis 2001, einem Zeitraum von 20 Jahren, lediglich in acht Jahren (1988-1990, seit 1997) seine Arbeitslosenquoten zu senken, Italien nur in sechs Jahren (1990-92, seit 1997) Deutschland in 10 Jahren (1986-91, seit 1998), Großbritannien sogar in 12 Jahren (1987-90, seit 1994).

Tabelle 4.1: OLS-Trendschätzung mit den standardisierten Arbeitslosenquoten

	Konstante	p-value	Trend	p-value	R^2
Deutschland	5,323	0,000	0,142	0,006	0,350
Frankreich	8,470	0,000	0,118	0,018	0,272
Italien	7,049	0,000	0,206	0,000	0,639
Großbritannien	12,050	0,000	-0,283	0,000	0,695

Datenquelle: Datenbank Source OECD, Rubrik: Employment, Stand: 31.07.02, eigene Berechnungen.

Die absolute Zahl der Arbeitslosen zeigt noch deutlicher die Dramatik der Arbeitslosigkeit (Abbildung 4.2). In den vier europäischen G7-Ländern sind in der Durchschnittssumme von 1990 bis 2001 fast elf Millionen Menschen arbeitslos. Der Anteil der Arbeitslosen an der Bevölkerungszahl hat sich in diesem Zeitraum im Vergleich zu den siebziger Jahren von 1,7% auf 4,2% um das Zweieinhalbfache erhöht (Anhang 1).

Zusätzliche Schlüsse über die Arbeitslosigkeit lässt Abbildung 4.2 zu. So sind für Frankreich und Italien sehr geringe konjunkturelle Schwankungen erkennbar, die Zahl der Arbeitslosen hat sich bis 1987 fast kontinuierlich erhöht. Ein Grund dafür ist die seit den späten 1980er Jahren noch gestiegene strikte Beschäftigungsschutz-Gesetzgebung in diesen beiden Ländern mit einem Employment Protection Legislation (EPL)-Indikator-Ranking von 23 für Italien und 21 für Frankreich unter 26 Ländern (Deutschland: 20, Großbritannien: 2).[9]

Abbildung 4.2: Absolute Arbeitslosenzahlen 1970 bis 2001, in 1000

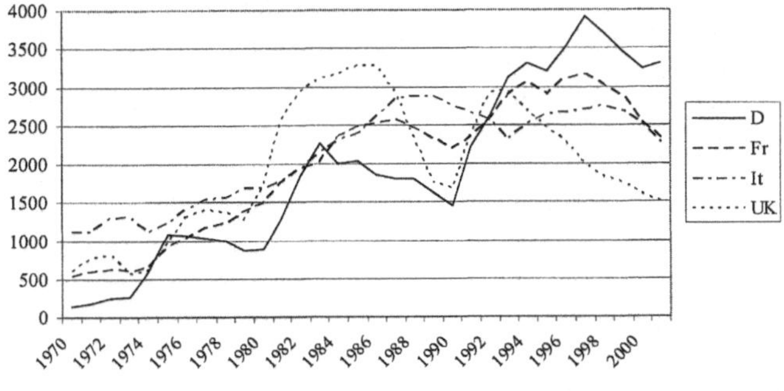

Datenquelle: Datenbank Source OECD, Rubrik: Employment, Stand: 31.07.02.

[9] Der EPL-Indikator der OECD ist der gewogene Durchschnitt aus Rankings für die Gesetzgebung zu unbefristeten und befristeten Arbeitsverträgen und Massenentlassungen, vgl. OECD, 1999, Kap. 2. Die Beschäftigungsschutz-Gesetzgebung ist in den späten 1990er Jahren (keine genauere Jahresangabe in der Quelle) im Vergleich der späten 1980er Jahre für Italien, Frankreich und Deutschland restriktiver geworden, denn damals betrug der Indikator 18, 10 bzw. 14 für die drei Länder (in o.g. Reihenfolge), Großbritannien dagegen behielt sein Ranking von 2 bei, vgl. OECD, 1999, S. 67, dort auch Vergleiche mit Indikator-Rankings anderer Publikationen. Es soll allerdings erwähnt werden, dass weder durch einfache Querschnittsvergleiche zwischen den Ländern noch durch multivariate Regressionen eine eindeutige Wirkung von EPL auf die Arbeitslosigkeit nachgewiesen werden konnten.

In Großbritannien ist der starke Anstieg der Arbeitslosenzahlen ab 1980 bis 1988 und erneut ab 1990 bis 1993 bemerkenswert. Denn der Anstieg der Arbeitsmarktflexibilität z.B. durch die Abschwächung der Macht der Gewerkschaften über gesetzliche Regelungen, die Eliminierung der kollektiven Lohnverhandlungen und die daraus folgende Lohnspreizung vor allem im Niedriglohnsektor, die Reduzierung der Beschäftigungsschutzgesetzgebung sowie die Absenkung der Unterstützungszahlungen bei Arbeitslosigkeit hätten das Gegenteil erwarten lassen. Ein Grund dafür ist die stark gestiegene Nachfrage nach qualifizierten Arbeitskräften, die in Großbritannien weniger stark als in Deutschland befriedigt werden konnte.[10] Diese Nachfrageverschiebung ließ in Großbritannien die Arbeitslosenzahlen gering qualifizierter Arbeitskräfte stark ansteigen. Ein Einfluss des Strukturwandels auf die gestiegenen Arbeitslosenzahlen konnte dagegen nicht nachgewiesen werden.[11]

Zu erwähnen ist das Problem der Langzeitarbeitslosigkeit, denn für Langzeitarbeitslose ist es vor allem im Strukturwandel besonders schwierig, wieder in den Arbeitsmarkt eingegliedert zu werden, weil ihre Qualifikationen oftmals nicht den Anforderungen der neu geschaffenen Arbeitsplätze entsprechen. Im Vergleich zu 1990 ist in der Europäischen Union der Anteil der Langzeitarbeitslosen an der totalen Arbeitslosigkeit um zwei Prozentpunkte gesunken, ist aber mit nahe 47% erschreckend hoch (Tabelle 4.2). Besonders gravierend ist die Langzeitarbeitslosigkeit mit einem Anteil von 60,8% in Italien, obwohl im Vergleich zu 1990 bereits eine deutliche Verbesserung um neun Prozentpunkte eingetreten ist. Deutschland schneidet im Jahr 2000 durch den Abbau vieler unökonomischer Arbeitsplätze nach der Wiedervereinigung im Vergleich zum Durchschnitt der Europäischen Union ebenfalls mit einem um fünf Prozentpunkte höheren Anteil der Langzeitarbeitslosen schlecht ab. Frankreich und Großbritannien liegen in diesen beiden Jahren mit ihrem Anteil unter dem europäischen Durchschnitt, Großbritannien sogar deutlich darunter und auch noch unter dem Durchschnitt der sieben größten Industriestaaten (G7). Das entspricht der arbeitsmarktpolitischen Linie Großbritanniens, der zufolge jeder, der arbeiten kann, eine Beschäftigung erhalten soll, und staatliche Unterstützung nur wirklich Bedürftigen vorbehalten bleibt.[12]

Tabelle 4.2: Langzeitarbeitslosigkeit als Anteil an der totalen Arbeitslosigkeit

Land	Langzeitarbeitslosigkeit (≥ 12 Monate, % der totalen Arbeitslosigkeit)	
	1990	2000
Deutschland	46,8	51,5
Frankreich	38,0	42,5
Italien	69,8	60,8
UK	34,4	28,0
EU-15	48,6	46,7
G7	25,9	30,0

Quelle: OECD, 2002*c*, S. 20f.

[10] Vgl. Nickell, 1997, S. 23.

[11] Ebenda, S. 7ff.

[12] Vgl. Kuntze, 2000, S. 37.

Regionale Unterschiede zur Verteilung der Arbeitslosigkeit in den Ländern haben oftmals ihre Ursache in einem ungenügend bewältigten Strukturwandel. Hospers/Steenge teilen Europa in drei ökonomische Territorien ein: Dienstleistungszentren als gegenwärtige und zukünftige Wachstumspole der europäischen Wirtschaft mit u.a. wenig Arbeitslosigkeit. Beispiele sind vor allem die großen europäischen Hauptstädte. Weniger dynamische Industriezentren mit Anpassungsproblemen an die Dienstleistungsökonomie wie das Ruhrgebiet, Nord-Pas-de-Calais und Yorkshire sind u.a. durch hohe Arbeitslosigkeit gekennzeichnet. Periphere Agrarzentren, wie z.B. das Mezzogiorno, haben große Schwierigkeiten, den Wechsel zur Industrie- oder Dienstleistungsökonomie zu schaffen und sind u.a. durch geringe Beschäftigungsquoten gekennzeichnet.[13]
Dementsprechend ist für Italien ein sehr starkes Nord-Süd-Gefälle bei der regionalen Verteilung der Arbeitslosigkeit festzustellen. So betrug die durchschnittliche Arbeitslosenquote von 1993 bis 2001 für Norditalien 5,8%, Zentralitalien 9,1% und Süditalien 20,3%.[14]
In Deutschland existiert dagegen durch den Sondereffekt der bereits erwähnten Wiedervereinigung ein starkes West-Ost-Gefälle. Die durchschnittliche Arbeitslosenquote betrug 1992 bis 2002 für die westdeutschen Bundesländer 8,2%, in den ostdeutschen Bundesländern war dagegen die durchschnittliche Arbeitslosenquote mit 16,6% mehr als doppelt so hoch.[15]
In Großbritannien liegt ebenfalls ein deutliches Gefälle zwischen dem Südosten mit einer Quote von knapp 4% und dem Nordosten mit einer mehr als doppelt so hohen Arbeitslosenquote von 10% (1999) vor.[16]
Frankreich dagegen weist keine derartige ausgeprägte regionale Konzentration bzgl. der Arbeitslosigkeit auf.[17]
Das von Eurostat berechnete relative Streuungsmaß - der Variationskoeffizient[18] der regionalen Arbeitslosigkeit - unterstreicht das o.g., denn es ist in Frankreich für die Jahre 1996 bis 2000 mit durchschnittlich 25,9% Streuung gegenüber Deutschland (45,4%), Großbritannien (47,2%) und Italien (68,6%) am geringsten.[19]

---

[13] Vgl. Hospers/Steenge, 2002, S. 23ff.

[14] *Nord*italien: Aostatal, Piemont, Lombardei, Trentino-Südtirol, Ligurien, Emilia-Romagna, Venetien, Friaul-Venetien, *Zentral*italien: Toskana, Umbrien, Marken, Latium, Abruzzen, Molise, Kampanien, *Süd*italien: Mezzogiorno (Apulien, Sizilien, Sardinien), Basilicata, Kalabrien. Datenquelle: Thomson Financial, Istituto Nazionale di Statistica, Stand: 27.8.2002, eigene Berechnungen.

[15] Datenquelle: Statistisches Bundesamt, Datenbank Destatis, Segment 816004 und 816007, Stand: 25.3.2003, eigene Berechnungen.

[16] Vgl. Kuntze, 2000, S. 42.

[17] In Frankreich sind traditionell vier Regionen von höherer Arbeitslosigkeit betroffen: Nord-Pas-de-Calais (durchschnittliche Arbeitslosenquote der drei Trimester Dez. 2001, Sept. 2002 und Dez. 2002 von 12%) im Norden Frankreichs und die drei mediterranen Regionen Languedoc-Roussillon (13,7%), Provence-Alpes-Côte d'Azur (11,7%) und Korsika (10,8). Am geringsten ist die Arbeitslosigkeit traditionell im Elsass (6,4%) und im Limousin (6,7%). Datenquelle: INSEE, 2002, Stand: 25.3.2003: http://www.insee.fr/fr/ffc/liste_theme.asp?theme_id=3, eigene Berechnungen. Das französische Überseedépartment Réunion wird in dieser Übersicht nicht erwähnt, hat allerdings Arbeitslosenquoten von über 30% aufzuweisen und ist damit die europäische Region mit der höchsten Arbeitslosigkeit, vgl. Eurostat, 2002*b*, S. 63.

[18] Quotient aus empirischer Standardabweichung und arithmetischem Mittelwert, vgl. z.B. Schulze, 2003, S. 81.

[19] Vgl. Eurostat, 2002*b*, S. 65, eigene Berechnungen.

Zum Abschluss des Kapitels wird auf den Qualifikationsaspekt eingegangen, der bereits bei den Humankapitalansätzen in Kap. 3.3.3 und bei der Zunahme der Arbeitslosigkeit gering qualifizierter Arbeitskräfte als Folge des Strukturwandels durch den Handel mit Entwicklungs- und Schwellenländern in Kap. 3.4.1 erwähnt wurde.

Tabelle 4.3: Arbeitslosenquoten nach Bildungsabschluss[1] (in %), Personen von 25 bis 64

(1)	(2)		(3)		(4)		(5)	
	Geringerer als sekundärer Abschluss		Sekundärer Abschluss		Tertiärer Abschluss		Verhältnis Spalte (2)/(4)	
	1995	2000	1995	2000	1995	2000	1995	2000
Deutschland	13,3	13,7	7,9	7,8	4,9	4,0	2,7	3,4
Frankreich	14,0	13,9	8,9	7,9	6,5	5,1	2,2	2,7
Italien	9,1	10,0	7,9	7,4	7,3	5,9	1,2	1,7
UK	12,2	8,9	7,4	4,5	3,7	2,1	3,3	4,2
EU-15	13,7	10,6	8,2	6,5	5,8	4,3	2,4	2,5

[1]Sekundärer Bildungsabschluss: Absolvent einer über die Grundschule hinaus weiterführenden Schule, Tertiärer Bildungsabschluss: Absolvent eines (Fach-) Hochschulstudiums.
Quelle: OECD, Employment Outlook, 1998, S. 203ff. und 2002, S. 318ff.

Die Arbeitslosenquoten der Personen ohne sekundären Bildungsabschluss[20] sind in beiden Vergleichsjahren im europäischen Durchschnitt mehr als doppelt so hoch, als die für Personen mit einem tertiären Bildungsabschluss, und diese Verhältniszahl ist deutlich gestiegen (Spalte (5) in Tabelle 4.3). Das spricht dafür, dass ein höherer Bildungsabschluss zu verbesserten Chancen am Arbeitsmarkt führt (bzw. der Anreiz, zu arbeiten, höher ist).

Zusammenfassend kann Großbritannien bescheinigt werden, dass es hinsichtlich der betrachteten Kategorien die geringsten Probleme mit der Arbeitslosigkeit hat. Deutschland liegt im europäischen Mittelfeld, hat allerdings eine problematisch hohe Quote der Langzeitarbeitslosigkeit. Frankreich und Italien ist es für 1990 und 2000 im Vergleich zu den beiden anderen Ländern und auch im Vergleich zum europäischen Durchschnitt bisher am schlechtesten gelungen, ihr Produktionspotential hinsichtlich des Faktors Arbeit zu nutzen.

Als Grund für diese Einschätzung kann angesehen werden, dass der britische Arbeitsmarkt niemals bezüglich Entlassungen, Arbeitsstunden, Kurzfristverträgen und Teilzeitarbeit reguliert war.[21] Außerdem haben nichtkorporatistische Länder, zu denen neben Großbritannien z.B. die USA und Kanada gehören, sehr dezentralisierte, auf Firmen-Niveau stattfindende Lohnverhandlungen und keine institutionalisierten Konsultationen zwischen Regierung und organisierten Interessenvertretungen.[22] Deutschland, Frankreich und Italien gehören dagegen zu den korporatistischen Ländern, bei denen Regierung und organisierte Interessenvertretungen wie Gewerkschaften und Arbeitgeber-Vereinigungen gemeinsam sozial-ökonomische Politiken entwickeln und implementieren.

[20] Erläuterung siehe Tabelle 4.3.

[21] Vgl. Nickell, 1997, S. 5f.

[22] Vgl. Freeman, 1995, S. 16.

So sieht in Frankreich das Arbeitsgesetzbuch neben einer Vielzahl von gesetzlichen Regelungen (wöchentliche und tägliche Arbeitszeit, Überstunden, Mindestlohn und Sozialabgaben, Lohnfortzahlung, Kündigungsschutz usw.) vor, dass jede neue Vereinbarung für die Arbeitnehmer vorteilhaft sein muss und auf keinen Fall bestehende Errungenschaften beseitigen oder reduzieren kann. Daneben besteht ein umfangreiches 'selbst geschaffenes Recht' der Sozialpartner in Bezug auf kollektive Lohnverhandlungen, die manchmal die gesamte Wirtschaft betreffen, aber zumindest überwiegend als Branchenverträge allgemeinverbindlich sind. Die französische Beschäftigungspolitik läuft dem international zu beobachtenden Trend vielfach entgegen, indem sie sich z.B. seit 25 Jahren dem Reformerfordernis verweigert.[23] Nach dem Regierungswechsel 1997 hat die sozialistische Regierung u.a. eine staatlich verordnete Arbeitszeitverkürzung mit der Erlassung eines Rahmengesetzes zur Einführung der 35-Stundenwoche ab dem Jahr 2000 eingeführt.[24] Die französischen Arbeitsmarktregulierungen sind also durch eine starke Rigidität gekennzeichnet, die eine negative Entwicklung auf dem Arbeitsmarkt, sowie zunehmenden staatlichen Interventionismus z.B. in Form von komplexen Arbeitsbeschaffungsmaßnahmen, steigender Beschäftigung im öffentlichen Sektor und malthusianischer Teilung der Arbeit zur Folge haben.[25] Damit hat Frankreich in Bezug auf Flexibilität und Mobilität am Arbeitsmarkt einen deutlichen Standortnachteil im Strukturwandel.
In Italien wurden 1970 mit der Arbeitsrechtsgesetzgebung (Statuto dei Lavoratori) strenge Regulierungen der Beschäftigungsbeziehungen, des Kündigungsschutzes, der Entlohnungsstruktur, der Aufstiegschancen im Unternehmen und der Arbeitssicherheit eingeführt, die 1974 noch durch die Reform der Rechtsstreitigkeiten vor Arbeitsgerichten verschärft wurden. Diese Lohnangleichungen haben zusätzlich zu einer Verschärfung der regionalen Disparitäten beigetragen. 1990 wurden diese Regelungen zusätzlich auf kleine Firmen ausgeweitet. Im Verlauf der neunziger Jahre hat sich allerdings eine weniger stringente Anwendung dieser Gesetze bei den Arbeitsgerichten durchgesetzt.[26]
Großbritannien hat damit beim Strukturwandel auf dem Arbeitsmarkt Vorteile, denn die größere Flexibilität kann zu einer höheren Strukturwandelgeschwindigkeit führen. In Deutschland, Frankreich und in Italien sorgt die Beschäftigungsschutzgesetzgebung dafür, dass die Flexibilität bei notwendigen Anpassungsprozessen im Strukturwandel gering ist, wobei in Deutschland Flexibilisierungsbemühungen, z.B. hinsichtlich der Teilzeitarbeit, zu beobachten sind.[27]

In Kapitel 5.2 wird das Thema der Arbeitslosigkeit nochmals aufgenommen und der Zusammenhang zwischen Strukturwandel (Lilien-Index) und den Arbeitslosenquoten empirisch untersucht.

---

[23] Vgl. Bilger, 2000, S. 77f. Zu den französischen Arbeitsmarktrigiditäten und ihren Folgen für den Strukturwandel vgl. auch Gilles, 1997, S. 39ff.

[24] Vgl. Werner, 2000, S. 1.

[25] Vgl. Bilger, 2000, S. 98.

[26] Vgl. Bertola/Garibaldi, 2003, S. 7ff. Dort auch weitere Quellen zu Veröffentlichungen zu italienischen Arbeitsmarktreformen.

[27] Ein Überblick zu Arbeitsmarktregulierungen und -reformen in Europa findet sich bei Cornelius/Zhang, 2001, S. 144ff.

4.2 Binnenwirtschaftliche Determinanten des Strukturwandels

4.2.1 Stand der Tertiarisierung

4.2.1.1 Erwerbstätigkeit

Die Analyse der Erwerbstätigkeit hinsichtlich der Drei-Sektoren-Gliederung seit den siebziger Jahren ergibt, dass sich der Schwerpunkt stark in den Dienstleistungssektor verlagert hat und zwar in den 4 Ländern annähernd parallel (Abbildung 4.3).
Der Anteil der im Agrar-Sektor Beschäftigten an der zivilen Gesamtbeschäftigung war 1970 in Italien mit 20,2% im Vier-Länder-Vergleich am höchsten und hat sich bis zum Jahr 2001 kontinuierlich auf 5,3% reduziert, gefolgt von Frankreich mit Reduktion auf 3,7%, dann Deutschland mit Reduktion auf 2,6%, schließlich Großbritannien mit einem schon sehr geringem Anteil von 3,2% im Jahr 1970, der sich weiter auf 1,4% reduziert hat.
Im sekundären, dem Industrie-Sektor hatte Deutschland 1970 mit 48,5% und auch noch im Jahr 2001 mit 32,7% den größten Anteil an der zivilen Gesamtbeschäftigung. Großbritannien und Frankreich verzeichnen ein fast paralleles Absinken auf ca. 25% Industrie-Beschäftigung. Der italienische Anteil, der 1970 noch auf dem französischen Niveau von knapp unter 40% lag, sank weniger stark und beträgt im Jahr 2001 schließlich 32,1%.
In Abbildung 4.3 ist erkennbar, wie kontinuierlich und stark in allen 4 Ländern der Anteil der Dienstleistungsbeschäftigten an der zivilen Gesamtbeschäftigung gestiegen ist. Der Anteil war in Großbritannien 1970 mit bereits 52% am höchsten und stieg auf den mit 73,6% ebenfalls höchsten Anteil im Jahr 2001. Der französische Beschäftigungsanteil der Dienstleistungen ist seit 1970 auf 72,3% gestiegen, der italienische auf 62,6% und der deutsche nur auf 64,7% im Jahr 2001.

Abbildung 4.3: Beschäftigungsanteile der drei Sektoren an der zivilen Gesamtbeschäftigung, 1970 bis 2001

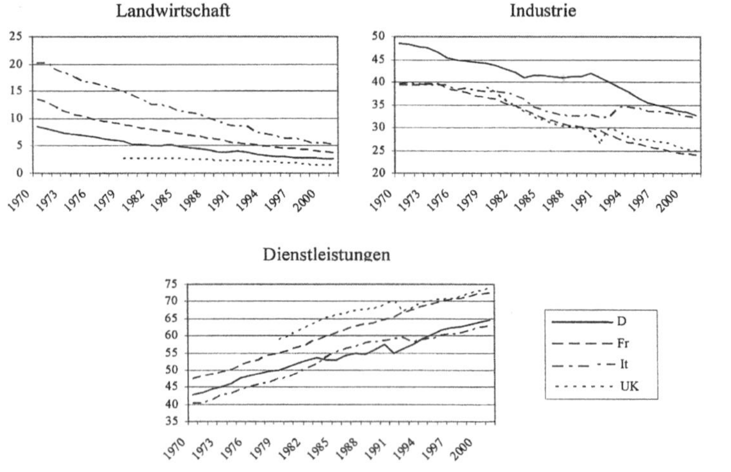

Datenquelle: Datenbank Source OECD, Rubrik: Employment, Stand: 29.01.2003.

Ein Vergleich der unterschiedlichen Entwicklung ist auch anhand Tabelle 4.4 möglich, die die durchschnittlichen Beschäftigungsanteile der Sektoren an der Gesamtbeschäftigung aufzeigt. Bemerkenswert ist, dass Deutschland im Durchschnitt der neunziger Jahre den geringsten Dienstleistungsanteil hat, gefolgt von Italien. Italien hat im Vergleich zu den anderen Ländern noch immer einen relativ hohen Anteil von Beschäftigten in der Landwirtschaft, auch wenn dieser Anteil seit den siebziger Jahren um mehr als die Hälfte reduziert wurde. Frankreich hat traditionell einen geringeren Anteil der Beschäftigten in der Industrie als Deutschland und liegt dafür im Durchschnitt der neunziger Jahre beim Anteil der Beschäftigten im Dienstleistungsgewerbe mit einem um 8,7 Prozentpunkte höheren Anteil vor Deutschland. Auch in den letzten beiden Betrachtungsjahren setzt sich der Tertiarisierungstrend eindeutig fort, erreicht allerdings nicht die von Fourastié prognostizierten Beschäftigtenanteile des tertiären Sektors von über 80% und damit auch nicht die der Industrie von maximal 15% (siehe Kapitel 3.2.1).

Tabelle 4.4: Durchschnittlicher sektoraler Anteil der Beschäftigung an der zivilen Gesamtbeschäftigung, 1970 bis 2001

Sektor	Durchschnitt der Jahre	Deutschland	Frankreich	Italien	Großbritannien
Landwirtschaft	70-79	7,1	10,8	17,5	-
	80-89	4,8	7,3	11,6	2,6
	90-99	3,2	4,9	7,1	2,0
	2000-01	2,7	3,8	5,4	1,5
Industrie	70-79	46,2	38,4	38,9	-
	80-89	41,7	32,7	34,8	32,5
	90-99	37,4	27,0	33,3	28,1
	2000-01	33,1	24,1	32,3	25,0
Dienstleistungen	70-79	46,7	50,8	43,6	-
	80-89	53,5	60,0	53,6	64,9
	90-99	59,4	68,1	59,6	69,9
	2000-01	64,3	72,2	62,4	73,4

-: nicht verfügbar
Quelle: wie in Abbildung 4.3, eigene Berechnungen.

Die durchschnittlichen Dienstleistungs-Dichteziffern in Abbildung 4.4 zeigen auf, wie hoch die Dienstleistungsbeschäftigung in Relation zur Bevölkerung war. Großbritannien hat demnach die größten Erfolge bei der Tertiarisierung im Vergleich mit den drei anderen Ländern aufzuweisen, denn in den neunziger Jahren stehen fast einem Drittel der Bevölkerung Dienstleistungsbeschäftigte gegenüber. Außerdem übersteigt in der Rückschau Großbritanniens mit 24% geringster Durchschnitt in den siebziger Jahren bereits den mit 22% höchsten Durchschnitt Italiens in den neunziger Jahren, es ist also ein deutlicher Tertiarisierungsabstand festzustellen. Deutschland und Frankreich weisen fast eine parallele Entwicklung hinsichtlich der durchschnittlichen Dienstleistungsdichte in den 3 Jahrzehnten auf.
Ein Vergleich (nicht nur) der durchschnittlichen Dichteziffern ist allerdings lediglich unter Einschränkungen möglich. Denn die Teilzeitquoten zwischen den vier Ländern sind sehr unterschiedlich (Tabelle 4.5). Die Spannweite reicht vom Maximum im Jahr

2000 mit 23% Anteil für Großbritannien bis zum Minimum von 8,8% in Italien im Jahr 1990.

Abbildung 4.4: Durchschnittliche Dichteziffern auf Basis der Bevölkerung, 1970 bis 1999

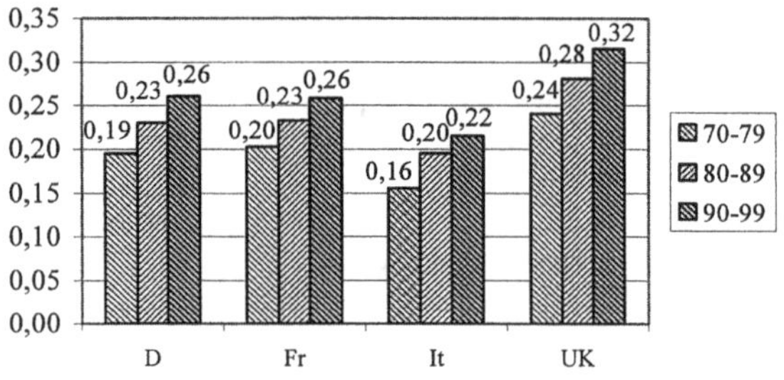

Quelle: wie in Abbildung 4.3, eigene Berechnungen.

Die Dichteziffern werden allerdings auf Basis der Anzahl der Dienstleistungsbeschäftigten errechnet, wobei üblicherweise nicht zwischen Teilzeit- und Vollzeitstellen unterschieden oder sogar Teilzeitbeschäftigung auf Vollzeitstellen umgerechnet wird. Diese Verzerrung wirkt sich im Dienstleistungssektor besonders stark aus, denn dort ist die Teilzeitbeschäftigung höher als in den anderen Bereichen. Somit sind die Dichteziffern für Großbritannien nach oben und die für Italien nach unten verzerrt. Eine Berechnung auf Basis geleisteter Arbeitsstunden wäre aussagefähiger, doch dafür stehen keine Daten zur Verfügung.

Tabelle 4.5: Teilzeitquote[1] und ihre Veränderung von 1990 auf 2000, jeweils in %.

	Zeit	Deutschland	Frankreich	Italien	Großbritannien
Teilzeitquote	1990	13,4[a]	12,2	8,8	20,1
	2000	17,6	14,2	12,2	23,0
-ihre Veränderung	1990/2000	31,3	18,3	38,6	14,4

[1]Beschäftigte mit weniger als 30 Arbeitsstunden pro Woche in der Hauptbeschäftigung.
Datenquelle: OECD, 2002*c*, S. 18f., eigene Berechnungen.

Die Teilzeitquote lässt eine Aussage über die Flexibilität des jeweiligen Arbeitsmarktes zu. Denn Teilzeitarbeit schafft mehr Flexibilität für Unternehmen, und - wenn sie gewollt ist, auch für Arbeitnehmer - , sie ermöglicht vielfältige Arbeitszeitmodelle wie Jobsharing, durch die 'Arbeitstäler' und 'Arbeitsspitzen' leichter bei zugleich geringeren Flexibilitätskosten ausgeglichen werden können.[28] Demnach ist der britische Arbeitsmarkt mit der höchsten Teilzeitquote am flexibelsten, gefolgt von dem deutschen, dem französischen und dem italienischen. Die Teilzeitquote ist im Jahr 2000 im Vergleich zu 1990 in allen 4 Ländern gestiegen, mit dem stärksten Wachstum um 38,6% in Italien, allerdings von einem niedrigen Anteil aus.

[28] Vgl. Bundesministerium für Arbeit und Sozialordnung, 2001, S. 1.

Relativiert werden muss diese Aussage dadurch, dass die Datenquelle keine Aussage darüber zulässt, ob es sich um gewünschte oder unfreiwillige Teilzeitbeschäftigung handelt. Denn der Anteil der unfreiwillig Teilzeitbeschäftigten variiert nicht nur im Zeitablauf stark (außer in Italien), sondern ist zwischen den Ländern sehr verschieden hoch (Anhang 2).
Der Wunsch nach einer Vollzeitstelle scheint in Italien und Frankreich negativ korreliert zu den Teilzeitquoten zu sein, denn in diesen Ländern sind die Teilzeitquoten geringer als in den beiden anderen Ländern, aber der Anteil der unfreiwillig Teilzeitbeschäftigten ist wesentlich höher. Allerdings lässt die Quelle auch hier keine Aussage darüber zu, warum unfreiwillige Teilzeitbeschäftigung vorliegt. Der Grund kann sowohl beim Arbeitgeber liegen, z.B. wegen Unterauslastung des Produktionspotentials, aber auch beim Arbeitnehmer, z.B. wegen ungenügender Qualifikation.

Der Analyse, welche Dienstleistungsbranchen für die Beschäftigungszuwächse verantwortlich waren, sind ebenso durch die Datenproblematik enge Grenzen gesetzt, denn vergleichbare[29] Daten liegen lediglich für den Zeitraum 1991 bis 1998 vor, noch dazu für Italien nur in grober Gliederung (Tabelle 4.6).

Tabelle 4.6: Veränderung der Dienstleistungsbeschäftigung nach Branchen in % pro Jahr von 1991 auf 1998

Land / Dienstleistungen	Deutschland	Frankreich	Italien	Großbritannien
1. Distributiv	-5,94	0,46	-0,33[1]	1,11
dar. Handel	-0,03	0,20	-	1,59
Transport/Lagerung	-2,26	0,82	-	0,09
Nachrichtenübermittlung	-3,65	-0,55	-	-0,08
2. Vorw. wirtschaftsbezogen	2,51	1,81	1,03	2,50
dar. Kreditgewerbe	0,40	-0,67	-	0,14
Versicherungsgewerbe	-0,06	-0,08	-	-0,71
Immobiliengewerbe	5,75	1,72	-	5,13
Unternehmensdienste	4,95	2,77		3,38
3. Vorw. haushaltsbezogen	3,18	3,60[2]	-	0,97[2]
dar. Gastgewerbe	1,49	2,61	0,58	1,03
Erholung/Kultur	0,28	4,29	-	0,65
persönliche Dienste	1,41	4,28[2]		1,34[2]
4. Vorw. gesellschaftsbezogen	0,79	0,86	-	-
dar. Bildungswesen	0,72	1,14	-0,90	0,17
Gesundheitswesen	2,58	0,60	-	1,64[3]
Nichtkommerzielle Organisationen	2,86	4,65	-	-0,70[3]
Öffentlicher Sektor	-1,13	0,11	-0,84	-1,07

-: Daten nicht verfügbar, [1]ohne Handel, [2]ohne Privathaushalte mit Angestellten, [3]1996, [4]1997
Datenquelle: OECD, Datenbank Source OECD, Rubrik: Service Statistics, Stand: 26.05.2001, eigene Berechnungen.

[29] Die OECD weist in den Erläuterungen zu den Tabellen in der Datenbank Source OECD darauf hin, dass wegen Unterschieden in den Klassifikationssystemen und anderen Differenzen Vergleiche zwischen den Ländern nur vorsichtig gezogen werden können.

Die Beschäftigungszuwächse liegen vor allem in den Hauptbereichen 'Vorwiegend wirtschaftsbezogene Dienstleistungen' und 'Vorwiegend haushaltsbezogene Dienstleistungen' begründet. Die stärksten Zuwächse sind dabei in Deutschland und Großbritannien in der Immobilienbranche (was u.a. für Deutschland nach der Wiedervereinigung mit der Auflage von Steuervergünstigungen zur Förderung der wirtschaftlichen Entwicklung in Ostdeutschland nicht erstaunlich ist) und bei den Unternehmensdiensten, wie z.B. Verleih, Rechtsberatung, Rechnungswesen, Marktforschung, Unternehmensberatung, aber auch Werbung, Rekrutieren von Personal, Sicherheits- und Gebäudereinigungsdiensten zu verzeichnen. Frankreich hatte stattdessen die stärksten Beschäftigungszuwächse bei Erholung/Kultur und den persönlichen Diensten sowie bei den nichtkommerziellen Organisationen. Bemerkenswert ist außerdem, dass im öffentlichen Sektor - außer in Frankreich - die Beschäftigung wegen Privatisierungen von Staatsunternehmen kontinuierlich gesunken ist, am stärksten in Deutschland.

4.2.1.2 Wertschöpfung

Auch bei den durchschnittlichen Wertschöpfungsanteilen der Sektoren an der gesamten Bruttowertschöpfung ist deutlich der Tertiarisierungstrend für alle vier Länder nachzuweisen (Tabelle 4.7). Primärer Sektor und sekundärer Sektor verlieren im Zeitablauf Wertschöpfungsanteile, der tertiäre Sektor gewinnt stetig. Bei der Wertschöpfung wirkt sich der Tertiarisierungstrend allerdings noch stärker aus als bei der Beschäftigung, denn die Beschäftigungsanteile im primären und im sekundären Sektor sind durchgängig wesentlich höher als die Wertschöpfungsanteile, et vice versa für die Dienstleistungen. Das lässt vermuten, dass der Produktivitätsbias für den tertiären Sektor nicht mehr gilt, wie im nächsten Kapitel analysiert wird.

Tabelle 4.7: Durchschnittlicher Wertschöpfungsanteil der Sektoren an der gesamten Bruttowertschöpfung, in jeweiligen Preisen, saisonbereinigt, 1. Quartal 1980 bis 2. Quartal 2002

Sektor	Durchschnitt der Quartale	Deutschland	Frankreich	Italien	Großbritannien
Primär[1]	I/80- IV/89	-	4,3	4,8	1,9
	I/90-IV/99	1,3	3,2	3,2	1,6
	I/00-IV/02	1,2	2,8	2,7	0,9
Sekundär[2]	I/80- IV/89	-	31,4	35,0	38,3
	I/90-IV/99	32,5	26,4	29,9	30,5
	I/00-IV/02	29,1	24,6	27,8	26,7
Tertiär[3]	I/80- IV/89	-	64,3	60,2	59,8
	I/90-IV/99	66,2	70,4	66,9	67,9
	I/00-IV/02	69,7	72,6	69,5	72,4

-: Daten nicht verfügbar, NACE-Gliederung, Rev. 1 (siehe Anhang 3): [1] A, B, [2] C-F, [3] G-P.

Datenquelle: Eurostat, Datenbank Euro-Indicators, Rubrik: National Accounts, Stand: 13.09.2002, eigene Berechnungen.

Überdurchschnittliche Preiserhöhungen bei den Dienstleistungen, die noch in den siebziger Jahren eine große Rolle spielten,[30] treten im Betrachtungszeitraum nicht mehr auf. Denn hinsichtlich der grundsätzlichen Anteilsaufteilungen auf primären, sekundären und tertiären Sektor gibt es zwischen nominaler und realer Wertschöpfung nur marginale Unterschiede; die Anteile bleiben mit über 2/3 Anteil für den tertiären Sektor gleich.

Die höchsten Wertschöpfungsanteile im sekundären Sektor erzielt mit zuletzt 29% nach wie vor Deutschland. In diesen Zahlen kommt, wie auch schon bei der Beschäftigung, die traditionell starke deutsche Industrieorientierung zum Ausdruck. Allerdings könnten diese Ergebnisse auch Ausdruck mangelnder Tertiarisierungs-Fortschritte, d.h. von Strukturwandelproblemen sein, was in Kapitel 5 mittels Schätzungen zu untersuchen sein wird.
Frankreich hatte im Durchschnitt der achtziger und neunziger Jahre höhere Wertschöpfungsanteile als die anderen drei Länder im tertiären Sektor zu verzeichnen. Dieser Abstand besteht im Durchschnitt der folgenden Quartale nicht mehr, denn Großbritannien hat seit dem 1. Quartal 2001 sogar eine höhere Bruttowertschöpfung im Dienstleistungssektor erzielt (Abbildung 4.5).

Abbildung 4.5: Anteil des Dienstleistungssektors[1] an der Bruttowertschöpfung aller Wirtschaftsbereiche in Preisen von 1995, saisonbereinigt, 1. Quartal 1980* bis 2. Quartal 2002

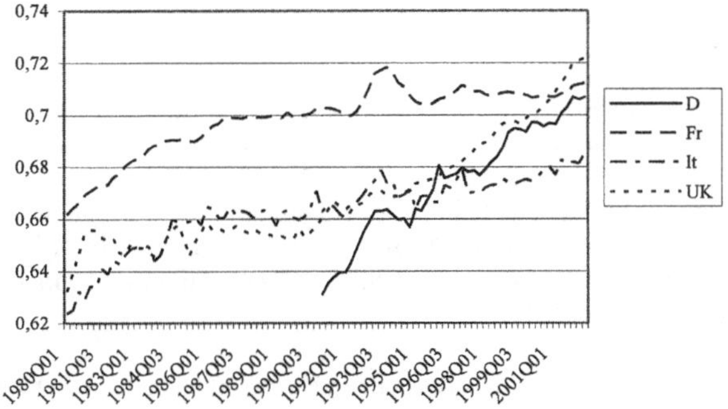

[1] NACE-Gliederung, Rev. 1 (siehe Anhang 3), Kategorien G bis P.
* für Deutschland Daten erst ab 1. Quartal 1991 verfügbar.
Datenquelle: Eurostat, Datenbank Euro-Indicators, Rubrik: National Accounts, Stand: 13.09.2002, eigene Berechnungen.

In Abbildung 4.5 sind die Anteile des Dienstleistungssektors an der realen Bruttowertschöpfung dargestellt. Bemerkenswert ist, dass auch hier ein deutlicher Aufwärtstrend auszumachen ist, denn dieser Indikator stieg von 1980 bis 2001 in Frankreich um 5%,

[30] Bei realer Wertschöpfungs-Betrachtung stiegen gegenüber nominaler Betrachtung die Anteile des sekundären Sektors zwischen 1950 und 1977 von 41% auf 51% und die des tertiären Sektors sanken von 51% auf 46%, vgl. Heinze, 1979, S. 9.

in Italien um 6%, in Großbritannien um 9% und in Deutschland um 7%.[31] Bei der realen Bruttowertschöpfung wäre ein Anstieg in diesem Ausmaß nach dem Produktivitätsbias ebenso wie schon der höhere nominale Wertschöpfungsanteil der Dienstleistungen nicht zu erwarten gewesen, denn der Produktivitätsbias unterstellt, dass die Wachstumsrate der Produktivität im Dienstleistungssektor geringer ist als die im Industriesektor. Das impliziert, dass die reale Bruttowertschöpfung des Dienstleistungssektors bei steigenden Beschäftigungszahlen nahezu konstant bleiben müsste.
Diese Annahme trifft lediglich für Frankreich seit dem 1. Quartal 1995 zu, seitdem die Wertschöpfungsanteile mit einer Differenz von nur 0,8 Prozentpunkten bis zum 2. Quartal 2002 nahezu konstant geblieben sind, während sie in diesem Zeitraum zum Beispiel in Großbritannien mit einer Differenz von 4,7 Prozentpunkten und in Deutschland mit 4,0 Prozentpunkten stark angestiegen sind.

Bei der Beurteilung des strukturellen Entwicklungsmusters in realen Werten ist allerdings zu berücksichtigen, dass die preisbereinigte Bruttowertschöpfung die 'reale' Entwicklung eher verdeckt als enthüllt.[32] Außerdem sollte beachtet werden, dass die ökonomische Leistung der Unternehmen nicht nur aus ihren physischen Produktionsleistungen besteht, sondern auch ökonomisch bewertet werden muss. Diese ökonomische Bewertung kommt in den Preisen zum Ausdruck.[33] Sie wird allerdings durch starke Inflation verzerrt. Inflationäre Tendenzen wurden allerdings in Europa seit Mitte der achtziger Jahre auf dem Weg in die Europäische Währungsunion nivelliert. Deshalb wird im Folgenden die nominale Betrachtungsweise beibehalten.

4.2.1.3 Nachfrageverschiebungen

Faktoren, die die Nachfrage verändern, können z.B. Präferenzänderungen wegen steigendem Einkommen oder Reaktionen auf veränderte relative Preise sein. Beides kann Verschiebungen bei den Konsumausgaben, sowohl der Privathaushalte als auch des Staates, bei den Investitionen, beim Export, beim Import bewirken. Eine Ursachenanalyse der Anstoßfaktoren für Nachfrageänderungen soll in dieser Arbeit nicht erfolgen, sondern es werden die Nachfrageänderungen selbst in ihren Ausmaßen und mit ihren Folgen für den Strukturwandel dargestellt.

Nachfrageverschiebungen zwischen den Sektoren sind z.B. anhand der Input-Output-Rechnung zu analysieren. Diese Rechnungen geben Aufschluss über die Lieferverflechtungen der Wirtschaftsbereiche untereinander und über die Lieferungen an die Endnachfrage.

---

[31] Daten für Deutschland sind erst ab 1. Quartal 1991 verfügbar.

[32] Gründe dafür sind: 1. Prinzipielle Erhebungsprobleme, denn die Preisbereinigung setzt die Trennbarkeit von Menge und Preis voraus. 2. Mit der Länge des Beobachtungszeitraums nimmt die Gefahr zu, dass Fehlbewertungen auftreten und Qualitätsveränderungen der Güter unberücksichtigt bleiben. 3. Es sind erhebliche Schätzfehler durch Ermittlung der 'realen' Wertschöpfung auf dem Wege der 'doppelten Deflationierung' zu befürchten. Vgl. Neugebauer, 1974, Seeling, 1974, S. 15ff, Heinze, 1979, S. 9.

[33] Vgl. Heinze, 1979, S. 9.

Mit Tabellen der OECD kann mit international vergleichbaren Daten für 1978[34] und 1990[35] ein Strukturvergleich in 33 Sektoren-Gliederung für Deutschland, Frankreich und Großbritannien nach ISIC-Gliederung, Rev. 2[36] durchgeführt werden.
Die Anteile der nach Sektoren zusammengefassten inländischen Lieferströme zu Herstellungspreisen (ohne Importe) sind in Tabelle 4.8 dargestellt.[37] Der Anteil des tertiären Sektors an den Lieferungen aller Wirtschaftsbereiche (Zeile 4) hat sich in diesem Zeitraum in Deutschland um 5,7%, in Frankreich um 11,1% und in Großbritannien sogar um 12,1% erhöht, währenddessen die Anteile des primären/sekundären Sektors durchgehend sanken und in Frankreich und Großbritannien inzwischen vom tertiären Sektor übertroffen werden.

Tabelle 4.8: Sektorale Lieferverflechtungen, in jeweiligen Preisen, heimische Währung

	Land	Deutschland		Frankreich		Großbritannien	
	Anteil (in %)	1978	1990	1977	1990	1979	1990
	...der Lieferungen von Vorleistungen des primären und sekundären Sektors an den...						
1	prim.+sek. Sektor	23,1	18,7	20,4	13,7	22,5	15,1
	tertiären Sektor	4,4	3,9	2,8	2,6	4,4	4,5
	...der Lieferungen von Vorleistungen des tertiären Sektors an den...						
2	prim.+sek. Sektor	7,3	9,2	7,4	9,1	6,7	7,5
	tertiären Sektor	6,4	9,0	5,9	11,6	4,7	13,3
	...der Lieferungen an die Endnachfrage gesamt des...						
3	prim.+sek. Sektors	32,9	32,1	34,9	30,7	32,7	27,2
	tertiären Sektors	25,9	27,1	28,6	32,3	29,0	32,4
	Darunter: ...der Lieferungen für die Endnachfrage der privaten Haushalte des...						
3a	prim.+sek. Sektors	18,7	14,6	19,3	18,7	17,1	13,2
	tertiären Sektors	25,1	27,2	25,7	30,4	23,0	25,4
	...der Summe aller Lieferungen des...						
4	prim.+sek. Sektors	60,4	54,7	58,1	47,0	61,9	49,8
	tertiären Sektors	39,6	45,3	41,9	53,0	38,1	50,2

Quelle: OECD, http://www.oecd.org/EN/document/0,,EN-document-435-15-no-1-22204-0,00.html, Stand: 25.8.2002, eigene Berechnungen.

[34] 1978 für Deutschland, 1977 für Frankreich und 1979 für Großbritannien. Da für Italien nur eine Input-Output-Tabelle für 1985 verfügbar ist, wird Italien bei dieser Analyse nicht berücksichtigt.

[35] Neuere Input-Output-Tabellen mit vergleichbaren Daten liegen nicht vor, sind aber von der OECD angekündigt, vgl. http://www.oecd.org/oecd/pages/home/displaygeneral/0,3380,EN-document-0--nodirectorate-no-1-22204-0,00.html, Stand: 2.7.2003. Für Eurostat müssen bis Ende 2002 harmonisierte Aufkommens- und Verwendungstabellen für 1995, 1997, 1999 geliefert werden, vgl. Bleses/Stahmer, 2000, S. 902.

[36] ISIC-Gliederung, Rev. 2, vgl. http://unstats.un.org/unsd/cr/registry/regcst.asp?Cl=8&Lg=1, Stand: 2.3.2003.

[37] Die Ursprungsdaten liegen in nationaler Währung und jeweiligen sowie konstanten Preisen vor. Es wurde darauf verzichtet, mit Kaufkraftparitäten Vergleichbarkeit zwischen den nationalen Währungen herzustellen, weil Kaufkraftparitäten nicht adäquat den Wert des nicht gehandelten Outputs reflektieren und weil lediglich Anteilsvergleiche der Lieferungen der Sektoren durchgeführt werden.

Die entscheidenden Nachfrageimpulse dafür kamen allerdings nicht von der Endnachfrage, sondern von der Vorleistungsnachfrage. Dort expandierten besonders stark die intermediären Verwendungen des tertiären Sektors (Zeile 2), d.h. die Vorleistungen des tertiären Sektors, die zur Produktion von Gütern im tertiären Sektor benötigt wurden, stiegen z.B. in Großbritannien von 4,7% auf 13,3%. Das lässt den Schluss zu, dass sich die Arbeitsteilung zwischen den Dienstleistungsbranchen stark intensiviert hat. Zugenommen haben aber auch die Vorleistungslieferungen des tertiären Sektors an den primären/sekundären Sektor, während die Vorleistungsverflechtungen dort abgenommen haben.

Die Analyse, welche Dienstleistungsbranchen am stärksten von den Nachfrageverschiebungen profitiert haben, lässt wegen der sehr groben Untergliederung in nur sieben Branchen lediglich ein unscharfes Bild zu. War in Deutschland 1978 noch der Handel hinsichtlich seines Transaktionsvolumens stärkster Vorleistungslieferant des tertiären Sektors, gefolgt von der Branche Immobiliengewerbe/Unternehmensdienste, so haben sich diese Verhältnisse 1990 gedreht. Diese zwei Branchen sind anhand ihres Bruttoproduktionswertes in beiden Vergleichsjahren auch die größten Lieferanten für die Endnachfrage der privaten Haushalte, d.h. für ihre Konsumausgaben.
In Frankreich war 1977 das Finanz-/Versicherungsgewerbe die stärkste Branche als Vorleistungslieferant.[38] 1990 ist ebenso wie in Deutschland die Branche Immobiliengewerbe/Unternehmensdienste führend, gefolgt von der Branche Finanz-/Versicherungsdienstleistungen. Zu den Konsumausgaben tragen die Dienstleistungsbranchen Handel, Immobiliengewerbe/Unternehmensdienste und öffentliche Verwaltung/Soziale und /Private Dienste in dieser Reihenfolge die größten Summen bei.
In Großbritannien ist 1979 ebenso wie 1978 in Deutschland der Handel führend, gefolgt von der Branche Transport/Lagerung. 1990 dagegen führt die Branche Finanz-/Versicherungsdienstleistungen, gefolgt vom Handel. Für die Nachfrage der privaten Haushalte sind Handel sowie öffentliche Verwaltung/Soziale und /Private Dienste die größten Lieferanten.[39]
In Zeile Nr. 3a sind die Anteile der Lieferungen der Sektoren an die Endnachfrage der privaten Haushalte aufgeführt. Die Anteile des tertiären Sektors sind durchgehend größer als im primären/sekundären Sektor und betragen an der Endnachfrage gesamt mindestens ein Viertel (bis auf Großbritannien 1979 mit 23% Anteil). Sie sind außerdem durchgehend gestiegen, währenddessen die Anteile des primären/sekundären Sektors in Deutschland und Großbritannien gesunken sind.
Die Konsumausgaben der privaten Haushalte haben in der Summe jeweils Werte über 40% Anteil (bis auf Großbritannien 1990 mit 38%), in Frankreich erreichen sie 1990 sogar fast die Hälfte der gesamten Endnachfrage. Deshalb ist die Aussage von Heinze, dass die Bedeutung der Nachfrage der privaten Haushalte zur Erklärung des gesamtwirtschaftlichen Strukturwandels überschätzt wird,[40] weder für Deutschland, noch für die beiden anderen Länder zutreffend, auch wenn der Wandel durch die Veränderungen in der internationalen Arbeitsteilung, durch Produkt- und Verfahrensinnovationen sowie Substitutionsprozesse nicht zu unterschätzen ist.

---

[38] Für die Branche Immobiliengewerbe und Unternehmensdienste wurden 1977 allerdings keine Zahlen ausgewiesen.
[39] Datenquelle vgl. Tabelle 4.8, eigene Berechnungen.
[40] Vgl. Heinze, 1979, S. 17f.

Bei den durchschnittlichen jährlichen Wachstumsraten des Bruttoproduktionswertes vom jeweiligen 1. Betrachtungsjahr bis 1990 hat Deutschland mit 4,5% im primären/sekundären Sektor und 6,7% im tertiären Sektor deutlich die geringsten Wachstumsraten gegenüber Frankreich (8,1% und 11,9%) und Großbritannien (7,5% und 12,7%) aufzuweisen.[41] Die Wachstumsraten des tertiären Sektors sind damit durchgängig deutlich höher als die der zwei anderen Sektoren.

Nur in Großbritannien lagen nach Branchengliederung die höchsten Wachstumsraten des Bruttoproduktionswertes im tertiären Sektor im Immobiliengewerbe/Unternehmensdiensten (19% p.a.) vor, an zweiter Stelle liegen mit 17% jährlichem Wachstum die Produzenten von Büro-/Rechenmaschinen, an dritter Stelle dann bereits die Finanz- und Versicherungsdienste (15,6% p.a.).
In Deutschland dagegen haben Branchen des sekundären Sektors (Flugzeugindustrie: 10,2% p.a., Büro-/Rechenmaschinen: 9,4% p.a.) die höchsten Wachstumsraten aufzuweisen, erst an dritter Stelle folgt mit dem Immobiliengewerbe/Unternehmensdiensten (9,2% p.a.) eine Branche des tertiären Sektors.
Ebenso lagen in Frankreich die höchsten jährlichen Wachstumsraten[42] im primären/sekundären Sektor vor (Büro- und Rechenmaschinen: 13,5% p.a., Flugzeugindustrie: 13,4% p.a., Bergbauindustrie/Gewinnung von Steinen/Erden/Energie/Wasser: 13% p.a.). Erst an vierter Stelle liegt mit kommunalen/sozialen und private Diensten (12,4% p.a.) eine Branche des tertiären Sektors.[43]

Insgesamt haben sich also die Vorleistungslieferungen, die Endnachfrage und damit auch der Bruttoproduktionswert zum tertiären Sektor hin verschoben, was für einen tief greifenden Wandel in der Nachfrage und damit auch in den Produktionsstrukturen spricht. Dieser Wandel ist nicht durch eine Verdrängung von Industriewaren durch Dienstleistungen gekennzeichnet, sondern durch die Verdrängung alter durch qualitativ neuartige Güter, deren Erstellung einen hohen Anteil tertiärer Inputs erfordert.[44]

Nachfrageverschiebungen unter Hinblick auf die Informationsgesellschaft zu untersuchen, ist mit den verfügbaren Input-Output-Tabellen nicht möglich. Die unter Kapitel 2.3 aufgeführten Gruppen sind zwar in den Tabellen enthalten, allerdings als Untergruppen der 33er-Gliederung, so dass die Gruppen des Informationssektors nicht separiert werden können.

---

[41] Datenquelle vgl. Tabelle 4.8, eigene Berechnungen.

[42] Der Bruttoproduktionswert ergibt sich üblicherweise als Summe aus den Vorleistungslieferungen und der Endnachfrage, die in Deutschland als gesamte letzte Verwendung bezeichnet wird. Bei den französischen Tabellen werden allerdings in Spalte 44 fachlich falsch 'Importe' ausgewiesen und diese vom Bruttoproduktionswert abgezogen. Den (spärlichen) Erläuterungen der OECD ist zu entnehmen, dass es sich stattdessen um Einfuhrzölle handelt, die aus Korrekturgründen in dieser Spalte verbucht wurden. Die Endnachfrage bzw. letzte Verwendung wiederum setzt sich aus den Konsumausgaben, den Bruttoinvestitionen, den Vorratsveränderungen und den Exporten zusammen.

[43] Vgl. Fußnote 38.

[44] Vgl. Klodt, 1998, S. 395.

Die Input-Output-Tabellen des Statistischen Bundesamtes für 1995 und die fortgeschriebene Tabelle für 1997 mit jeweils 71 Produktionsbereichen[45] enthalten mit den Gruppen 3000 - Büromaschinen, Datenverarbeitungsgeräten und -einrichtungen und 7200 - Datenverarbeitung und Datenbanken wenigstens zwei der Bestandteile des Informationssektors, aber die restlichen neun Gruppen sind jeweils Bestandteile in den Übergruppen, so dass deswegen (und auch wegen des kurzen Zeitraums) damit keine Aussagen über die Entwicklung des Informationssektors gemacht werden können.

4.2.1.4 Sektorale Arbeitsproduktivitäten

Abschließend seien zu Kapitel 4.2.1. noch die sektoralen Arbeitsproduktivitäten als weiterer Nachweis der Tertiarisierung und zur Überprüfung der These des Produktivitätsbias dargestellt. Es werden für drei Vergleichszeiträume die durchschnittlichen Produktivitätskennziffern als Bruttowertschöpfung pro Beschäftigten analysiert (Tabelle 4.9).
Die durchschnittlichen Produktivitätskennzahlen im primären Sektor sind in den meisten Vergleichszeiträumen deutlich niedriger als die im sekundären Sektor. So wird im primären Sektor pro Beschäftigten in einem Quartal der 2000er Jahre z.B. in Deutschland im Durchschnitt eine Wertschöpfung von 6700 € erwirtschaftet, im sekundären Sektor dagegen von 12700 €. Die höchsten durchschnittlichen Produktivitäten werden allerdings in beiden Vergleichszeiträumen in Deutschland vom tertiären Sektor erzielt, denn in den Quartalen der 1990er Jahre werden die durchschnittlichen Produktivitäten des sekundären Sektors durch den tertiären Sektor um 700 € übertroffen, im vergleichsweise kurzen Zeitraum der zweitausender Quartale bereits um 300 €.

Tabelle 4.9: Durchschnittliche Produktivitäten als Verhältnis von realer Bruttowertschöpfung (in Mio. 1995er €) zu Anzahl der Beschäftigten (in 1000), 1. Quartal 1980 bis 2. Quartal 2002

Sektor	Durchschnitt der Quartale	Deutschland*	Frankreich	Italien	Großbritannien
Primär[1]	I/80- IV/89	-	4,8	2,7	5,1
	I/90-IV/99	5,2	7,8	4,7	6,2
	I/00-IV/02	6,7	9,9	6,0	6,9
Sekundär[2]	I/80- IV/89	-	9,5	6,6	6,4
	I/90-IV/99	11,5	12,7	8,4	9,1
	I/00-IV/02	12,7	14,9	9,2	10,5
Tertiär[3]	I/80- IV/89	-	-	8,8	5,7
	I/90-IV/99	12,2	12,3	9,3	6,6
	I/00-IV/02	13,0	12,6	9,7	7,4

* Daten erst ab 1. Quartal 1991 und nur bis 3. Quartal 2001 verfügbar, -: Daten nicht verfügbar; NACE-Gliederung, Rev. 1 (siehe Anhang 3): [1] A, B, [2] C-F, [3] G-P.
Datenquelle: Eurostat, Datenbank Euro-Indicators, Rubrik: National Accounts, Stand: 13.09.2002, eigene Berechnungen.

[45] Vgl. Statistisches Bundesamt, 2002*e*.

Nur in Großbritannien ist die durchschnittliche Produktivität des sekundären Sektors in allen drei Vergleichzeiträumen deutlich höher als im tertiären Sektor, für Frankreich gilt das in weit geringerem Maße ebenso für die zwei verfügbaren Vergleichzeiträume.[46] In Italien und Deutschland dagegen trifft die Tertiarisierungsthese auch auf die durchschnittlichen Produktivitäten zu, denn diese sind in allen Vergleichzeiträumen höher als im sekundären Sektor, wenn auch nur geringfügig.

Im Dienstleistungssektor sind die produktivsten Branchen die Finanz- und Unternehmensdienste (Anhang 4). Ihre durchschnittlichen Produktivitäten sind für fast alle Vergleichszeiträume und Länder mehr als doppelt so hoch wie in den beiden anderen Bereichen Handel/Verkehr/Transport und Öffentliche Dienste/Privathaushalte. So werden z.B. in Deutschland als Spitzenreiter der vier Länder im Durchschnitt der verfügbaren Quartale der 2000er Jahre 26100 € pro Beschäftigten an Wertschöpfung in diesen Branchen erwirtschaftet, im Bereich Handel/Verkehr/Transport 9500 € und beim Öffentlichen Dienst 9300 €.[47]

Die Daten in Tabelle 4.9 widerlegen damit die These des Produktivitätsbias. Denn die Kennziffern zeigen im tertiären Sektor nicht nur ein Steigen der durchschnittlichen Produktivitäten über die neunziger Jahre bis zum letzten verfügbaren Quartal, sondern sind sogar in Deutschland und Italien größer als im sekundären Sektor. Auch hier muss allerdings auf die bereits in Kap. 4.2.1.1 erläuterte Verzerrung durch die unterschiedlichen Teilzeitquoten der Länder hingewiesen werden. So wird in Großbritannien, wo diese Quote im Vergleich zu den drei anderen Ländern sehr hoch ist (Vgl. Tabelle 4.5), die durchschnittliche Produktivität jeweils nach unten gedrückt, weil eine hohe Teilzeitquote zu einer höheren Beschäftigungszahl führt, die der Berechnung der Produktivitäten zugrunde liegen. Das kann die im Vergleich mit den anderen drei Ländern besonders niedrige Produktivität im britischen Dienstleistungssektor eventuell teilweise erklären. Genauere Aussagen zur Produktivität wären wiederum mit der geleisteten Stundenzahl möglich, allerdings sind vergleichbare Daten dazu in sektoraler Gliederung nicht verfügbar.

4.2.2 Stand der Informatisierung

Nach der Initialzündung zur Untersuchung der Entwicklung zur Informationsgesellschaft im Jahr 1978 durch die OECD sind zahlreiche, meist deskriptive Analysen zu diesem Thema entstanden.[48] Später kamen auch Veröffentlichungen zur Analyse von

---

46 Es soll darauf hingewiesen werden, dass die Daten von Eurostat in 1995er Euro zurückgerechnet wurden. Diese Rückrechnung in € kann zu Verzerrungen der Ergebnisse führen.

47 Für den Öffentlichen Dienst/Privathaushalte muss allerdings berücksichtigt werden, dass die Werte der Wertschöpfung nicht anhand von Marktpreisen, wie bei allen andern Branchen ermittelt werden, sondern dass geschätzte Größen Grundlage sind.

48 Vgl. z.B. an neueren Veröffentlichungen OECD, 2000, mit der erstmals international vergleichbare Daten für den Zeitraum 1993 bis 1998 vorgelegt werden, OECD, 2001*b* und OECD, 2002*d*.

Auswirkungen der Entwicklung der Informations- und Kommunikationstechnologien (IKT) auf das Wirtschaftswachstum hinzu.[49]
Die Informations- und Kommunikationstechnologien sind deshalb so interessant, weil ihre Entwicklung ein Katalysator von Änderungen der ökonomischen Aktivitäten von Unternehmen, Haushalten und Regierungen ist, aber auch viele Bereiche des täglichen Lebens berühren. So sind z.B. in den Jahren 1996 bis 1999 die Ausgaben je Einwohner für Informationstechnologie und Telekommunikation[50] in allen vier europäischen G7-Ländern kontinuierlich gestiegen (Abbildung 4.6).[51] Damit stieg auch ihr Anteil an den gesamten Konsumausgaben in Deutschland von 1996 bis 1999 von 7,1% auf 9,0%, in Frankreich von 7,8% auf 10,1%, in Italien von 6,5% auf 8,1%, und das trotz sinkender IKT-Preise (Abbildung 4.8). Nur in Großbritannien, wo die Konsumausgaben im Vergleich zu den drei anderen Ländern überproportional gestiegen sind, ist ihr Anteil von 10,5% auf 9,5% gesunken.[52]

Abbildung 4.6: Ausgaben je Einwohner in € für Informationstechnologie und Telekommunikation, 1996 bis 1999

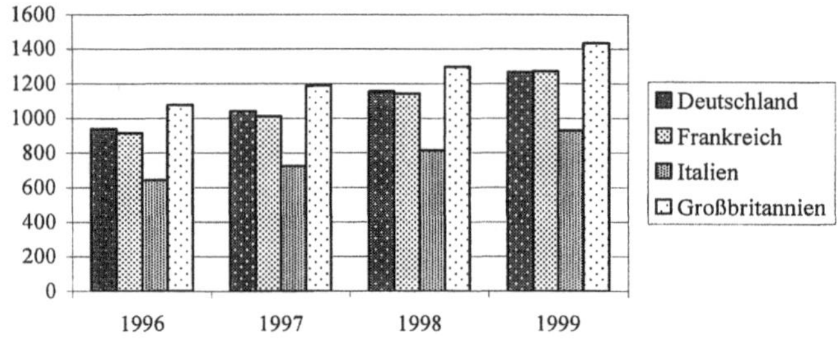

Datenquelle: Statistisches Bundesamt, 2001, S. 114.

Allerdings ist es nur zu einem geringen Teil die Inanspruchnahme im privaten Bereich, die die Informatisierung und damit den Beitrag der IKT zum Wirtschaftswachstum ausmacht. Denn mit dem technischen Fortschritt durch die IKT und ihre Anwendung als Querschnittstechnologien in nahezu allen Bereichen der Wirtschafts- und Arbeitswelt verbinden sich Hoffnungen und Erwartungen, dass der Wachstumspfad des Produktionspotentials als Folge permanent gestiegener Zuwachsraten der Produktivität dauerhaft höher liegen kann.[53] IKT-Aktivitäten, vor allem verbunden mit Ausbildung und Organisationsänderungen, erleichtern produktivitätserhöhende Änderungen so-

[49] Vgl. z.B. Oliner/Sichel, 1984, Colecchia/Schreyer, 2001, Pilat/Lee, 2001, Audenis/Deroyon/Fourcade, 2002.

[50] Weitere Kommunikationsindikatoren z.B. bei Eurostat, 2002*a*, S. 293ff. und bei Statistisches Bundesamt, 2002*d*, S. 94 und 273.

[51] Sie lagen 1999 bei 1265 € in Deutschland, 1269 € in Frankreich, 932 € in Italien und 1432 € in Großbritannien.

[52] Einschließlich der privaten Organisationen ohne Erwerbszweck, vgl. Eurostat, 2002*a*, S. 14, 168, eigene Berechnungen.

[53] Den Nachweis für die USA erbringt der SVR, 2000, S. 127ff.

wohl bei den traditionellen als auch bei den neuen Industrien.[54] Zusätzliche Wachstumspotentiale durch IKT-Aktivitäten entstehen durch die Verringerung von Transaktionskosten, durch die Senkung von Markteintrittsbarrieren und damit der Förderung des globalen Wettbewerbs und durch die Ermöglichung des Aufbaus von Netzwerken. Werden die Potentiale der IKT ausgeschöpft, so kann es zu einem nachhaltigen Anstieg der Beschäftigung kommen. Selbst das Platzen der 'Internet-Blase' am Aktienmarkt im Jahr 2000/2001 und die ökonomischen Schwierigkeiten vieler IKT-Unternehmen ändern an dieser Bedeutung nichts. [55]
Im folgenden Kapitel wird auf die Entwicklung der Erwerbstätigkeit und in Kapitel 4.2.2.2 auf die der Wertschöpfung im IKT-Bereich eingegangen, in Kapitel 4.2.2.3 werden die IKT-Investitionen sowie in Kapitel 4.2.2.4 die FuE-Ausgabenentwicklung in diesem Bereich aufgezeigt. Den Abschluss des Kapitels bildet die Auswertung eines IKT-Intensitäts-Rankings der OECD.

4.2.2.1 Erwerbstätigkeit

Zur Abgrenzung der Beschäftigung im Informationssektor haben sich OECD und Eurostat im sog. Canberra Manual[56] 1995 auf Beschäftigungen nach folgender Abgrenzungen[57] geeinigt: Eine Person, die zum IKT-Sektor gehört, muss eine der folgenden Bedingungen erfüllen:

- Erfolgreiche Beendigung eines Studiums
- Kein Studienabschluss wie oben, aber in einer IKT-Beschäftigung angestellt, zu der normalerweise ein Studienabschluss gehört.

Nach dieser Abgrenzung war 1999 in Deutschland mit 29,8% der höchste Anteil an der Gesamtbeschäftigung im IKT-Sektor tätig, gefolgt von Frankreich mit 24,6%, Großbritannien mit 23,2% und Italien mit 21,8%.[58]

Tabelle 4.10: Durchschnittliches jährliches Wachstum der IKT-Beschäftigung, 1995 bis 1999

Wachstumsrate / Land	IKT-Beschäftigung	Gesamtbeschäftigung
Deutschland	2,12	0,4
Frankreich[1]	1,65	0,7
Italien	2,94	0,8
Großbritannien	3,05	1,3

[1] 1995-1998
Datenquelle: OECD, 2001*b*, S. 49.

---

[54] Vgl. OECD, 2002*b*, S. 21.
[55] Vgl. SVR, 2000, S. 127.
[56] Vgl. OECD/Eurostat, 1995.
[57] ISCO-88, Hauptgruppe 2 und 3 mit IKT-Beschäftigungen, sowie Ingenieure und Wissenschaftler der Gruppe ISCO-21 und ISCO-22. Eine Übersicht zur ISCO-88 findet sich bei der ILO unter http://www.ilo.org/public/english/bureau/stat/class/isco.htm.
[58] Vgl. OECD, 2001*b*, S. 49.

Die höchsten jährlichen Steigerungsraten bei der IKT-Beschäftigung hatte in den Jahren 1995 bis 1999 allerdings mit 3,1% Großbritannien, mit geringem Abstand gefolgt von Italien mit 2,9% und Deutschland mit 2,1%. Nur Frankreich fällt mit fast halb so geringen Wachstumsraten wie Großbritannien etwas ab (Tabelle 4.10). Großbritannien hatte aber auch die höchste Wachstumsrate bei der Gesamtbeschäftigung zu verzeichnen. Setzt man die jährliche durchschnittliche Wachstumsrate der IKT-Beschäftigung zur der der Gesamtbeschäftigung ins Verhältnis, so hat Deutschland aufgrund seines sehr geringen gesamtwirtschaftlichen jährlichen Beschäftigungswachstums mit dem 5,7-fachen das höchste IKT-Wachstumsverhältnis, gefolgt von Italien mit dem 3,6-fachen sowie Frankreich und Großbritannien mit etwas mehr als dem 2-fachen.
Bemerkenswert ist, dass gerade kleinere Länder wie Finnland (1998-99) mit 8,4% und Irland (1995-97) mit 9,6% besonders hohe durchschnittliche jährliche Wachstumsraten bei der IKT-Beschäftigung haben. Wie später auch noch bei der IKT-Wertschöpfung und bei den -Investitionen festzustellen sein wird, sind es gerade kleine Länder wie Finnland, die Vorreiter bei der Einführung von IKT sind und damit bemerkenswerte Erfolge beim Wachstum von Beschäftigung und Wertschöpfung erzielen.

4.2.2.2 Wertschöpfung

Im folgenden Kapitel 4.2.2.3 wird auf den hohen Beitrag der IKT-Investitionen zum Produktionswachstum eingegangen. Dieser Beitrag schlägt sich auch in der Bruttowertschöpfung des IKT-Sektors als Anteil am BIP nieder. Dieser Anteil ist in allen drei Vergleichsjahren 1997-1999 in Großbritannien mit Abstand am größten (Abbildung 4.7), stieg in allen drei Jahren und ist gegenüber Italien fast dreifach und gegenüber Frankreich fast doppelt so hoch. Damit liegt Großbritannien im Jahr 1999 auch deutlich über, Deutschland knapp über und die beiden anderen Länder deutlich unter dem EU-Durchschnitt von 4,6%.

Abbildung 4.7: Bruttowertschöpfung im IKT-Sektor als Verhältnis zum BIP[59] (in %), jeweilige Preise, 1997 bis 1999

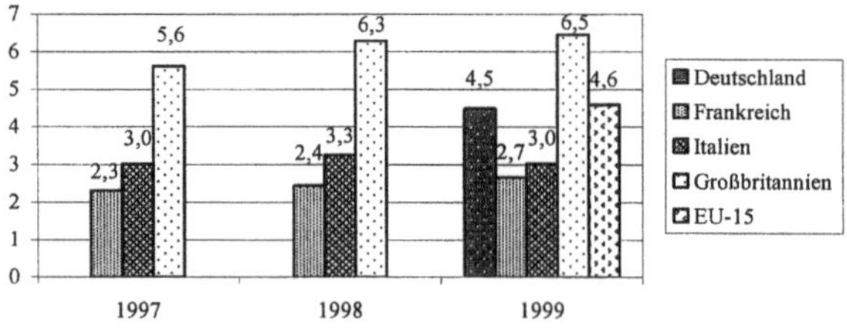

Datenquellen: IKT-Daten: Deiss, 2002, S. 4 (Daten für Deutschland sind für 1997 und 1998 nicht verfügbar, Frankreich ohne NACE 64.2: Fernmeldedienste);
BIP: Eurostat, Datenbank Euroindicators, National Accounts, Stand: 13.9.02, eigene Berechnungen.

---

59 Da hier der Anteilsentwicklung im Zeitablauf das Interesse gilt, ist die Verhältnisbildung von Bruttowertschöpfung zu *Faktorkosten* und BIP zu *Marktpreisen* unproblematisch.

Bemerkenswert ist auch hier, dass kleinere Länder wie Irland (5,1%), Schweden (5,2%) und vor allem Finnland (7,4%) beim Anteil der Bruttowertschöpfung des IKT-Sektors am BIP über dem EU-Durchschnitt liegen, d.h. eine überproportional hohe Bruttowertschöpfung im IKT-Sektor im Verhältnis zum BIP haben.
Die Bruttowertschöpfung des IKT-Sektors wuchs in allen vier Ländern im Durchschnitt der Jahre 1997-1999 mit Raten über 10% deutlich stärker, als das BIP, das in Frankreich im Durchschnitt der drei Jahre um 4,5%, in Italien um 3,7% und in Großbritannien um 8,1% gewachsen ist.[60] Es handelt sich also für die drei betrachteten Jahre um eine stark prosperierende Periode. Diese Aussagen müssen allerdings mit Vorsicht verwendet werden, denn der verfügbare Zeitraum ist viel zu kurz für zu verallgemeinernde Schlüsse. Die Ergebnisse der nachfolgenden Jahre müssen zeigen, ob dieses Wachstum nicht vor allem eine Folge der Spekulationsblase im Bereich der Informationstechnologie mit den Hoffnungen zur New Economy war bzw. mit den Ängsten des Jahr-2000-Wechsels in den Computer-Systemen im Zusammenhang stand.

Tabelle 4.11: Wachstumsraten der Bruttowertschöpfung zu Faktorkosten im IKT-Sektor gegenüber Vorjahr in %.

	IKT-Sektor insgesamt		IKT im verarbeitenden Gewerbe		IKT-Dienstleistungen	
	1998*	1999*	1998	1999	1998*	1999*
Frankreich	10,0	13,9	3,1	7,6	17,7	20,0
Italien	11,9	-3,6	-2,0	-9,9	17,0	-1,6
Großbritannien	21,5	10,8	7,0	5,3	26,8	12,5

* für Frankreich ohne NACE 64.2 (Fernmeldedienste)
Quelle: Deiss, 2002, S. 4, eigene Berechnungen.

Bei der Analyse, welcher Bereich für das Wachstum des IKT-Sektors sorgt (Tabelle 4.11), wird allerdings für die zwei verfügbaren Zeitpunkte deutlich, dass die IKT-Dienstleistungen der prosperierende Bereich sind, denn ihre Wachstumsraten sind für alle Länder am höchsten. Hier ist die Schnittstelle zum Wachstum des tertiären Sektors hergestellt. Steigende Anwendung von IKT führt damit auch zu einem Wachsen des Dienstleistungssektors.
Auch hier deutet sich allerdings wieder an, dass eine Zuordnung in vier Sektoren, also mit einem Informationssektor, wegen Überschneidungen nahezu unmöglich ist.

4.2.2.3 IKT-Investitionen

IKT-Investitionen schaffen die Infrastruktur für die Nutzung der IKT, dienen der Verbesserung der Arbeitsorganisation, des Geschäftbetriebes und der Reduzierung von Routine-Transaktionskosten. Investitionen in physisches Kapital spielen eine wichtige Rolle für das Wachstum, indem sie den Kapitalstock erweitern und erneuern und er-

[60] Für Deutschland sind nur Werte für 1999 verfügbar, so dass keine Wachstumsraten berechnet werden können.

möglichen, dass neue Technologien im Produktionsprozess eingesetzt werden können. IKT-Investitionen sind seit einigen Jahren die dynamischste Komponente der Investitionen.

Allerdings gab es zwischen den Ländern beachtliche Unterschiede. So betrug im Jahr 1980 die Spannweite der IKT-Investitionen als Anteil an den gesamten Investitionen (Tabelle 4.12) von 4,8% (Großbritannien) bis 12,2% (Deutschland). Im Jahr 2000 sind die Unterschiede mit nahe 15% Anteil für alle vier Länder wesentlich geringer geworden.

In Frankreich verdoppelte sich der Anteil von 1980 auf 2000, in Großbritannien verdreifachte er sich sogar und das trotz stark gesunkener IKT-Preise. Erwähnt werden soll auch hier die Steigerungsrate von Finnland um immerhin fast das Vierfache von 7,8% auf 28%.

Deutschland hat wegen seines bereits hohen IKT-Investitionsanteil von 12,2% im Jahr 1980 geringe Anteilssteigerungen aufzuweisen, hat aber im Jahr 2000 gemeinsam mit Italien von den vier Ländern den höchsten IKT-Investitionsanteil an den gesamten Investitionen.

Tabelle 4.12: IKT-Investitionen als Anteil (in %) an den gesamten Investitionen, in jeweiligen Preisen, 1980 bis 2000

	Jahre	Deutschland	Frankreich	Italien	Großbritannien
IKT-Ausrüstungen und Software	1980	12,2	6,8	9,7	4,8
	1990	13,9	9,4	13,7	10,1
	2000	16,2	14,4	16,3[1]	15,0
davon:					
IT-Ausrüstungen	1980	4,6	2,5	4,1	2,9
	1990	5,5	3,5	4,2	6,0
	2000	6,1	4,4	4,2	8,4
Kommunikations-Ausrüstungen	1980	3,9	2,9	4,0	1,6
	1990	4,8	3,2	5,7	2,0
	2000	4,3	3,9	7,2	3,6
Software	1980	3,6	1,3	1,7	0,3
	1990	3,7	2,6	3,8	2,1
	2000	5,7	6,1	4,9	3,0

[1] 1999

Quelle: Colecchia/Schreyer, 2001, S. 10, dort auch Angaben für Australien, Kanada, Finnland, Japan und die USA.

Investitionen in Software sind der Hauptgrund für das starke Wachstum der Investitionen in IKT. Denn eine Basistechnologie wie das Internet mit völlig neuen Möglichkeiten der Geschäftsabwicklung erfordert Investitionen in neue Anwendungen (Software),[61] wie z.B. derzeit Multimedia. Deshalb trugen die Software-Ausgaben durchgängig für alle vier Länder mit dem am stärksten gestiegenen Anteil - wie z.B. in Großbritannien mit einer Anteilssteigerung um das Zehnfache - zu den gesamten Investitionen bei, auch wenn in Deutschland der Anteil von Investitionen in IT-Ausrüstungen an den gesamten Investitionen geringfügig und in Großbritannien deutlich größer ist.

[61] Vgl. Colecchia/Schreyer, 2001, S. 10.

Abbildung 4.8: Preisindex für IKT-Produkte, 1980 bis 2000, harmonisiert, (1980 = 1)

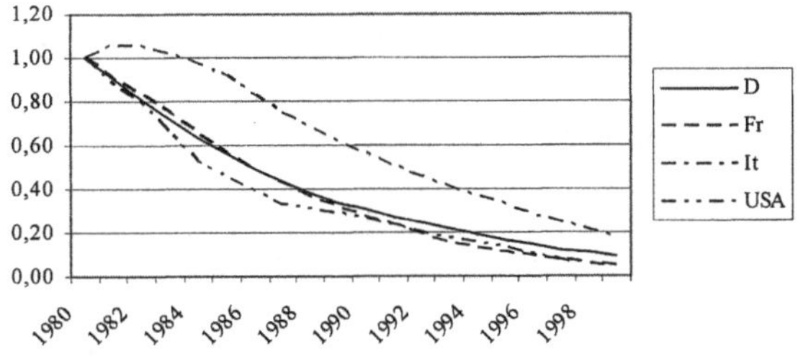

Datenquelle: OECD, 2001*b*, S. 65.

IKT-Investitionen stiegen u.a. wegen des stetigen Preisverfalls von IKT-Produkten so stark (Abbildung 4.8), der sich in den 1990er Jahren fortsetzte, allerdings weniger stark bei Kommunikationsausrüstungen und Software war und nicht für IKT-Dienstleistungen galt. Dieser Preisverfall macht Angaben wie z.B. zu Umsatzwachstum, Bruttowertschöpfung usw. im Zeitablauf wenig aussagefähig. Deshalb versuchen einige Länder[62] mit hedonischen Preisindizes Abhilfe zu schaffen.[63] Da diese hedonischen Preisindizes oftmals noch im Entwicklungsstadium sind, behilft man sich bei internationalen Vergleichen mit harmonisierten Preisindizes,[64] wie in Abbildung 4.8.

Tabelle 4.13: Beitrag der IKT-Investitionen des Unternehmenssektors zum Produktionswachstum in %, Harmonisierte Preisindizes, 1980 bis 2000

	Jahre	Deutschland	Frankreich	Italien	Großbritannien
Beitrag der IKT-Investitionen	1980-85	0,20	0,18	0,23	0,18
	1985-90	0,27	0,22	0,31	0,29
	1990-95	0,30	0,18	0,21	0,27
	95-2000	0,38	0,35	0,36*	0,48
Produktions-wachstum gesamt	1980-85	1,13	1,48	1,54	2,59
	1985-90	3,59	3,46	5,14	3,90
	1990-95	2,22	0,97	1,44	2,12
	95-2000	2,06	2,81	1,93*	3,55

*1995-1999

Quelle: Colecchia/Schreyer, 2001, S. 16.

62 Australien, Frankreich, Japan, Kanada und die USA. In Deutschland wurde ein hedonischer Preisindex für Verbraucherpreise von Personalcomputern im Juni 2002 implementiert, vgl. dazu Linz/Eckert, 2002.

63 Hedonische Preisindizes berücksichtigen Qualitätsaspekte und sind besonders wichtig für Produkte, die schnellen technologischen Änderungen unterliegen. Bei Computern werden durch hedonische Preisindizes z.B. gestiegene Kapazitäten der Arbeitsspeicher und Prozessor-Geschwindigkeit berücksichtigt, vgl. z.B. OECD, 2001*b*, S. 64.

64 Schätzungen 'harmonisierter' Preisindizes unterliegen der Annahme, dass die Preisverhältnisse zwischen IKT-Produkten und anderen Produkten das gleiche Zeitmuster in allen Ländern haben. Die Benchmark ist die USA. Vgl. OECD, 2001*b*, S. 64.

Der Preisverfall regte allerdings auch zur Substitution zwischen IKT-Kapital und Arbeit an. Dies umso mehr, da in einigen Ländern die Arbeitskosten recht hoch sind (vgl. Kap. 4.2.3.2). Die wegen des Preisverfalls stark gestiegenen IKT-Investitionen sind ebenso Ausdruck dafür.
Obwohl die IKT-Investitionen in den meisten OECD-Ländern stiegen, variieren ihre Auswirkungen auf das Produktionswachstum zwischen den Ländern sehr stark (Tabelle 4.13).[65] In Großbritannien ist 1995-2000 dieser Beitrag im Vergleich zu den drei anderen Ländern mit 0,48% am höchsten und hat sich damit seit 1980-85 um das 2,7-fache erhöht. Die Anteile der anderen drei Länder liegen für 1995 bis 2000 mit von etwas über 0,35% dicht beieinander und haben sich im Vergleich zum Anfangszeitraum 1980-85 für Deutschland und Frankreich um das Doppelte, für Italien um nur das anderthalbfache erhöht.

4.2.2.4 Forschungs- und Entwicklungsausgaben

Ein wichtiger Indikator für den Stellenwert des IKT-Bereiches in einer Volkswirtschaft bzgl. Innovation und Fortschritt sind die FuE-Ausgaben, die in diesem Bereich getätigt werden. Die FuE-Intensität für 1997, d.h. die FuE-Ausgaben als Anteil an der Bruttowertschöpfung des jeweiligen IKT-Bereiches geben an, dass der Produktion von IKT-Gütern die größte Bedeutung zugemessen wird (Abbildung 4.9).

Abbildung 4.9: FuE-Intensität[1] im IKT-Sektor, 1997

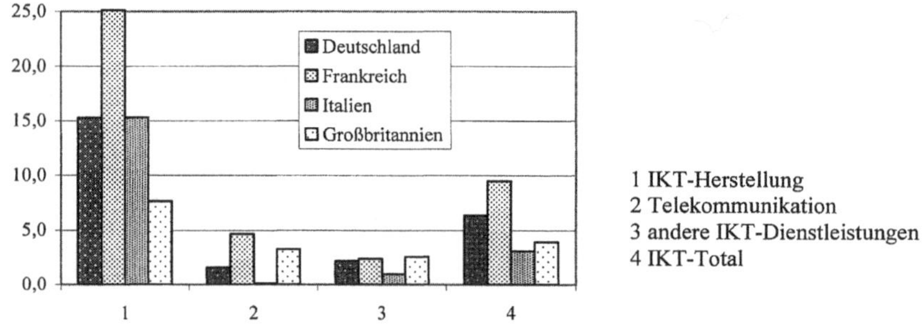

[1]FuE-Ausgaben als Anteil an der jeweiligen Bruttowertschöpfung (in %), jeweils in US$ unter Verwendung von Kaufkraftparitäten
Datenquelle: OECD, 2000, S. 69, 73, 93, 145.

Denn die FuE-Intensität ist für die IKT-Herstellung für alle vier Länder am größten, Telekommunikation und andere IKT-Dienstleistungen folgen in ihrer Bedeutung nach. In Frankreich wurde ein Anteil von 25,1% der Wertschöpfung der IKT- Herstellung für Forschung und Entwicklung ausgegeben, gefolgt von Deutschland und Italien mit jeweils 15,3%. Großbritannien hat mit 7,6% bei der IKT-Produktion den geringsten Anteil der vier Länder, dafür aber bei den IKT-Dienstleistungen den höchsten Anteil

65 Die Schätzungen von Colecchia/Schreyer, 2001, kommen zu ähnlichen Ergebnissen wie Studien von Cette/Mairesse/Kocoglu, 2000 und Crépon/Heckel, 2000 für Frankreich sowie Oulton, 2001 für Großbritannien.

mit 2,6%, gefolgt von Frankreich mit 2,4%, Deutschland mit 2,2% und Italien mit 1%. Frankreich gibt im Vier-Länder-Vergleich 1997 mit 9,5% den größten Anteil an der gesamten IKT-Wertschöpfung[66] für Forschung und Entwicklung aus, Deutschland mit einem Anteil von 6,3%, Großbritannien mit 3,9% und Italien mit 3,1% folgen nach. Allerdings ist Großbritannien das einzige der vier großen europäischen Länder, in dem über die 1990er Jahre die IKT bezogenen FuE-Ausgaben in der Herstellung und bei den Dienstleistungen um 1% bzw. 3% pro Jahr gestiegen sind, währenddessen sie in der Herstellung in Deutschland um 1%, in Frankreich um 2% und in Italien um 0,5% gesunken sind.[67]

4.2.2.5 IKT-Intensitäts-Ranking

Die OECD hat im Jahr 2000 anhand von Beschäftigungsdaten, der Bruttowertschöpfung, Handelsdaten und den Forschungs- und Entwicklungsausgaben (FuE) im IKT-Sektor im Verhältnis zum Unternehmenssektor die relative Bedeutung des IKT-Sektors für die Gesamtwirtschaft für das Jahr 1997 eines Landes beurteilt[68] und die OECD-Länder in hohe, mittlere und niedrigen IKT-Intensitäts-Ratings eingeteilt (Tabelle 4.14).

Tabelle 4.14: IKT-Intensitäts-Ratings, 1997

	Beschäftigung	BWS	Handelsdaten[1]	FuE	IKT-Intensitäts-Gruppe
Deutschland	niedrig	mittel	mittel	niedrig	niedrig
Frankreich	mittel	niedrig	mittel	mittel	mittel
Italien	mittel	mittel	niedrig	mittel	mittel
Großbritannien	hoch	hoch	hoch	mittel	hoch

[1] 1998

Quelle: OECD, 2000, S. 36.

Großbritannien gehört demnach zur Gruppe der Länder, bei denen der IKT-Sektor eine hohe Bedeutung für die Wirtschaft hat, weil nur die FuE-Ausgaben in die mittlere Kategorie fielen, die anderen drei Indikatoren jeweils hohe Rankings bekamen. Frankreich und Italien gehören zur Gruppe der mittleren Intensität, denn Frankreich hat ein niedriges Rating für die Bruttowertschöpfung und mittlere Ratings für den Rest, wäh-

[66] In absoluten Größen sind das für Frankreich 4366 Mio. US$ zu 46033 Mio. US$ Wertschöpfung, Deutschland 5653 Mio. US$ zu 89154 Mio. US$, Italien 1677 Mio. US$ zu 53837 Mio. US$, Großbritannien 3227 Mio. US$ zu 81919 Mio. US$. Quellen siehe Abbildung 4.9.

[67] Vgl. OECD, 2001*b*, S. 24. Diese Daten sind mit OECD, 2000 nicht vergleichbar, weil dort bei den Dienstleistungen z.B. ISIC 64: Post und Telekommunikation fehlen und ISIC 33: Herstellung von medizinischen, präzisions- und optischen Instrumenten sowie Uhren anteilsmäßig auf 3312 und 3313 aufgeteilt wurden (zu ISIC vgl. http://unstats.un.org/unsd/cr/registry/regct.asp?Lg=1, Stand: 16.3.2002). Vgl. OECD, 2000, S. 154.

[68] Für jede der vier betrachteten Variablen wurde für jedes der 28 betrachteten Länder der Anteil an der OECD gesamt berechnet und den drei Gruppen niedrig, mittel, hoch zugeteilt; jede Variable wurde dabei gleich gewichtet. Zur Methodik vgl. OECD, 2000, S. 29.

renddessen Italien das niedrigste Rating im Handel zu verzeichnen hat. Deutschland gehört zur Gruppe der niedrigen IKT-Intensität, denn Bruttowertschöpfung und Handel wurden in ihrer Bedeutung dem mittleren Rating zugeordnet, Beschäftigung und FuE-Ausgaben bekamen ein niedriges Rating. Damit befindet sich Deutschland in einer Gruppe wie z.B. mit der Tschechischen Republik, Polen, Spanien, der Türkei.
Die OECD weist ausdrücklich darauf hin, dass alternative Methoden zur Beurteilung der relativen Bedeutung des IKT-Sektors zu anderen Ergebnissen führen können,[69] und die deskriptiven Ergebnisse in Kapitel 4.2.2.1 bis 4.2.2.4 unterstreichen das. Trotzdem lässt diese Beurteilung zumindest den Schluss zu, dass Deutschland, gerade im Vergleich mit den drei wirtschaftsstarken europäischen Ländern, Reserven beim Wachstum der Beschäftigung und der Bruttowertschöpfung bei einer Weiterentwicklung und Förderung des IKT-Sektors hat. Bei dem gravierenden Arbeitslosigkeitsproblem in Deutschland wäre dringend geboten, diese Reserven zu nutzen.

Noch immer kranken empirische Analysen zur Informationsgesellschaft allerdings an der fehlenden Datenbasis, vor allem an international vergleichbaren Daten.[70] In Deutschland war der Informationssektor in der offiziellen Statistik praktisch bis ins Jahr 2002 noch nicht existent.[71] Während z.B. in Japan im Januar 2000 die Förderung der Bildung einer fortgeschrittenen IKT-Netzwerk-Gesellschaft mit Ausweitung der erforderlichen Statistiken Gesetzeskraft erlangte, wurde in Deutschland im Dezember 2000 ein Gesetz zur Einführung einer Dienstleistungsstatistik in Kraft gesetzt. Damit hinkt Deutschland gewissermaßen um eine ‘Entwicklungsstufe’ hinterher.[72]

4.2.3 Ausgewählte gesamtwirtschaftliche Aspekte

4.2.3.1 Indikatoren zur Zukunftsorientierung der Volkswirtschaften

Zum Abschluss des Kapitels der binnenwirtschaftlichen Determinanten soll noch kurz auf die Aspekte der Zukunftsorientierung und der institutionellen Rahmenbedingungen (Kap. 4.2.3.2) der vier Volkswirtschaften eingegangen werden, weil beide Aspekte hinsichtlich der notwendigen Flexibilität im Strukturwandel Schlüsse zulassen.
Die Zukunftsorientierung von Volkswirtschaften zeigt sich an zahlreichen ökonomischen und soziökonomischen Faktoren.[73] In diesem Kapitel werden zwei im Zusam-

---

[69] Vgl. OECD, 2000, S. 29.

[70] Für Europa hat Eurostat im Eurostat-Jahrbuch 2000 erstmals Informationen zur Informationsgesellschaft vorgelegt. Fehlende Daten führen auch dazu, dass unterschiedliche Abgrenzungen der Sektoren vorgenommen werden müssen. Vgl. z.B. OECD, 2000 und OECD, 2001*b*, S. 24.

[71] Vgl. dazu auch SVR, 2000, S. 133. Die erste Veröffentlichung zum Thema Informationsgesellschaft stammt von Statistisches Bundesamt, 2002*a*.

[72] Der Statistische Beirat hat 2002 erstmals der Bundesregierung den systematischen Aufbau von Statistiken über die Informationsgesellschaft empfohlen. Vgl. Statistisches Bundesamt, 2002*b*, S. 789.

[73] Das wären z.B. die Sparquote, die Bruttokapitalbildung, aber auch die Beteiligungsquote der Bevölkerung am Erwerbsleben, die zur Aufrechterhaltung der sozialen Sicherungssysteme in den hier betrachteten Ländern eine zunehmende Rolle spielt. Nicht eingegangen wird ebenso auf die Höhe der Staatsverschuldung, die im Strukturwandel den Handlungsspielraum eines Staates erheblich einschränken kann. Ist die Verschuldung zu hoch, können z.B. keine Steueranreize gesetzt werden, um Strukturwandelprozesse zu beschleunigen.

menhang mit Strukturwandel ausgewählte ökonomische Indikatoren deskriptiv analysiert: Gesamtausgaben für Forschung und Entwicklung (FuE) und Zahl der Patentanmeldungen. Die Höhe der FuE-Ausgaben ist ein Indikator für die Innovations-Kapazitäten und die technologischen Ressourcen. Dieses Thema wurde in Kapitel 4.2.2.4 bereits mit der FuE-Intensität für den IKT-Bereich analysiert und soll in diesem Kapitel eine Erweiterung durch eine Gesamtbetrachtung für die Volkswirtschaften erfahren.
Für Forschung und Entwicklung wurden in Deutschland im Jahr 2000 deutlich höhere Ausgaben als in anderen Ländern getätigt, als Anteil vom BIP sogar höhere Ausgaben als im Durchschnitt der G7 (Tabelle 4.15). Pro Kopf ist der G7-Durchschnitt höher, was an den amerikanischen Pro-Kopf-Ausgaben von 963 US$ lag, den höchsten aller OECD-Länder. Diese Verhältnisse haben sich übrigens im Vergleich zu 1998 nicht verändert, was ebenso für das Folgende gilt.[74]
Ein Vergleich der Regierungsbeteiligung an den Ausgaben für Forschung und Entwicklung zeigt, dass die Ausgabenanteile der Privatwirtschaft deutlich überwiegen (Ausnahme ist Italien). Das lässt einen Effizienzvorsprung erwarten, denn Privatunternehmen müssen dem Konkurrenzdruck auf dem Markt standhalten und im Allgemeinen deshalb ihre Kosten stärker als öffentliche Einrichtungen kontrollieren.

Tabelle 4.15: Ausgaben für Forschung und Entwicklung im Jahr 2000

	Ausgaben für Forschung und Entwicklung			
	in % vom BIP	Anteil (in %) finanziert durch[c]		Pro Kopf, in US$
		Regierung	Industrie	
Deutschland	2.48	31.44	66.11	643
Frankreich	2.15	36.94[a]	54.11[a]	518
Italien	1.04[a]	50.81[b]	42.98[b]	249[a]
Großbritannien	1.86	28.91	49.27	453
G7	2.47	27.89	65.31	730
EU-15	1.88	35.00[a]	55.53[a]	458

[a]1999, [b]1996, [c]Aussage über restliche Anteile zu 100 fehlt
Quelle: OECD, 2002*c*, S. 70f.

Die Effizienz der Ausgaben für Forschung und Entwicklung für den technischen Fortschritt kann u.a. mit der Proxy-Variable Patente gemessen werden. Dieser Indikator ermöglicht es, die Innovationsstärke eines Wirtschaftsstandortes und somit das Ergebnis von Forschung und Entwicklung (anwendungsorientierter Bereich) zu beurteilen. Außerdem können Patentdaten als Frühindikatoren technologischer Entwicklungen und möglicher Wirkungen auf die Wettbewerbsfähigkeit wie auch als Maß für die Evaluierung einer technologieorientierten Politik genutzt werden.[75]

Zur fiskalischen Beurteilung der Staatsverschuldung mit ökonometrischen Methoden vgl. Porath, 1999.

[74] Vgl. OECD, 2001*a*, S. 70f.

[75] Vgl. Schaden, 1999, S. 167.

Die Unterschiede zwischen den Ländern sind gravierend und kommen am deutlichsten anhand der Zahl der Patent-Anmeldungen pro Million Einwohner zum Ausdruck, nach deren 1997er Zahl Tabelle 4.16 aufsteigend sortiert ist (letzte Spalte).

Tabelle 4.16: Patent-Anmeldungen beim Europäischen Patentamt nach Wohnsitz des Erfinders, 1990 bis 1997

	Absolute Zahl der Patent-Anmeldungen			Durchschnittliche jährliche Wachstumsrate	Zahl der Patent-Anmeldungen pro Million Einwohner		
	1990	1995	1997	1990-97 (in %)	1990	1995	1997
Italien	2 246	2 459	3 118	4,8	39,6	42,9	54,2
Großbritannien	3 565	3 720	4 378	3,0	61,9	63,4	74,2
OECD Total	60 393	66 801	82 846	4,6	71,9	61,7	75,6
Frankreich	4 922	5 083	6 142	3,2	84,6	85,6	102,7
EU-15	27 016	30 620	39 712	5,7	77,2	82,0	105,8
Deutschland	11 498	12 952	17 222	5,9	181,7	158,6	209,9
Schweiz	1 688	1 664	2 088	3,1	251,4	236,3	294,5

Quelle: OECD, 2001*b*, S. 25, eigene Berechnungen.

Italien und Großbritannien haben für alle drei Vergleichsjahre Anmeldezahlen pro Million Einwohner unter dem OECD-Durchschnitt und weit unter dem Durchschnitt der Europäischen Union. In Frankreich wurden 1997 fast doppelt, in Deutschland vier Mal so viele Patente wie in Italien angemeldet. Deutschland übersteigt ebenso den Durchschnitt der Europäischen Union fast um das Doppelte. Noch erfolgreicher ist allerdings weltweit die Schweiz mit der mit Abstand höchsten Zahl von 294,5 Patentanmeldungen pro Million Einwohner. Die durchschnittlichen jährlichen Wachstumsraten der Zahl der Patentanmeldungen von 1990 bis 1997 sind allerdings mit 5,9% in Deutschland höher und damit um 0,2 Prozentpunkte höher als in der Europäischen Union.

Allerdings ist zu berücksichtigen, dass in den hier verwendeten Statistiken angemeldete (und nicht erteilte) Patente erfasst sind, so dass Rückschlüsse auf die Innovationsstärke von Volkswirtschaften vorsichtig gezogen werden müssen. Dies auch deshalb, weil die absoluten oder auch Verhältniszahlen in Bezug auf die Einwohner eines Landes über die Bedeutung der angemeldeten Patente für den Markt nur geringe Aussagefähigkeit haben.[76]

Zusammenfassend kann Deutschland ein gutes Zukunftspotential hinsichtlich der Ausgaben für Forschung und Entwicklung und der Zahl der Patentanmeldungen bescheinigt werden.

[76] Eine weitere Möglichkeit zur Beurteilung der Patentaktivitäten wäre die Berechnung von Patentintensitäten als dem Verhältnis zwischen Ausgaben für Forschung und Entwicklung und der Zahl der Patent-Anmeldungen. Sie haben allerdings ebenfalls nur begrenzte Aussagekraft und unterbleiben deshalb hier. Denn zum einen muss ein entsprechender Time-lag berücksichtigt werden, denn je nach Umfang der Innovation werden sich Ausgaben für Forschung und Entwicklung sicher nicht im gleichen Jahr in Patenten niederschlagen. Außerdem haben Erfinder, zumal Unternehmen, die Möglichkeit, Patente an mehreren Orten, d.h. beim nationalen, beim europäischen und/oder amerikanischen Patentamt anzumelden. Für manche Erfindung wird auch gar kein Patent beantragt. Das Volumen des Patents spielt, wie oben bereits erwähnt, ebenso eine Rolle. Zu weiteren Problemen in Zusammenhang mit Wertungen zu Patenten siehe OECD, 2001*b*, S. 25.

4.2.3.2 Institutionelle Rahmenbedingungen

Über institutionelle Rahmenbedingungen eines Landes können u.a. die Steuerbelastungen, die sozialen Sicherungssysteme mit den dafür notwendigen Sozialabgaben sowie die Regulierungsintensität durch Gesetze und Verordnungen Aussagen zulassen. Ist z.B. die Regulierungsintensität gering, so gelingt es den Wirtschaftssubjekten eher, sich auf neue ökonomische Rahmenbedingungen einzustellen, wie sie der permanente Strukturwandel vorgibt.
Ein internationaler Vergleich der Steuerbelastungen kann Schlüsse über Anreizwirkungen bei den Wirtschaftssubjekten ermöglichen, die durch Regierungen und ihre Gesetzgebung erzielt werden. In Großbritannien sind die Belastungen mit Steuern im Jahr 2000 am geringsten (Tabelle 4.17). Das gilt sowohl beim Anteil der Steuereinnahmen am BIP, der den europäischen Durchschnitt von 41,6% um 5,3 Prozentpunkte unterschreitet, als auch bei der persönlichen Einkommenssteuerquote, bei der der europäische Durchschnitt von 53,5% um 13,5 Prozentpunkte unterschritten wird. Frankreich dagegen hat jeweils die höchsten Quoten aufzuweisen, Deutschland und Italien nehmen einen Mittelplatz ein.

Tabelle 4.17: Besteuerungsvergleich für 2000

	Totale Steuereinnahmen[1], in % des BIP	Steuerquote in %	
		Persönliche Einkommensteuer	Körperschaftsteuer
Deutschland	37.7	53.8	41.7
Frankreich	45.8	62.9	54.0[a]
Italien	43.3	50.8	37.0
Großbritannien	36.3	40.0	30.0
EU-Durchschnitt[2]	41.6	53.5	35.4

a) thesaurierter Gewinn, inklusive höchster lokaler Gewerbesteuer,
[1]1999, [2]Ungewichtet.
Quelle: OECD, 2002*c*, S. 38f.

Der Steuerstruktur in Tabelle 4.18 ist zu entnehmen, wie hoch die Anteile der Einkommen- bzw. Körperschaftsteuer, der Sozialabgaben und der Verbrauchsteuer an den gesamten Steuereinnahmen 1999 waren.[77] Der Anteil der Verbrauchssteuern ist bei allen Ländern am höchsten und macht mehr als ein Viertel der gesamten Steuereinnahmen aus, bei Großbritannien sogar fast ein Drittel. Den zweithöchsten Anteil haben mit einem weiteren Viertel die persönlichen Einkommenssteuern, mit der Ausnahme Frankreichs, wo diese Steuern in wesentlich geringerem Umfang zu den Steuereinnahmen beitragen.
Dafür tragen in Frankreich die Arbeitgeber durch die Sozialabgaben mit ihrem weit über dem EU-Durchschnitt liegenden Anteil von einem Viertel an den Steuereinnahmen eine besonders hohe Last. Ein noch größeres Missverhältnis besteht in dieser Hinsicht in Italien, wo die Arbeitgeber sogar das Vierfache des Anteils an den gesamten

[77] Die Punktbetrachtungen für die Jahre 1999 und 2000 werden in Kapitel 5.4 durch Zeitreihen-Regressionen ergänzt, die den Steueranteil am BIP als Regressor aufnehmen.

Steuereinnahmen im Vergleich zu den Beschäftigten tragen müssen, wogegen es im EU-Durchschnitt nur etwas mehr als das doppelte ist.

Tabelle 4.18: Steuerstruktur für 1999

Land	Anteile der Steuern und Sozialabgaben (%) an den totalen Steuereinnahmen					
	Persönliche Einkommensteuer	Körperschaftsteuer	Sozialabgaben		Steuern auf Güter, Dienste	Andere Steuern
			Beschäftigte	Arbeitgeber		
Deutschland	25,1	4,8	17,3	19,3	28,0	5,5
Frankreich	17,6	6,4	8,8	25,0	26,8	15,4
Italien	26,4	7,7	5,5	20,0	27,5	12,9
Großbritannien	28,8	10,4	7,3	9,7	32,3	11,5
EU-Durchschnitt[1]	25,6	8,7	8,2	15,6	30,4	11,5

[1]Ungewichtet.
Quelle: OECD, 2002*c*, S. 38f.

In Deutschland und Großbritannien tragen die Sozialpartner dagegen nahezu paritätisch zu den Sozialabgaben bei. Die Belastung des Faktors Arbeit ist allerdings in Großbritannien kumuliert mit 17% Anteil an den totalen Steuereinnahmen am geringsten, in Deutschland dagegen mit einem mehr als doppelt so hohen Anteil von 36,6% am höchsten, danach folgen Frankreich mit 33,8% und Italien mit 25,5% (Abb. 4.10).

Abbildung 4.10: Sozialabgabenbeiträge als Anteile an den gesamten Steuereinnahmen (in %), 1999

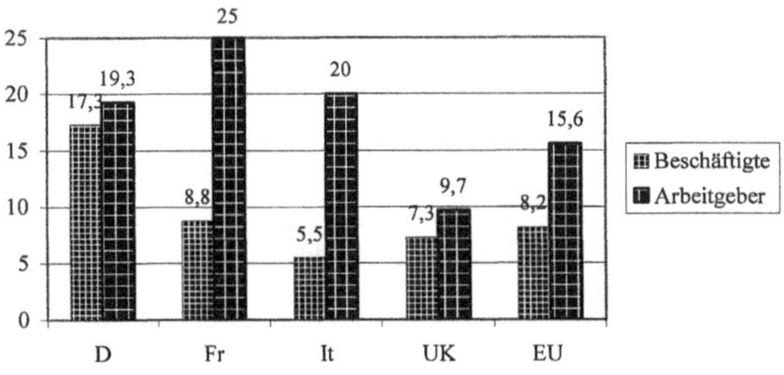

Datenquelle: OECD, 2002*c*, S. 38f., eigene Darstellung.

Diese Werte spiegeln sich auch in den Sozialausgaben als Prozentsatz des BIP wider, der 18,9% für Deutschland, 18,4% für Frankreich, 17,3% für Italien und nur 13,5% in Großbritannien betragen hat.[78]

Für das Wachstum von Volkswirtschaften ist ebenso von Bedeutung, wie stark staatliche Stellen direkt in das Wirtschaftsgeschehen eingreifen und es regulieren, was Institutionen und Gesetze vorgeben, um Gewerbefreiheit zu ermöglichen, persönliche

[78] Zahlen für 1999. Datenquelle: OECD, 2001*a*, S. 36f.

Wahlmöglichkeiten einzuräumen und Wettbewerbsfreiheit zu garantieren. Ein Beispiel zur Messung der Regulierungsintensität und der Qualität der Rechtssysteme ist der seit 1996 veröffentlichte Economic-Freedom-Index des Fraser-Institutes in Vancouver.[79] Dieser Index erfasst für 123 Länder den Grad der ökonomisch relevanten Regulierungen auf fünf Gebieten mit insgesamt 37 Datenkomponenten. Die fünf Hauptgebiete des Index sind: [80]

- Ausmaß der Regierungsbeteiligung bzgl. Ausgaben, Steuern und Anzahl der Unternehmen,
- Rechtsstruktur und Sicherheit der Eigentumsrechte,
- Geldwertstabilität,
- Handelsfreiheit,
- Regulierung des Kredit- und Arbeitsmarktes und des Geschäftslebens.

Die erreichten Ränge des Regulierungsindex (Werte in Anhang 5) wurden in Fünfjahresabschnitten in einem Netzdiagramm dargestellt (Abbildung 4.11). Je höher der Rang, desto stärker die Regulierung. Der äußere Ring wird überwiegend von Italien eingenommen. Das heißt, dass dort im Vergleich mit den anderen drei Ländern die stärkste Regulierung vorliegt, seit 1985 dicht gefolgt von Frankreich und im Jahr 2000 sogar übertroffen.

Abbildung 4.11: Ränge des Regulierungsindex in Fünfjahresabständen, 1970 bis 2000

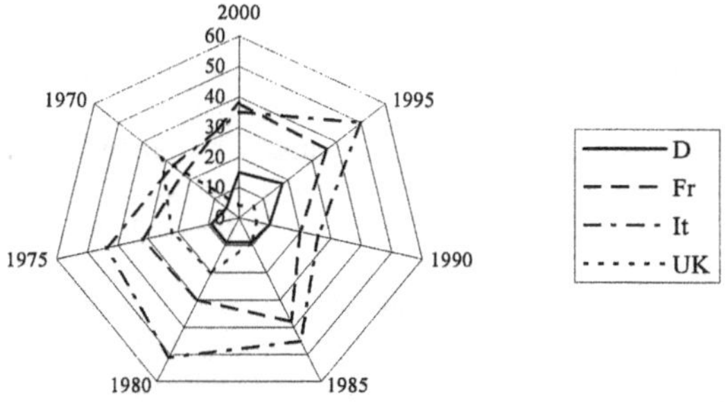

Datenquelle: Gwartney/Lawson, 2002, Dataset, eigene Darstellung.

Für Deutschland waren im Jahr 1970 sehr geringe Werte für die Regulierung zu verzeichnen. Seit diesem Anfangsjahr geht die Bewegung deutlich nach außen, zu höheren Regulierungsrängen (allerdings mit nach wie vor deutlichem Abstand zu Italien und Frankreich). Das Gegenteil ist für Großbritannien der Fall. Hatte Großbritannien 1970 mit 32 noch den höchsten Regulierungsindex vor Italien mit 27, Frankreich mit 23 und Deutschland mit Rang 5, so hat Großbritannien im Jahr 2000 mit Rang 4 nun

[79] Weitere Beispiele sind Indizes des World Economic Forum (Global Competitiveness Report), Genf, der Heritage Foundation (Index of Economic Freedom), Washington sowie der OECD, 1994, S. 152ff.

[80] Vgl. Fraser Institute, 2002, S. 6.

den geringsten Wert aller vier Länder, gefolgt von Deutschland (15), Italien (35) und Frankreich (38).
Die Gründe für den gegenwärtigen enormen Abstand zwischen den Ländern liegen darin, dass es Großbritannien in der Thatcher-Area seit 1979 gelungen ist, den Regierungsanteil bei den Ausgaben drastisch zu reduzieren, Staatsunternehmen zu privatisieren und vor allem den Kredit- und Arbeitsmarkt zu deregulieren. Das gelang den kontinentaleuropäischen Ländern noch nicht in diesem Ausmaß. Im Vergleich zu Großbritannien haben sie damit bei der notwendigen Flexibilität beim Strukturwandel einen deutlichen Nachteil.

4.3 Außenwirtschaftliche Determinanten des Strukturwandels

Neben den binnenwirtschaftlichen Determinanten für den Strukturwandel gibt es Determinanten, die die Integration einer Volkswirtschaft in der Weltwirtschaft und ihre Bedeutung für andere Volkswirtschaften aufzeigen und ihr Wachstum beeinflussen - die außenwirtschaftlichen Determinanten. Durch die zunehmende Globalisierung kommt ihnen beim Strukturwandel steigendes Gewicht zu. Als wichtigste Determinanten sollen der Außenhandel (Kapitel 4.3.1) und die Direktinvestitionen (Kapitel 4.3.2) behandelt werden.

4.3.1 Außenhandel

Deutschland hat traditionell einen Außenhandelsüberschuss, d.h. die Exporte von Gütern überwiegen die Importe, währenddessen die anderen drei Länder hierbei traditionell Defizite zu verzeichnen haben. So wurde z.B. in Deutschland im Jahr 1990 ein Ausfuhrüberschuss von 709 € pro Kopf der Bevölkerung erzielt, der im Jahr 2000 sogar noch auf 719 € stieg (Abbildung 4.12). In Frankreich, Italien und Großbritannien wurden dagegen mehr Güter importiert als exportiert; pro Kopf der Bevölkerung war der Einfuhrüberschuss im Jahr 2000 mit 1062 € in Großbritannien von den vier Vergleichsjahren am größten.
Zur Bewertung eines Außenhandelsüberschusses gibt es unterschiedliche Positionen. Zum einen sind hohe Exportüberschüsse für eine Volkswirtschaft kein lohnendes Ziel und kein Beleg für gute Standortqualität, sondern sie können stattdessen sogar ein Indiz für unzureichende Attraktivität im Standortwettbewerb sein. Denn ein Land, dass mehr exportiert als es importiert, legt einen Teil seiner Ersparnisse im Ausland an, statt sie im Inland zu investieren.[81] Exporte sind ein Mittel zur Erwirtschaftung von Devisen für die Finanzierung von billigeren und/oder qualitativ hochwertigeren Gütern aus dem Ausland. Sie stellen damit eine Art 'Umwegproduktion' mit dem Ziel eines höheren Pro-Kopf-Einkommens dar. Das Exportvolumen ist auch ein Indikator für die Offenheit einer Volkswirtschaft und zeigt ihre Wettbewerbsvorteile an. Denn Wettbewerbsfähigkeit wird mit der Absatzfähigkeit inländischer Produkte auf dem Weltmarkt gleichgesetzt (Ability to Sell).[82]

---

[81] Vgl. Klodt/Schmidt, 1989, S. 3. Definitionsgemäß entspricht der Überschuss in der Leistungsbilanz, der sich aus dem Überschuss in der Handels-, Dienstleistungs- und/oder Übertragungs-Bilanz zusammensetzt, dem Defizit in der Kapitalbilanz, von einer Veränderung der Währungsreserven abgesehen.

[82] Vgl. Kühnel, 2003, S. 756.

Abbildung 4.12: Außenhandelssaldo (Güterhandel) pro Kopf der Bevölkerung in €, 1970-2000

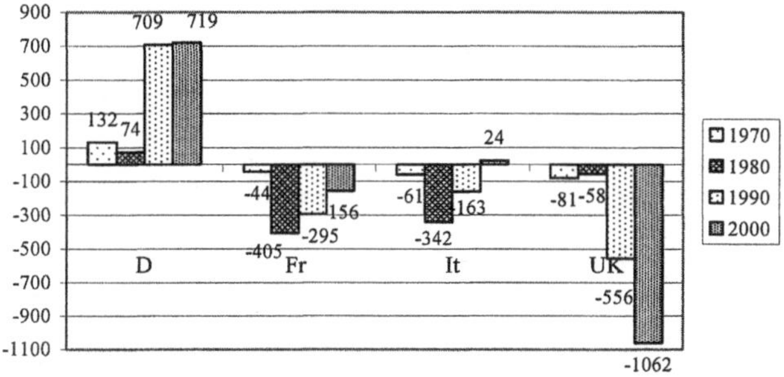

Datenquelle: Statistisches Bundesamt, Statistisches Jahrbuch für das Ausland, verschiedene Jahre, eigene Berechnungen.

Was Außenhandel *langfristig* allerdings nicht leisten kann, ist die Lösung von Beschäftigungsproblemen. Denn zusätzlicher Außenhandel wirkt auf dem Arbeitsmarkt vor allem durch eine Verlagerung der *Struktur* der Arbeitsnachfrage und nicht durch die Veränderung des Beschäftigungs*niveaus*.[83] Ein wichtiger Aspekt dieser Wirkungen auf die Struktur der Arbeitsnachfrage wurde bei den außenwirtschaftlichen Erklärungsansätzen für sektoralen Wandel in Kapitel 3.4.1 beim Handel mit Entwicklungs- und Schwellenländern erläutert.

4.3.1.1 Dienstleistungshandel

Die vier wirtschaftsstärksten Länder Europas sind bedeutende Länder des Dienstleistungshandels. Im Jahr 2000 war Großbritannien unter den OECD-Ländern der zweitgrößte Dienstleistungs*exporteur* nach den USA mit einem Anteil am Weltexport von 7,9% (USA 19,9%). Deutschland nimmt den dritten Rang mit einem Anteil von 5,8% ein, Frankreich ist viertgrößter Exporteur mit 5,5% Anteil, Italien nach Japan (4,7%) Sechster mit 3,8% Exportanteil. Deutschland ist bei den Dienstleistungs*importen* größter Empfänger nach den USA (14,5%) mit 9,1%, dann folgen Japan mit 7,8%, Großbritannien mit 6,4%, Frankreich mit 4,2% und Italien mit 3,7% Anteil an den OECD-Dienstleistungsimporten.[84]

---

[83] Vgl. Edler et al. 1998, S. 140f.

[84] Vgl. OECD, 2002*e*, S. 8. Dies ist die erste Veröffentlichung zu Statistiken des Dienstleistungshandels nach Handelspartnern, ebenda S. 3.

Tabelle 4.19: Größte drei der Dienstleistungshandelspartner mit Volumen und Welthandels-Anteil, nach Berichtsland, 2000

Berichtsland	Partner	Rang	Export		Import		Saldo (in Mio. US$)
			Mio. US$	Anteil	Mio. US$	Anteil	
Europäische Union Extra-EU Handel	Welt	-	280 467	100,0	273 163	100,0	7 304
	USA	1	111 110	39,6	109 227	40,0	1 883
	Schweiz	2	30 378	10,8	26 662	9,8	3 716
	Japan	3	16 999	6,1	9 414	3,4	7 585
Deutschland	Welt	-	85 723	100,0	136 629	100,0	- 50 906
	EU	1	43 955	51,3	76 176	55,8	- 32 221
	USA	2	15 492	18,1	19 710	14,4	- 4 218
	Schweiz	3	5 434	6,3	7 812	5,7	- 2 378
Frankreich	Welt	-	81 511	100,0	62 380	100,0	19 131
	EU	1	43 106	52,9	31 100	49,9	12 006
	USA	2	17155	21,0	11 727	18,8	5 428
	Schweiz	3	5088	6,2	3 364	5,4	1 724
Italien	Welt	-	56 013	100,0	56 022	100,0	- 9
	EU	1	31 435	56,1	28 984	51,7	2 451
	USA	2	7 766	13,9	9 750	17,4	- 1 984
	Schweiz	3	3 102	5,5	3 195	5,7	- 93
Großbritannien	Welt	-	117 240	100,0	96 393	100,0	20 847
	EU	1	46 554	39,7	48 748	50,6	- 2 194
	USA	2	28 044	23,9	18 852	19,6	9 192
	Arabische Golfstaaten/ Schweiz*	3	4 923	4,2	2 439	2,5	2 484

* Arabische Golfstaaten sind Exportpartner, Schweiz ist Importpartner jeweils mit Rang 3
Quelle: OECD, 2002*e*, S. 14ff., eigene Berechnungen.

Deutschland ist das einzige unter den vier Ländern mit einer defizitären Dienstleistungshandelsbilanz und zwar gegenüber jedem der drei größten Dienstleistungs-Handelspartner und auch gegenüber der gesamten Welt (Tabelle 4.19). Italien hat gegenüber den USA und geringfügig gegenüber der Schweiz ein Dienstleistungshandelsdefizit, Großbritannien gegenüber der Europäischen Union. Mit Ländern der Europäischen Union wird im Jahr 2000 in allen vier Ländern der größte Anteil des Dienstleistungshandels abgewickelt. Bis auf Großbritannien, das nur 40% seines Dienstleistungsexports mit der EU abwickelt, sind es für die restlichen drei Länder sowohl beim Export als auch beim Import jeweils über 50%. Der zweitgrößte Dienstleistungshandelspartner sind die USA mit Anteilen, die von 14% bis 24% reichen, die Schweiz an jeweils dritter Stelle fällt mit ihren Anteilen von 2,5% bis 6,3% schon deutlich ab.

Wird die Punktbetrachtung des Dienstleistungshandels nach Handelspartnern für das Jahr 2000 um eine Zeitreihenbetrachtung der Anteile an den Gesamtvolumina des Dienstleistungshandels der vier Länder für die Jahre 1987 bis 1998 ergänzt (Abbildung

4.13), so zeigt sich, dass Deutschland mit Abstand der größte Dienstleistungsimporteur der vier Länder ist, aber erst nach Frankreich der zweitgrößte Dienstleistungsexporteur. Dementsprechend ergibt sich aus den Salden des Dienstleistungshandelsvolumens für die Jahre 1987 bis 1998 (Graphik s. Anhang 6), dass Deutschland das einzige der vier Länder mit einem Passivsaldo (auch für jedes der 12 Jahre) beim Dienstleistungshandel ist, d.h. Deutschland importiert mehr Dienstleistungen als es exportiert. Damit handelt Deutschland Dienstleistungen konträr zu Frankreich, denn der deutsche durchschnittliche Passivsaldo von 26829 Mio. US$ ist fast doppelt so hoch wie Frankreichs Aktivsaldo von 14597 Mio. US$. Frankreich hat in keinem der 12 Jahre ein Defizit, Italien von 1989 bis 1992. Großbritannien hat mit einem durchschnittlichen Überschuss von 9540 Mio. US$ - dem zweitgrößten nach Frankreich - ebenfalls, wie auch die Europäische Union gesamt, für alle 12 Jahre einen Handelsüberschuss bei den Dienstleistungen zu verzeichnen.

Abbildung 4.13: Anteile des jeweiligen Dienstleistungsexports, bzw. -imports an der Gesamtsumme des Dienstleistungsexports-, bzw. -importvolumens der vier Länder, 1987 bis 1998

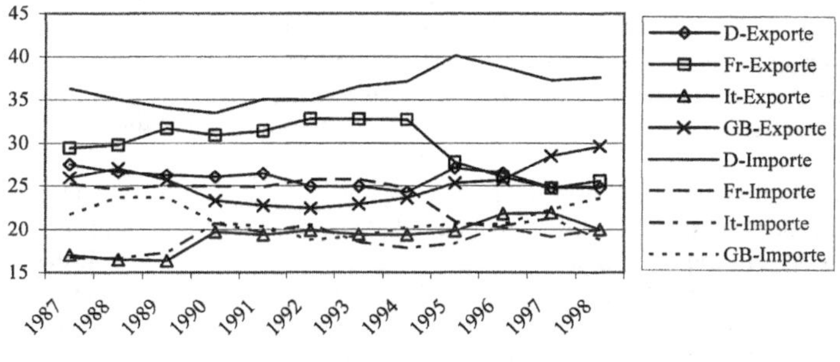

Datenquelle: OECD/Eurostat, 1998 und 2000, eigene Berechnungen.

Ein Vergleich zwischen Güter- und Dienstleistungshandel zeigt, dass die Anteile am gesamten Außenhandel bei dem traditionell stark Güter exportierenden Deutschland bei den Zahlungsausgängen für Dienstleistungen nahezu konstant bei unter einem Viertel liegen, d.h. mehr als drei Viertel des Exports werden nach wie vor mit Gütern abgewickelt (Anhang 7). Damit ist der Anteil der Dienstleistungsexporte am gesamten Außenhandel im Vergleich zu den anderen drei Ländern in Deutschland am geringsten und enthält somit Entwicklungspotential. Dagegen haben die Anteile der Zahlungsausgänge für Dienstleistungen, d.h. die Importe über den betrachteten Zeitraum leicht um ca. 2% zugenommen und liegen wie bei den anderen drei bei einem Anteil von nahe 22%. In den restlichen drei Ländern haben sich nur in Italien leichte Verschiebungen zugunsten der Anteile der Dienstleistungen sowohl bei den Ex- als auch Importen ergeben.

Interessant ist nun aufzuschlüsseln, von welchen Branchen Dienstleistungen am stärksten nachgefragt werden und zum Überschuss/Defizit beim Dienstleistungsaußenhandel mit welchem Anteil beitragen. In allen vier Ländern sind es die drei Hauptgruppen[85] Reisen, Transport und andere geschäftliche Dienste, die mit Abstand die größten Außenhandelsanteile ausmachen, überwiegend oberhalb von 20%, sowohl bei Zahlungseingängen wie bei -ausgängen (Anhang 8-11, graphische Darstellung in Anhang 12 und 13). Unterschiede bestehen lediglich in der Reihung und in der Höhe der Anteile der Gruppen. Hervorzuheben ist vor allem die Hauptgruppe Andere geschäftliche Dienste, unter der verschiedene Geschäfts- und technische Dienstleistungen zusammengefasst sind, die in allen Ländern bei den Zahlungseingängen aus Dienstleistungs*exporten* den stärksten Anstieg seit 1987 verzeichnete, so in Deutschland um 10,7%,[86] in Frankreich um 14,8%, in Italien um 8,5% und in Großbritannien um 14,2%. Eine gewisse Bedeutung als viertgrößte Gruppe mit Anteilen nahe 10% haben in Großbritannien und lange Zeit in Frankreich die Finanzdienstleistungen gehabt.[87]

Bei den Dienstleistungs*importen* sind die Anteile noch prägnanter auf die o.g. drei Hauptgruppen verteilt. Deutschland, aber auch Großbritannien werden hier ihrem Ruf als Reisenationen gerecht, denn die Zahlungsausgänge haben für die Gruppe Reisen in Großbritannien einen von 35,5% (1987) auf 41,8% (1998) steigenden Anteil, in Deutschland dagegen leicht sinkende, aber mit Abstand die größten Anteile von 44,2% im Jahr 1987 und 37,2% im Jahr 1998, gefolgt von der Gruppe Andere geschäftliche Dienste. Weniger stetig als in Deutschland sind die Anteilsentwicklungen in den anderen drei Ländern verlaufen, denn in Italien und Frankreich gab es sehr deutliche Anteilsschwankungen bei Reise- und Transportdienstleistungen (Anhang 9 und 10).[88]

Die Analyse der Salden aus Zahlungsein- und -ausgängen zeigt die Stellung Deutschlands als Nettoimporteur im Dienstleistungshandel, denn in allen drei Hauptgruppen werden Defizite erzielt, die zum Gesamtdefizit führen (vgl. Anhang 6). Frankreich hat nur in einigen Jahren[89] Handelsdefizite bei den Dienstleistungen erzielt. Italien konnte seine Handelsdefizite im Transport und in der Gruppe Andere geschäftliche Dienste durch seinen Handelsüberschuss in der Gruppe Reisen überkompensieren, Großbritannien gelang dieser Ausgleich für die Defizite bei Transport und Reisen durch die Gruppe Andere geschäftliche Dienste. Außer Deutschland sind die drei anderen europäischen Länder deshalb Nettoexporteure im Dienstleistungshandel, haben also einen Aktivsaldo in der Dienstleistungsbilanz.

---

[85] Zahlungsein- und -ausgänge sind nach dem Zahlungsbilanzschema (Balance of Payments Manual (BPM)) gegliedert, der Außenhandelsstatistik des IMF, die sich an das System der Nationalen Volkswirtschaftlichen Gesamtrechnungen (System of National Accounts: SNA) anlehnt. Vgl. http://www.imf.org/external/np/sta/bopcode/topical.htm.

[86] Das ist bei der aktuell verfügbaren Zahl für 1998 auch der höchste Anteil mit 30,8%.

[87] Stark an Bedeutung verloren haben in Deutschland die Dienstleistungsexporte für Regierungen durch den Abbau von ausländischen Truppen vor allem in Folge der Wiedervereinigung, denn ihr Anteil an den Zahlungseingängen ist von 21,2% im Jahr 1987 auf 5,4% im Jahr 1998 gesunken. Nur Baudienstleistungen liegen noch nahe 5%, alle anderen Dienstleistungsgruppen liegen mit ihren Anteilen darunter.

[88] Die starken Anteilsschwankungen in Frankreich sind mit der Datenrevision aufgrund der Zuordnungsänderungen ab dem Jahre 1995 zu begründen.

[89] 1990-1996 im Transport und 1987-1990 in der Gruppe Andere geschäftliche Dienste.

Da Deutschland als einziges der vier Länder mehr Dienstleistungen importiert als es exportiert, kann hinsichtlich der Tertiarisierung geschlossen werden, dass ein Arbeitsplatzpotential bei den Branchen besteht, deren Importanteile relativ hoch sind und die so zum Handelsdefizit bei Dienstleistungen beitragen. Das sind Transportdienste und Andere geschäftliche Dienste. Das gilt allerdings im geringen Maße für die dritte Gruppe Reisen, denn dort sind die hohen Importanteile durch die Reiselust der Deutschen bedingt.

4.3.1.2 Handel mit IKT-Waren und -Dienstleistungen

Der Wert der 2000 in die EU eingeführten *IKT-Waren* betrug 247 Mrd. US$ und war damit um 159 Mrd. US$ höher als noch im Jahr 1990 (Tabelle 4.20). Durch die um 117,5 Mrd. US$ höheren IKT-Importe als Exporte resultierte im Jahr 2000 ein 5,4-fach höheres Handelsbilanzdefizit als 1990. Die vier hier betrachteten Länder erzielten in beiden Jahren ebenfalls jeweils IKT-Handelsdefizite; einen Handelsüberschuss mit IKT-Waren erzielte in beiden Jahren in der EU nur Irland.
Das jeweils höhere Handelsbilanzdefizit von 2000 ist darauf zurückzuführen, dass die Einfuhren von IKT-Waren stärker stiegen als die Ausfuhren (bis auf Frankreich). Gemessen in absoluten Werten waren Großbritannien und Deutschland 2000 in der EU die bedeutendsten Exporteure von IKT-Waren, gefolgt von den Niederlanden mit 33,8 Mrd. US$.

Tabelle 4.20: Außenhandel mit IKT-Waren (in Mio. US$), 1990 und 2000

	IKT-Einfuhren			IKT-Ausfuhren			IKT-Handelsbilanz	
	1990	2000	Durchschn. jährliches Wachstum 1990-2000 (%)	1990	2000	Durchschn. jährliches Wachstum 1990-2000 (%)	1990	2000
EU	87674	246765	10,9	65990	129292	7,0	-21684	-117473
D	20112	50100	9,6	15830	41047	10,0	-4282	-9053
Fr	12878	29645	8,7	9079	27596	11,8	-3799	-2049
It	9376	17112	6,2	6252	9117	3,8	-3124	-7995
GB	17553	54753	12,0	13187	28629	8,1	-4366	-26124

Datenquelle: OECD, 2002*d*, S. 273, eigene Berechnungen.

Relativ gesehen hatten im Jahr 2000 IKT-Ausfuhren in Großbritannien mit 10,1%, Frankreich mit 9,3% und Deutschland mit 7,5% einen größeren Anteil am gesamten Warenverkehr als im EU-Durchschnitt mit 5,8%, währenddessen dieser Anteil in Italien mit 3,8% noch um einiges darunter lag (Abbildung 4.14 und Anhang 14). Bei den IKT-Einfuhren lag der europäische Durchschnitt dieses Anteils bei 11,3%. Damit lag Großbritannien mit 16,6% deutlich darüber, Deutschland mit 10,2%, Frankreich mit 10,1% und Italien mit 7,5% lagen darunter.
Diese Zahlen unterstreichen die zunehmende Bedeutung der IKT-Waren im europäischen Handel. Denn im Vergleich mit 1990 sind die Anteile der IKT-Waren am gesamten Warenverkehr aller Länder gestiegen, haben sich in Großbritannien bei den Einfuhren und in Frankreich bei den Ausfuhren sogar verdoppelt (Anhang 14).

Abbildung 4.14: IKT-Anteil an den gesamten Wareneinfuhren bzw. -ausfuhren (in %), 1990, 2000

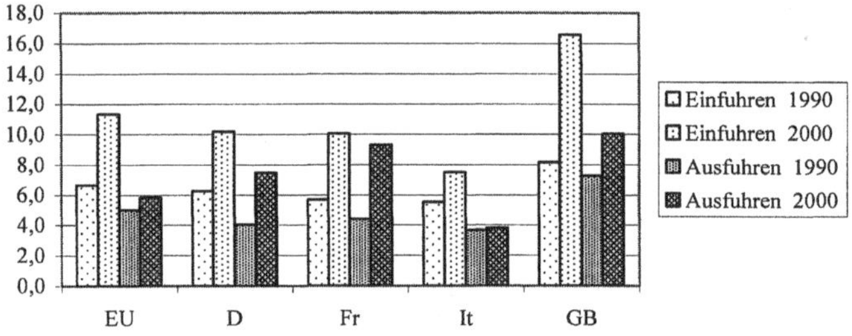

Datenquellen: für den IKT-Handel: OECD, 2002*d*, S. 273; für die Einfuhr/Ausfuhr: Statistisches Bundesamt, 1995, S. 186ff. und 2002*d*, S. 156ff., für die Wechselkurse: Statistisches Bundesamt 1995, S. 129, 2002*d*, S. 98, eigene Berechnungen.

Der Grubel-Lloyd-Index (GLI) für IKT-Warenhandel bestätigt dieses Bild. Dieser Index stellt eine Maßzahl zur Beurteilung der Position eines Landes auf den internationalen Märkten dar und misst den intraindustriellen Handel einer Gütergruppe

(3) $$GLI_t = 1 - \frac{|X_{it} - M_{it}|}{(X_{it} + M_{it})},$$

wobei X und M Exporte und Importe der Gütergruppe i sind. Je mehr sich der Index dem Wert 1 nähert, desto mehr sind die Exporte eines bestimmten Gutes den Importen gleich, d.h. der gesamte Außenhandel ist *intra*sektoral, die industriellen Strukturen der Handelspartner sind vergleichbar. Sind Exporte oder Importe einer bestimmten Güterkategorie Null, so nimmt der Index den Wert Null an, d.h. der gesamte Außenhandel ist *inter*sektoral, die industriellen Strukturen der Handelspartner sind verschieden.[90] Für den Außenhandel mit IKT-Ausrüstung ergaben sich für die drei Jahre 1990, 1995 und 2000 die in Tabelle 4.21 aufgeführten Werte.

Tabelle 4.21: Grubel-Lloyd-Index für den Außenhandel von IKT-Ausrüstung

Land \ Jahr	1990	1995	2000
Deutschland	0,88	0,87	0,90
Frankreich	0,83	0,94	0,96
Italien	0,80	0,84	0,70
Großbritannien	0,86	0,95	0,90

Quelle: OECD, 2002*d*, S. 280.

[90] Vgl. Grubel/Lloyd, 1975. Der GLI kann nach verschiedenen Methoden gewichtet, um Handelsbilanzungleichgewichte bereinigt werden usw. und ist nicht unumstritten. Der Wert konvergiert gegen Null, je stärker man nach Gütergruppen disaggregiert, deswegen wird die empirische Messung des intraindustriellen Handels auch als 'statistisches Artefakt' bezeichnet. Vgl. z.B. Breuss, 2000, S. 7f., OECD, 2002*b*, S. 86.

Da die hier betrachteten IKT-Ausrüstungskomponenten sowohl Computerausrüstung als auch Kommunikationsausrüstung und ebenso elektronische Komponenten enthalten, approximieren sie die Inputs und Outputs des IKT-produzierenden Sektors.[91] Für Deutschland, Großbritannien und besonders stark für Frankreich sind die Werte des GLI in den neunziger Jahren gestiegen, d.h. der IKT-produzierende Sektor hat sich in diesen Ländern stärker spezialisiert, der intrasektorale Handel hat zugenommen. In Italien war stattdessen das Gegenteil der Fall.

Wegen der immateriellen Eigenschaft der Dienstleistungen und der zunehmenden Komplexität der Lieferbedingungen ist der Handel mit Dienstleistungen im Allgemeinen und mit *IKT-Dienstleistungen* im Besonderen schwer zu quantifizieren. Außerdem sind die Abgrenzungen zwischen den Ländern bzgl. der Definitionen und der Qualität der Datensammlungen sehr unterschiedlich.[92] Zudem muss berücksichtigt werden, dass die IKT-Dienstleistungen in der Summe des gesamten Dienstleistungshandels enthalten sind. Insofern kann hier nur eine tiefere Aufspaltung erfolgen. Anhand der verfügbaren Zahlen in Tabelle 4.22 kann gezeigt werden, dass der Handel mit IKT-Dienstleistungen nicht unbeachtlich ist. Frankreich und Großbritannien haben sowohl für Kommunikations- als auch für Computer- und Informations-Dienstleistungen einen positiven Handelssaldo aufzuweisen, dagegen Italien und noch mit größerem Volumen Deutschland ein Handelsdefizit.

Tabelle 4.22: Außenhandel mit IKT-Dienstleistungen (Mio. US$) und Anteil der Summe der IKT-Dienstleistungen am gesamten Warenhandel (in %), 2000

	Kommunikations-Dienstleistungen		Computer- und Informations-Dienstleistungen		Anteil der Summe der IKT-Dienstleistungen am gesamten Warenhandel	
	Import	Export	Import	Export	Import	Export
EU	13938	12572	13538	20718	1,3	1,5
Deutschland	3150	1436	4836	3716	1,6	0,9
Frankreich	1143	1322	742	807	0,6	0,7
Italien	1935	1274	926	448	1,3	0,7
Großbritannien	2310	2505	1150	3684	1,0	2,2

Datenquelle: OECD, 2002*d*, S. 39, eigene Berechnungen.

Die Anteile der Summe der IKT-Dienstleistungen am gesamten Warenhandel zeigen für Frankreich mit 0,6% einen um mehr als die Hälfte geringeren Anteil als im europäischen Durchschnitt, was auf Nachholbedarf schließen lässt. Deutschland hat im Vergleich zum europäischen Durchschnitt und den anderen drei Ländern den größten prozentualen Anteil der Dienstleistungsimporte am gesamten Warenhandel, Großbritannien ist anteilsmäßig größter IKT-Dienstleistungsexporteur.

Wünschenswert wäre neben dieser Punktbetrachtung für das Jahr 2000 eine Zeitreihenbetrachtung gewesen, um das Wachstum darstellen zu können. Dies ist aus den o.g. Gründen nicht möglich, da vergleichbare Daten noch nicht zur Verfügung stehen. Es

[91] Vgl. OECD, 2002*b*, S. 86.

[92] Ebenda, S. 39.

ist lediglich für die OECD bekannt, dass der Export von Kommunikationsdienstleistungen im Zeitraum von 1995 bis 2000 um 33% stieg, während der Import geringer um 18% stieg. Bei Computer- und Informationsdienstleistungen war es in dieser Periode ein Wachstum um 173% bei Exporten und 146% bei Importen.[93] Gerade bei den Computer- und Informations-Dienstleistungen wird sich dieses Wachstum wegen der momentanen weltweiten Wachstumsschwäche und den Turbulenzen in der New Economy sicher im nächsten Fünfjahreszeitraum nicht in diesem Ausmaß fortsetzen. Der Sondereinfluss durch das Jahr-2000-Problem wurde bereits erwähnt.

Entsprechend den Ausführungen zu Beginn des Kapitels 4.3.1 zur Bewertung von Außenhandelsüberschüssen ist es schwierig, eine Einschätzung der unterschiedlichen Außenhandelssituation Deutschlands gegenüber den drei anderen Ländern zu geben. Einerseits ist Deutschland mit dem traditionellen Handelsüberschuss im Güterhandel eine hohe Wettbewerbsfähigkeit zuzusprechen, was durch die nach wie vor sehr hohen Handelsanteile des Güterhandels ein großes Gewicht erhält. Andererseits bestehen hinsichtlich der Tertiarisierung und Informatisierung bei Handeldefiziten Entwicklungspotentiale für neue Arbeitsplätze, wenn es gelingt, Dienstleistungen und IKT-Güter attraktiv für Handelspartner im Ausland zu machen.

4.3.2 Direktinvestitionen

4.3.2.1 Die gesamtwirtschaftliche Bedeutung von Direktinvestitionen

Neben den Handelsverflechtungen spielen die Direktinvestitionen (Foreign Direct Investment: FDI) im internationalen Wirtschaftsgefüge eine wichtige Rolle, indem sie die ökonomische Integration fördern und die treibende Kraft für die weltweite ökonomische Reorganisation der letzten 15 Jahre waren, d.h. zur Globalisierung (vgl. Kapitel 3.4.2) beitrugen. Die Direktinvestitionszuflüsse auf der gesamten Welt erreichten 1980 ca. 2% der globalen heimischen Bruttoinvestitionen und stiegen bis ins Jahr 2000 auf einen Anteil von 20%. Ihr durchschnittliches jährliches Wachstum von 20% zwischen 1990 und 2000 war wesentlich größer, als das des BIP ((4%), der heimischen Investitionen (3,7%), der Lizenzzahlungen (9%) und des Handels (5%).[94]

Die Höhe des Zuflusses von Direktinvestitionen wird als Indikator der Attraktivität eines Standortes (Ability to Attract) und somit als Ausdruck seiner Wettbewerbsfähigkeit angesehen.[95] Es gibt zahlreiche soziale, politische und institutionelle Faktoren, die das Ausmaß und die Richtung der Direktinvestitionsströme beeinflussen. Das sind u.a. die makroökonomische Stabilität des Empfängerlandes, die Qualität der Infrastruktur und des Vertragswesens, das Niveau der Besteuerung und die Qualifikation der Arbeitskräfte.[96]

---

[93] Vgl. OECD, 2002*b*, S. 39.

[94] Ders., 2002*d*, S. 87.

[95] Vgl. Kühnel, 2003, S. 756.

[96] Zu den Empfänger-Länder-Determinanten für Direktinvestitionen vgl. UNCTAD, 1998, S. 91.

Determinanten für Direktinvestitionen sind vor allem Marktfaktoren, wie die Marktgröße und das Marktwachstum sowie die räumliche Nähe zwischen Stamm- und Gastland, d.h. dem Empfängerland der Direktinvestitionen. Agglomerationsfaktoren wie das relative Gewicht der Branche im Gastland, die Ähnlichkeit der Ausstattung mit Humankapital zwischen Stamm- und Gastland, der Bestand an technologischem Wissen, sowie das Ziel der arbeitsteiligen Verflechtung über Netzwerkstrategien sind weitere Determinanten. Zu nationalen Kostendifferenzen, insbesondere den Lohnkosten, die als eine der Hauptdeterminanten für Direktinvestitionen gelten, gibt es dagegen widersprüchliche empirische Ergebnisse.[97]
Die Qualität eines Wirtschaftsstandortes zeigt sich somit auch an den Kapitalbewegungen, die mit Erweiterungen des Marktzutritts und mit der Errichtung/Erweiterung von Produktionsstätten verbunden sind - den Direktinvestitionen. Ein wichtiger Aspekt bei Direktinvestitionen ist, dass lokale Firmen aus der Präsenz sehr produktiver multinationaler Unternehmen durch Lern- und Aufholeffekte profitieren können. Dieser Effekt ist in der Literatur als Veblen-Gerschenkron-Effekt bekannt.[98]

Direktinvestitionen können von Einzelpersonen oder Unternehmen durchgeführt werden und schließen den Erwerb oder die Gründung von Unternehmen, Produktionsstätten und Zweigniederlassungen im Ausland sowie alle folgenden Transaktionen ein. Die Direktinvestitionen sind Teil der langfristigen Kapitalbewegungen und beinhalten, dass der Investor einen signifikanten Einfluss auf das Management des erworbenen ausländischen Unternehmens ausübt, indem er mindestens 10% der Stammaktien oder Stimmrechte eines Unternehmens besitzt.[99] Sie setzen sich aus dem Beteiligungskapital, d.h. den erworbenen Anteilen am Unternehmen, re-investierten, d.h. nicht ausgeschütteten Gewinnen, sowie kurz- oder langfristig gewährten oder empfangenen Krediten zwischen Mutter- und Tochtergesellschaften zusammen.[100]

Motive für Direktinvestitionen können u.a. die Erschließung und direkte Belieferung neuer Absatzmärkte und die Umgehung von Handelsschranken (Market-seeking), die Erzielung von Größenvorteilen, Unterschiede in den Faktorkosten und in den politischen und rechtlichen Rahmenbedingungen, d.h. effizienzorientierte Motive (Efficiency-seeking), die Sicherung strategischer Positionen z.B. beim Bezug von Rohstoffen oder Vorprodukten (Strategic Asset-seeking) sein.[101]

Seit 1998 hat die Europäische Union die USA sowohl als Investor als auch als Empfänger von Direktinvestitionen übertroffen. Die Position der Europäischen Union als wichtigste Quelle der Direktinvestitionen in der Welt hat sich im Jahr 2000 bestätigt,

---

[97] Einen Literatur-Überblick zu empirischen internationalen Untersuchungen der Bestimmungsfaktoren für Direktinvestitionen findet sich bei Borrmann et al., 2001, S. 81ff. Netzwerkstrategien werden vor allem in Kapitel 2.2 und 2.3 o.g. Veröffentlichung untersucht.

[98] Eine neuere empirische Analyse zum Veblen-Gerschenkron-Effekt der Direktinvestitionen mittels Panel-Schätzungen für das Mezzogiorno und Ostdeutschland findet sich bei Peri/Urban, 2002.

[99] Investitionen, deren Betrag 10% des Stammkapitals nicht erreichen, werden als Portfolio-Investitionen bezeichnet. Vgl. OECD, 2001*b*, S. 98.

[100] Vgl. UNCTAD, 2000, S. 267.

[101] Zu den Motiven für Direktinvestitionen vgl. z.B. Maennig/Wilfing, 1998, S. 289, Kortmann, 1998, S. 78.

als die Abflüsse der Direktinvestitionen zum siebten Mal in Jahresfolge stiegen. Das steigende Volumen der Direktinvestitionen in Europa ist teilweise in der zunehmenden Integration des europäischen Marktes und der Liberalisierung der nationalen Märkte begründet. Die am meisten betroffenen Bereiche waren in den 1990er Jahren der Dienstleistungssektor einschließlich der Finanzbereiche, Telekommunikation und Transport.[102] Dieser Anstieg der Direktinvestitionen hat allerdings überwiegend zur Akquisition oder Kapazitätserweiterung bestehender Unternehmen, d.h. zu einem Wechsel der Eigentümer, statt zur Neugründung von Unternehmen geführt.[103]

Abbildung 4.15: Direktinvestitionen im Zehnjahres-Durchschnitt (Mio. US$.), 1970 bis 1999

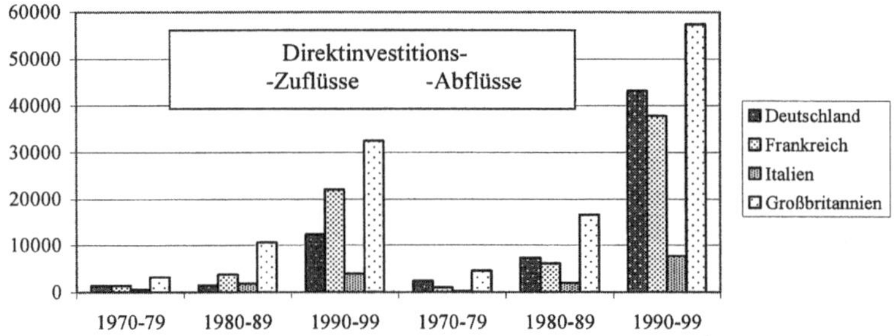

Datenquelle: UNCTAD, World Investment Report, verschiedene Jahrgänge, eigene Berechnungen.

Wie Abbildung 4.15 zeigt, haben die vier betrachteten Länder sich stärker im Ausland mit Direktinvestitionen engagiert, als sie Direktinvestitionen empfingen. Der Unterschied ist am stärksten in Deutschland, wo die Direktinvestitionen im Ausland (Abflüsse) im Durchschnitt von 1982 bis 1999 das 4,6-fache der Investitionen des Auslands im Inland (Zuflüsse) betragen. In Frankreich, Italien und Großbritannien ist es stattdessen das 1,6-, 1,7- bzw. 1,8-fache. Nach Großbritannien fließen jeweils die mit Abstand höchsten Investitionssummen, Großbritannien ist unter den vier Ländern aber auch das Ursprungsland der höchsten Direktinvestitionssummen.

Tabelle 4.23: Anteile der Direktinvestitions-Zuflüsse an den Bruttoinvestitionen (in %), Fünfjahres-Durchschnitte, 1971 bis 2000

Durchschnitt der Jahre / Land	1971-75	1976-80	1981-85	1986-90	1991-95	1996-00
Deutschland	2,1	0,8	0,6	1,8	1,2	14,1
Frankreich	1,8	1,9	2,0	4,4	7,5	12,5
Italien	1,8	0,8	1,1	2,0	1,6	2,8
Großbritannien	7,3	8,4	5,4	14,4	9,3	27,8

Quelle: wie Abbildung 4.15.

[102] Vgl. UNCTAD, 2002, S. 40.

[103] Vgl. OECD, 2001*b*, S. 98.

Werden nicht absolute Summen wie in Abbildung 4.15 betrachtet, sondern die Anteile der Direktinvestitionen des Auslands zu den Bruttoinvestitionen der einzelnen Länder ins Verhältnis gesetzt (Tabelle 4.23), so bestätigt sich das Bild von den Rangfolgen der Bedeutung von Investitionen für die einzelnen Länder. Großbritannien hat von den vier Ländern die mit Abstand größten Investitionsanteile, im letzten Zeitraum ist es das Zehnfache der italienischen Anteile. Deutschland konnte das Land mit den zweithöchsten Anteilen, Frankreich, im letzten betrachten Fünfjahreszeitraum überholen. Der Grund dafür ist die zunehmende Bedeutung von grenzüberschreitenden Fusionen und Unternehmensaufkäufen (Mergers & Acquisitions: M&A), die nicht zuletzt durch den seit 1997 boomenden Aktienmarkt und den steigenden Wert der eigenen Aktien der am Aktienmarkt notierten Unternehmen als Transaktionswährung forciert wurden, aber auch mit der fortschreitenden Integration und Liberalisierung in den meisten europäischen Wirtschaftsbereichen zu begründen sind. Die davon am meisten betroffenen Wirtschaftsbereiche waren die des Dienstleistungssektors und davon vor allem Finanzdienste, Telekommunikation, Medien und Transport.[104] So waren im Jahr 2000 die Übernahme des Mobilfunkbereichs der deutschen Mannesmann AG durch die britische Vodafone Group mit 202,8 Mrd. US$ die weltweit größte und die Übernahme der britischen Telekommunikationssparte der Orange AG durch France Telekom mit 46 Mrd. US$ die zweitgrößte der abgeschlossenen Transaktionen.[105] Im nächsten Kapitel wird die wachsende Bedeutung dieser Direktinvestitionsflüsse sektoral aufgeschlüsselt.

Das relativiert auch die Diskussion über das Verhältnis von Zuflüssen zu Abflüssen bei Direktinvestitionen. Noch immer wird es in Veröffentlichungen als negativ dargestellt,[106] dass wie z.B. in Deutschland das Volumen der abfließenden Direktinvestitionen wesentlich höher ist als das der zufließenden Direktinvestitionen.[107] Der Vorwurf lautet dann, dass es Deutschland nicht gelänge, ausreichend ausländische Investitionen zu attrahieren. Das führe zu entgangenen Einkommens- und Beschäftigungsmöglichkeiten und außerdem über Gewinnverlagerungen ins Ausland zu gesamtwirtschaftlichen Einkommenseinbußen. Kapital jedoch, das im Ausland investiert wird, koste Arbeitsplätze in Deutschland. Dabei wird nicht berücksichtigt, dass Deutschland Heimatland großer multinationaler Unternehmen ist, deren Investitionen oftmals der Markterweiterung dienen und somit den Stand des eigenen Unternehmens sichern helfen. Außerdem erfolgen oftmals Zulieferungen an Tochterunternehmen als Exporte aus dem Inland, die ebenfalls Arbeitsplätze in der Exportindustrie schaffen oder erhalten.

Der von der UNCTAD erstmals im Jahr 2002 veröffentlichte und bis ins Jahr 1988 zurückgerechnete Direktinvestitions-Index der relativen Attraktivität von Gastländern

---

[104] Vgl. UNCTAD, 2000, S. 35f.

[105] Ders., 2001, S. 244.

[106] Vgl. Klodt/Schmidt et al., 1989, S. 44, Borrmann et al., 2001, S. 23.

[107] Diese Tatsache trifft für den Zeitraum 1992 bis 2001 übrigens für alle G7-Staaten mit Ausnahme der USA zu, die als einziges großes Industrieland Netto-Empfänger sind und zwar i.o. Zeitraum mit kumulierten Direkt-Investitionsflüssen in einer Höhe von 242,6 Mrd. US$. Großbritannien ist in diesem Zeitraum mit kumulierten 389,8 Mrd. US$ der größte Netto-Geber, Frankreich mit 291,6 Mrd. US$ nach Japan an dritter Stelle, Deutschland mit 135,1 Mrd. US$ an vierter und Italien 37,1 Mrd. US$ an siebter Stelle aller OECD-Länder. Vgl. OECD, 2002*g*, S. 17.

(Inward FDI Potential Index) bescheinigt Deutschland sowohl für den Zeitraum 1988-1990 mit einem Rang von neun unter 140 Ländern als auch für den Zeitraum 1998-2000 mit einem Rang von 20 ein hervorragendes Attraktivitäts-Potential zur Anziehung von Direktinvestitionen, wobei die Unterschiede zu Frankreich (1988-1990: Rang 13, 1998-2000: Rang 19), Italien (23, 27) und Großbritannien (14, 17) relativ gering sind.[108]

Am aktuellen Rand, d.h. in den Jahren 2000 und 2001, haben die Direktinvestitionsströme ihren größten Einbruch in den letzten Dekaden gehabt. In den OECD-Ländern gesamt sanken die Direktinvestitions-Zuflüsse von ihrem Allzeithoch mit 1,27 Billion US$ um 56% auf 566 Milliarden US$. Vorläufige Daten für die erste Hälfte von 2002 zeigen, dass sich der Rückgang der Direktinvestitionen fortsetzt, aber mit einer verminderten Rate. Dies wird als Rückkehr zur Normalität bezeichnet, die den extrem hohen Transaktionen der späten Neunziger und des Jahres 2000 folgt. Der Boom dieser Jahre liegt, wie bereits mehrfach erwähnt, in der offensichtlichen Überentwicklung der Aktienmärkte begründet, vor allem im Telekommunikations- und Hochtechnologiesektor. Rekorde bei den Aktienkursen haben die Liquidität der Unternehmen in die Höhe getrieben und damit ihre Möglichkeiten, andere Unternehmen zu kaufen und für die Besitzer die Anreize zu verkaufen. Grenzüberschreitende Übernahmen wurden außerdem noch durch eine Welle von Privatisierungen in den späten neunziger Jahren begleitet. Das Platzen der Spekulationsblase hat diesen Übertreibungen ein Ende gemacht. Der Rückgang der Akquisitionen kann aber auch mit dem Verlust des Vertrauens der Investoren nach bekannt gewordenen massiven Manipulationen bei Geschäftsberichten begründet werden.[109]

Die Ausführungen zur wachsenden Bedeutung der Direktinvestitionen im gesamtwirtschaftlichen Maßstab der vier Länder werden im folgenden Kapitel noch durch eine sektorale Betrachtung zur steigenden Bedeutung der Direktinvestitionen (FDI) bei Dienstleistungen und bei IKT ergänzt.

4.3.2.2 Direktinvestitionen im Dienstleistungsbereich und im IKT-Bereich

Direktinvestitionen können mit einer Vielzahl von Betrachtungsvarianten analysiert werden, so z.B. nach inländischen und ausländischen FDI-Beständen, nach ihren jeweiligen Zu- und Abflüssen, nach Inlands- und Auslandssalden. In bestimmten Regionen, wie z.B. der Europäischen Union (EU), kann nochmals untergliedert werden nach den Zu-/Abflüssen in die EU und aus der EU. Alle diese Varianten haben ihre Vor-

---

[108] Vgl. UNCTAD, 2002, Kap. 2. Dieser Index ist ein ungewichteter Durchschnitt der normalisierten Werte von 8 Variablen: 1. Wachstumsrate des BIP, 2. Pro-Kopf-BIP, 3. Anteil des Exports am BIP, 4. Telefonanschlüsse pro 1000 Einwohner (als Teil der physischen Infrastruktur für Geschäftsabschlüsse), 5. verbrauchte kommerzielle Energie pro Kopf (Proxy-Variable für die Verfügbarkeit und Kosten von Energie), 6. FuE-Ausgaben als Anteil am BVE (Proxy-Variable für die technologische Leistungsfähigkeit einschl. der Innovations-Kapazität), 7. Studenten in Fach- und Hochschulen als Anteil an der Bevölkerung (Bildungskomponente), 8. Länder-Risiko des International Country Risk Guide (politische, finanzielle und ökonomische Risiken).

[109] Vgl. OECD, 2002*f*, S. 3.

und Nachteile, zeigen Teilaspekte auf oder verdecken sie. Die Daten dafür sind teilweise nur global verfügbar oder auch manchmal regional/sektoral tief gegliedert. Zunächst soll deshalb in diesem Kapitel mit einer Zweipunktbetrachtung für 1988 und 1997 ein Überblick gegeben werden, wie sich weltweit die inländischen Direktinvestitionsbestände sektoral aufteilen (Tabelle 4.24). Diese Aufteilung ist weder für die EU, geschweige denn für die vier hier betrachteten Länder verfügbar, gibt aber einen guten Überblick über die Verschiebung der sektoralen Anteile. Nach dem sektoralen Welt-Überblick werden die Wachstumsraten der Direktinvestitionszuflüsse für die Jahre 1996-99 ins Verhältnis zu ausgewählten Variablen der Entwicklung marktbestimmter Dienstleistungen in der EU gesetzt (Tabelle 4.25). Diese Daten sind nur für die EU gesamt verfügbar, wie auch die darauf folgende sektorale Aufteilung der Anteile der FDI-Abflüsse und -Zuflüsse für marktbestimmte Dienstleistungen (Tabelle 4.26), die die Gewichtung der Dienstleistungsbereiche bei den Direktinvestitionen aufzeigen. Anschließend wird kurz auf die regionale Verteilung der FDI-Bestände im EU-Dienstleistungssektor eingegangen, und sie werden zur Bruttowertschöpfung ins Verhältnis gesetzt. Zum Schluss werden FDI-Flüsse der IKT-Herstellung für die vier hier betrachteten Länder 1990-1999 analysiert.

Bereits 1988 war weltweit der Anteil der Direktinvestitionsbestände im Bereich der Dienstleistungen größer als der Anteil in der Herstellung (Tabelle 4.24). Im Vergleich von 1988 auf 1997 ist der Anteil der Direktinvestitionsbestände im Bereich der Dienstleistungen von 42,3% auf 48,5% stärker gestiegen, als der Anteil in der Herstellung von 41,4% auf 42,5%.

Tabelle 4.24: Inländische Direktinvestitionsbestände der Welt gesamt, in Mio. US$, Anteile in Prozent, 1988 und 1997

	1988 Mio. US$	Anteil (%)	1997 Mio. US$	Anteil (%)
Inländische Direktinvestitionsbestände gesamt	839 186	100.0	2 840 590	100.0
Herstellung	347 412	41.4	1 206 688	42.5
Dienstleistungen	354 805	42.3	1 376 911	48.5
IKT-Herstellung	77 059	9.2	182 867	6.4
Elektrische Ausrüstungen	53 616	6.4	133 848	4.7
Büromaschinen und Computer	12 220	1.5	22 025	0.8
Radio, TV und Kommunikation	11 223	1.3	26 994	1.0
IKT-Dienstleistungen Computer und damit zusammenhängende Dienstleistungen	846	0.1	3 156	0.1

Quelle: OECD, 2002*d*, S. 282.

Mit der wachsenden Bedeutung des Dienstleistungssektors ging in den letzten Jahren eine starke Zunahme der Direktinvestitionsströme einher. Die Direktinvestitionszuflüsse in den EU-Dienstleistungssektor stiegen im Allgemeinen stärker als die Bruttowertschöpfung oder die Importe dieses Wirtschaftssektors (Tabelle 4.25).

Tabelle 4.25: Jährliche Wachstumsraten ausgewählter Variablen der Entwicklung marktbestimmter Dienstleistungen in der EU (in %), 1996 bis 1999

	Bruttowertschöpfung zu Herstellungspreisen	Importe	FDI-Zuflüsse aus Extra-EU	FDI-Zuflüsse aus Intra-EU
1996	5,9	11,7	18,8	0,5
1997	6,4	16,3	15,4	26,5
1998	5,9	4,1	175,0	85,2
1999	5,9	7,3	-38,5	0,3

Quelle: Passerini, 2001*a*, S. 2.

Die Direktinvestitionen im Dienstleistungssektor stiegen in absoluten Zahlen von 27 Mrd. € im Jahr 1996 auf 154 Mrd. € im Jahr 1999. Sie haben sich zwischen 1998 und 1999 mehr als verdoppelt und entsprachen 1999 ca. 1,9% des BIP der EU. In den Dienstleistungssektor flossen seit 1996 im Durchschnitt rund 50% der Direktinvestitions-Ströme aus der EU in Drittländer. Seinen Höchstwert erreichte dieser Anteil 1999 mit knapp 60%, nachdem er zwei Jahre lang zugunsten des verarbeitenden Gewerbes und der übrigen Sektoren zurückgegangen war.[110]

Tabelle 4.26: Marktbestimmte Dienstleistungen: kumulierte Direktinvestitions-Abflüsse aus der EU in Drittländer (in Mio. €), Anteile (in %), 1996 bis 1999

	Summe 1996-1999	Anteil
Dienstleistungen gesamt davon	300 310	100,00
Handel, Instandhaltung u. Reparatur	21 845	7,3
Gastgewerbe	1 378	0,5
Verkehr	2 894	1,0
Telekommunikation	96 474	32,1
Kredit- und Versicherungsgewerbe davon u.a.	110 109	36,7
Zentralbanken u. Kreditinstitute	31 732	-
Sonstige Finanzierungsinstitutionen	53 005	-
Versicherungsgewerbe u. verbundene Tätigkeiten	1 797	-
Grundstücks-/Wohnungswaltung u. Dienstleistungen für Unternehmen davon u.a.	63 536	21,2
Grundstücks- und Wohnungswesen	1 286	-
Datenverarbeitung und Datenbanken	3 414	-
Forschung und Entwicklung	2 579	-
Dienstleistungen für Unternehmen	51 343	-
Sonstige Dienstleistungen	4 074	1,4

Datenquelle: Passerini, 2001*b*, S. 4, eigene Berechnungen.

110 Vgl. Passerini, 2001*b*, S. 1.

Wird die sektorale Verteilung der Direktinvestitions-Ströme untersucht, die aus der EU in die verschiedenen Dienstleistungsbereiche der Drittländer geflossen sind, so hat das Kredit- und Versicherungsgewerbe in den Jahren 1996-1999 mit 36,7% den größten Anteil an den kumulierten Direktinvestitions-Strömen. Darüber hinaus hat neben dem Telekommunikationssektor mit 32% der Bereich Dienstleistungen für Unternehmen, zu dem u.a. Rechtsberatung, Werbung, Vermittlung von Arbeitskräften, Schutzdienste und Gebäudereinigung sowie Grundstücksverwaltung gehören, mit 21,2% einen großen Anteil an den Direktinvestitions-Strömen in den Dienstleistungssektor (Tabelle 4.26).
Der Bereich Datenverarbeitung und Datenbanken gehört für die Direktinvestoren aus der EU nicht zu den attraktivsten Branchen, hat jedoch in den letzten Jahren konstant an Bedeutung gewonnen. Während die Direktinvestitions-Abflüsse in Drittländer bei den Dienstleistungen gesamt von 1996 auf 1999 um das 5,6-fache stiegen, war es beim dynamischsten Bereich Telekommunikation zwar das 43-fache, aber bei Datenverarbeitung/Datenbanken immerhin noch das 15-fache (Anhang 15).

Die in die EU aus Drittländern eingeflossenen kumulierten Direktinvestitionen der Jahre 1996 bis 1999 betrafen zu rund zwei Dritteln den Bereich marktbestimmte Dienstleistungen. Die Investoren konzentrierten sich noch stärker als bei den FDI-Abflüssen vor allem auf den Bereich Kredit- und Versicherungsgewerbe, dem ein Anteil von 44% aller Zuflüsse zuging (ggü. 37% bei den Abflüssen), von denen vor allem Finanzholdings profitierten und dies vor allem in den Jahren 1998 und 1999 (Anhang 16). Mit 36% profitierten an zweiter Stelle Grundstücks-/Wohnungswaltung und Dienstleistungen für Unternehmen, aber hier vor allem Unternehmensdienstleistungen, deren Anteil an der Summe dieses Bereichs allein 84% ausmacht. Im Vergleich zu den Abflüssen[111] in Tabelle 4.26 investieren Unternehmen aus Drittländern wesentlich weniger im Bereich Telekommunikation.

Bei der regionalen Verteilung des in den Dienstleistungssektor der EU investierten Direktinvestitions-Kapitals profitierte hauptsächlich Deutschland. Ende 1998 hatte Deutschland mit 22% den größten Anteil an den Direktinvestitions-Beständen im EU-Dienstleistungssektor. Auf den Plätzen zwei und drei lagen Großbritannien (17%) bzw. Frankreich und die Niederlande (jeweils10%).[112]
Im Verhältnis zur Bruttowertschöpfung spielen die Direktinvestitionen im deutschen Dienstleistungssektor dagegen eine wesentlich geringere Rolle, denn zwischen 1995 und 1999 betrug diese Verhältniszahl lediglich 2% bis 3%. Damit war sie in Deutschland ebenso wie in Spanien und Frankreich niedriger als im EU-Durchschnitt (3% bis 4%). In Italien fanden in der genannten Zeit praktisch keine Direktinvestitionen im Bereich marktbestimmte Dienstleistungen statt. Italien hat damit eindeutig Nachholbedarf hinsichtlich der Attraktivität seines Dienstleistungsstandorts, denn Direktinvestitionen tragen auch zum Wachstum der Beschäftigung bei.

Im Hinblick auf die Entwicklung hin zur Informationsgesellschaft spielen Direktinvestitionen bei der internationalen Verwertung inländischen Wissens, bei der Erschlie-

---

[111] Eine Saldenbildung ist nicht möglich, da bei den zwei Tabellen in Anhang 15 und 16 unterschiedliche Abgrenzungen vorliegen.

[112] Vgl. Passerini, 2001*a*, S. 6, auch für das Folgende.

ßung ausländischen Wissens und bei der Wissenserzeugung im Ausland einschließlich der damit zusammenhängenden Technologien eine große Rolle. Auch hier gibt es einen Trend zu internationalen Netzwerkstrategien. So werden internationale Technologieallianzen von marktstrategischen Zielen und dem Ziel geleitet, die technologische Wettbewerbsfähigkeit zu verbessern. In einer Studie des Hamburgischen Welt-Wirtschafts-Archivs (HWWA) aus dem Jahr 2001 wird für Deutschland festgestellt, dass die Integration der ausländischen Forschungs- und Entwicklungsstützpunkte deutscher Unternehmen in technologische Netzwerke auch in Deutschland zu Produktivitätssteigerungen führt und zu erhöhter Forschungsqualität, wobei bei diesen 'Verstärkungszyklen' Informations- und Kommunikationstechnologien eine wichtige Katalysatorfunktion erfüllen. Außerdem führt die ausländische Verwertung des in Deutschland erzeugten Wissens durch den technologieintensiven Export zu positiven Produktivitäts- und Beschäftigungseffekten im Inland.[113] Diese Feststellungen können auch auf die drei anderen Länder übertragen werden.
Im IKT-Sektor, für den bisher sehr wenige tiefer gegliederte Zeitreihen sowohl nach Ländern als auch nach Sektoren vorliegen, stieg über den Zeitraum 1988-97 der Welt-Direktinvestitionsbestand im Bereich der IKT-Herstellung mit durchschnittlichen jährlichen 10% weniger stark als bei den Computer-Dienstleistungen mit 16%. Allerdings ist im Jahr 1997 der Anteil der IKT-Dienstleistungen an den gesamten Direktinvestitionsbeständen mit 0,1% wesentlich geringer als der der IKT-Herstellung mit 6,4% (Tabelle 4.24 auf Seite 97).

Bei einer der wenigen derzeit verfügbaren, nach Ländern aufgegliederten längerfristigen Zeitreihe der Direktinvestitionsflüsse in den Bereich der IKT- und Büromaschinenherstellung (Tabelle 4.27) wird aufgezeigt, dass starke Schwankungen in den zehn Jahren vorliegen und dass die Unterschiede im Investitionsvolumen zwischen den vier Ländern in diesem prosperierenden Bereich sehr groß sind.

Tabelle 4.27: Direktinvestitionsflüsse im Bereich der IKT- und Büromaschinenherstellung, in Mio. US$, 1990 bis 1999

		1990	1991	1992	1993	1994	1995	1996	1997	1998	1999
Deutschland	Zufl.	215	-1160	-253	481	2	290	-1865	321	178	156
	Abfl.	2383	839	1330	1011	895	370	202	864	484	251
	Saldo	-2168	-1999	-1583	-530	-893	-80	-2067	-543	-306	-95
Frankreich	Zufl.	-63	208	1753	118	168	495	343	-162	-	-356
	Abfl.	1952	1887	3253	1080	1354	511	-218	-472	-	1041
	Saldo	-2015	-1679	-1500	-962	-1186	-16	561	310	-	-1397
Italien	Zufl.	-	-	5	177	-219	916	255	667	574	15
	Abfl.	-	-	-122	174	67	168	108	223	157	-4047
	Saldo	-	-	127	3	-286	748	147	444	417	4062
Groß-	Zufl.	-913	506	1051	357	568	1479	1720	54	-409	9861
britannien	Abfl.	-879	56	-298	23	205	-142	350	523	-613	-291
	Saldo	-34	450	1349	334	363	1621	1370	-469	204	10152

-: Daten nicht verfügbar,
Datenquelle: OECD, 2002*d*, S. 283, eigene Berechnungen.

113 Vgl. Borrmann et al., 2001, S. 27 u. 29.

Deutschland ist auch in diesem Bereich durchgängig Nettoinvestor im Ausland, Frankreich für die meisten Jahre ebenso, in Großbritannien wird in acht der zehn Jahre aus dem Ausland netto investiert. In Italien sind bei den Daten der verfügbaren Jahre die investierten Volumen sowohl bei den Zuflüssen als auch bei den Abflüssen wesentlich geringer als bei den anderen drei Ländern, was die Einschätzung zu den Direktinvestitionen im Dienstleistungsbereich unterstreicht.

4.4 Zusammenfassung der Ergebnisse des deskriptiven Befundes

Die Motivation für die Analyse des Strukturwandels in Europa liegt vor allem im Ausmaß der hohen Arbeitslosigkeit in den vier Ländern, die als Einstieg zum deskriptiven Befund dargestellt und hinsichtlich ihrer Struktur analysiert wurde. Korporatistische Arbeitsmarktregulierungen, wie sie für Deutschland, Frankreich und Italien kennzeichnend sind, stellen bei Strukturwandelprozessen Hemmnisse dar, weil sie die notwendige Flexibilität, wie sie für den permanent stattfindenden Strukturwandel erforderlich ist, behindern. Großbritannien hat in dieser Hinsicht seit den Thatcherschen Arbeitsmarktderegulierungen einen deutlichen Standortvorteil. Das zeigt sich am gesunkenen Ausmaß der Arbeitslosigkeit am Ende der 1980er Jahre und seit 1993. Frankreich und Italien haben dagegen durch ihre rigiden Arbeitsmarktgesetzgebungen deutliche Nachteile.

In den Ländern unterschiedlich ablaufende Strukturwandelprozesse können eine weitere Ursache der differierenden Höhe der Arbeitslosigkeit sein, wie der deskriptive Befund erbringt.

Die Analyse der binnenwirtschaftlichen Determinanten zeigt, dass Tertiarisierung hinsichtlich der Erwerbstätigkeit und der Wertschöpfung in allen vier Ländern stattgefunden hat - am stärksten in Großbritannien, Italien hat noch Aufholbedarf. Der Industrie-Sektor hat durchgängig jeweils Anteile verloren, die der Dienstleistungssektor hinzugewinnen konnte.

Von Nachfrageverschiebungen hat ebenfalls der Dienstleistungssektor profitiert. Diese sind allerdings weniger durch Verschiebungen der Konsumnachfrage, wie es der Nachfragebias postuliert, als vielmehr durch Verschiebungen bei den Vorleistungen begründet.

Die These des Produktivitäsbias kann durch die deskriptive Analyse zumindest für Deutschland und Italien ebenfalls nicht gestützt werden. Denn entgegen dieser These sind die sektoralen Arbeitsproduktivitäten des tertiären Sektors in diesen zwei Ländern seit den 1990er Jahren höher als die des sekundären Sektors.

Herausragende Branche des Dienstleistungssektors, die die Tertiarisierung mit den höchsten Zuwächsen bei Beschäftigung, Wertschöpfung und sektoralen Produktivitäten vor allem trägt, sind die Unternehmensdienste. Dies gilt allerdings nicht in Frankreich, wo nichtkommerzielle Organisationen höchste Beschäftigungszuwächse haben.

Die zur Informatisierung überwiegend erst seit den 1990er Jahren verfügbaren Statistiken sowohl auf der nationalen als auch auf der internationalen Ebene lassen bisher nur einen ersten Eindruck von einzelnen Bereichen zu. Analysen zum Informationssektor werden noch dazu durch viele Überschneidungen mit dem Dienstleistungssektor sowie durch stark sinkende IKT-Preise erschwert.

Großbritannien ist nach den hier ausgewerteten Statistiken auch hinsichtlich der Informatisierung führend. Deutschland wird beim IKT-Intensitäts-Ranking der OECD Aufholpotential bescheinigt.

Zum Abschluss des Kapitels der binnenwirtschaftlichen Determinanten von Tertiarisierung und Informatisierung zeigen Indikatoren der Zukunftsorientierung der vier Länder auf, dass Deutschland bei Forschungsausgaben und Patentanmeldungen einen deutlichen Abstand zu den anderen drei Ländern hat und somit hohes Innovationspotential besitzt. Hohes Innovationspotential zieht ausländische Investoren an, wenn die institutionellen Rahmenbedingungen stimmen. Die Analyse der institutionellen Rahmenbedingungen erbringt komparative Vorteile hinsichtlich der Anreizwirkungen durch niedrige Steuerbelastungen für Großbritannien; für Frankreich gilt das Gegenteil, Italien nimmt einen Mittelplatz ein. Für Deutschland ist vor allem die hohe Belastung des Faktors Arbeit mit Sozialabgaben hervorzuheben, die Anreize schafft, z.B. Arbeitsplätze in Niedriglohnländer zu verlagern oder den Faktor Arbeit - wo möglich - durch den Faktor Kapital zu substituieren.

Der Regulierungsindex des Fraser-Instituts bescheinigt Frankreich und vor allem Italien, dass staatliche Stellen stark regulierend in das Wirtschaftsgeschehen eingreifen, was die notwendige Flexibilität im Strukturwandel behindert, dass Deutschland in dieser Hinsicht Vorteile gegenüber diesen zwei Ländern hat, und dass in Großbritannien die größte Handlungsfreiheit und -sicherheit für die Wirtschaftssubjekte besteht.

Bei den außenwirtschaftlichen Determinanten des Strukturwandels ist der traditionelle Handelsbilanzüberschuss Deutschlands beim Güterhandel konträr zu dem Defizit beim Dienstleistungshandel. Bei den anderen drei Ländern ist es genau umgekehrt. Gelingt es Deutschland stärker als bisher, beim Dienstleistungshandel Handelsanteile hinzu zu gewinnen, kann daraus zusätzliches Arbeitsmarktpotential entstehen. Dies gilt vor allem für die Branchen Andere geschäftliche Dienste und Transport.

Die Zunahme der Direktinvestitionen als weitere außenwirtschaftliche Determinante hat in den letzten Jahren vor allem durch gesunkene Transaktionskosten und durch gestiegene verfügbare Finanzvolumina am Aktienmarkt die Globalisierung vorangetrieben. Kredit- und Versicherungsgewerbe waren die von Direktinvestitionen am stärksten betroffenen Branchen. Deutschland hat am meisten von dem in den Dienstleistungssektor geflossenen Kapital profitiert, Italien am geringsten.
Es wird für die nächsten Jahre abzuwarten sein, wie sich nach dem Platzen der Spekulationsblase am Aktienmarkt die Bedeutung der Direktinvestitionen für die Globalisierung weiter entwickelt.

Zusammenfassend kann festgestellt werden, dass Großbritannien sowohl hinsichtlich der Tertiarisierung als auch der Informatisierung eine Vorreiterrolle unter den vier europäischen G7-Ländern inne hat, Italien dagegen in den meisten Bereichen Schlusslicht ist. Eine Folge davon ist, dass die Wachstumsrate der Gesamtbeschäftigung in Großbritannien 1995-1999 drei Mal so hoch wie in Deutschland und fast doppelt so hoch wie in Frankreich und Italien ist.

5 EMPIRISCHE ANALYSE

Das fünfte Kapitel stellt schließlich die Verbindung zwischen den Modelltheorien des Strukturwandels in Kapitel 3.3 und dem deskriptiven Kapitel 4 her, indem die Theorien des Nachfrage- und Produktivitätsbias mittels ausgewählter Determinanten des Strukturwandels mit ökonometrischen Verfahren empirisch überprüft werden. In Kapitel 5.1 werden dafür zunächst Strukturwandelmaße vorgestellt und kritisch beurteilt, in Kapitel 5.2 Trend und Zyklus des Strukturwandels unter Anwendung des Hodrick-Prescott-Filters analysiert. Zur Quantifizierung des Produktivitätsbias und zur Beurteilung der Konjunkturreagibilität der Beschäftigung wird in Kapitel 5.3 das Verdoornsche Gesetz in Form von Einfachregressionen geschätzt. Granger-Kausalitätstests kommen aus der Kritik am klassischen Vorgehen bei Schätzungen des Verdoornschen Gesetzes zur Anwendung. In Kapitel 5.4 werden Gesamtschätzungen zum Strukturwandel für die vier Länder mit dem Classical Pooling durchgeführt. Die einführende Darstellung der theoretischen Grundlagen dieses Schätzverfahrens geht auch auf Panel-Modelle ein, denn bei heterogenen Untersuchungseinheiten sind Panel-Modelle mit festen oder zufälligen Effekten vorzuziehen. Den Abschluss der empirischen Analyse stellen in Kapitel 5.5 Schätzungen mit Strukturellen Vektorautoregressiven (SVAR) Modellen dar. Diese Modelle ermöglichen eine Wirkungsanalyse von Angebots- und Nachfrageschocks beim Strukturwandel.

5.1 Strukturwandelmaße

Strukturwandelmaße stellen die Verschiebungen der Anteilswerte von Teilaggregaten g_i an einer wirtschaftlichen Gesamtgröße G im Zeitablauf dar (vgl. Kap. 3.1). Dafür sollten vier theoretische Anforderungen erfüllt sein:[1]

1. Bei im Zeitablauf unveränderten Sektorenanteilen soll die Maßzahl den Wert Null anzeigen.
2. Der Strukturwandel zwischen Zeitpunkt 1 und 2 soll dem entsprechen, der zwischen Zeitpunkt 2 und 1 gemessen wird (Symmetrie).
3. Die Maßzahl von Periode t zu Periode $t+2$ soll nicht größer sein als die Summe der Maßzahlen von Periode t zu Periode $t+1$ und von $t+1$ zu $t+2$ (Dreiecksungleichung).[2]
4. Wenn 1.-3. gegeben sind, nimmt die Strukturmaßzahl immer einen nichtnegativen Wert an.

Als klassische Strukturwandelmaße werden folgende fünf Maße angesehen:[3]

I. Betragsumme der Anteilsdifferenzen (AD)

(5.1) $$S_{AD,t} = \sum_{i=1}^{n} \left| a_{i,t+1} - a_{i,t} \right|$$ mit $a_{i,t}$: Anteil des Sektors i

---

[1] Vgl. Meißner/Fassing, 1989, S. 16.

[2] Vgl. Dannenbaum, 1998, S. 23.

[3] Vgl. Meißner/Fassing, 1989, S. 16ff., Dannenbaum, 1998, S. 23f.

II. Euklidische Norm (EN)

(5.2) $$s_{EN,t} = \sqrt{\sum_{i=1}^{n} \left(a_{i,t+1} - a_{i,t}\right)^2}$$

III. Betragsumme der relativen Anteilsdifferenzen (RD)

(5.3) $$s_{RD,t} = \sum_{i=1}^{n} \left| \frac{a_{i,t+1} - a_{i,t}}{a_{i,t}} \right| \qquad \text{mit } a_{i,t} \neq 0$$

IV. Informationsgewinn (IG)

(5.4) $$s_{IG,t} = \sum_{i=1}^{n} \left| a_{i,t+1} \right| \log_2 \left| \frac{a_{i,t+1}}{a_{i,t}} \right| \qquad \text{mit } a_{i,t}, a_{t+1} \neq 0$$

V. Zuwachsratenmaßzahl (ZR)

(5.5) $$s_{ZR,t} = \sum_{i=1}^{n} a_{i,t} \left| w_{i,t+1} - w_{t+1} \right|$$

mit $w_{i,t+1}$ als der Wachstumsrate des Sektors i und w_{t+1} als der Wachstumsrate der Gesamtwirtschaft.

Der Nachteil von Maß I, der Betragsumme der absoluten Anteilsdifferenzen, liegt in der Gleichverteilung der Gewichte aller Anteilswerte. Bei dieser Maßzahl spielt es also keine Rolle, ob der Strukturwandel durch drastische Verschiebungen bei einigen wenigen Sektoren oder ob er aus geringfügigen Veränderungen vieler Sektoren resultiert. Im ersten Fall wird ein verzerrtes Bild dargestellt. Bei Maß II dagegen, der Euklidischen Norm, erfolgt durch die Quadrierung eine Gewichtung der stärkeren Anteils-Veränderungen bei einzelnen Sektoren. Die Quadrierung ist unter der Annahme gerechtfertigt, dass hohe Abweichungen von der durchschnittlichen Entwicklung einen überproportional starken Einfluss auf die Wirtschaftsentwicklung ausüben.[4] Neben diesen Maßen, die auf Differenzen von Anteilswerten beruhen, werden Maße mit Wachstumsraten verwendet. Bei Maß III wird die Änderungsrate der Sektoranteile berechnet, auch wieder in Form einer Gleichgewichtung, was z.B. bei der Anteilsverschiebung in einem kleinen Sektor zu relativ großen Veränderungen führen kann, womit dieser Sektor mit einem unverhältnismäßig hohen Wert bei der Summenbildung berücksichtigt wird. Maß IV, der Informationsgewinn, vermeidet die Nachteile der mangelnden Gewichtung, indem die mit dem dualen Logarithmus ausgedrückte Wachstumsrate der Anteilswerte mit dem Anteil der laufenden Periode multipliziert wird. Sinkt allerdings der Anteil eines Sektors, so nimmt die Wachstumsrate einen Wert kleiner als Eins an, so dass sich aufgrund der Logarithmierung ein negativer Wert er-

[4] Vgl. Rissmann, 1986, S. 7.

gibt, was gegen Anforderung 4 verstößt. Maß V schließlich verstößt gegen die Symmetriebedingung, wenn die Wachstumsrate der Gesamtwirtschaft ungleich Null ist.

Neben den klassischen Strukturwandelmaßen wird in der Literatur oft ein Maß von Lilien[5] verwendet:

VI. Lilien-Index (LI)

$$S_{LI,t} = \sqrt{\sum_{i=1}^{n} a_{i,t} \left[\Delta \ln(w_{i,t}) - \Delta \ln(w_t)\right]^2} \qquad (5.6)$$

mit Δ, dem Differenzenoperator über die Zeit und ln, dem natürlichen Logarithmus. Der Lilien-Index entspricht einer gewichteten Standardabweichung der sektoralen Wachstumsraten w_i zu einem Zeitpunkt t und existiert in der Literatur in mehreren modifizierten Varianten.[6] Dieses Maß erfüllt die Bedingung der Dreiecksungleichung nicht. Die Dreiecksungleichung bedeutet, dass bei längerfristigen Betrachtungen kurzfristige Veränderungen, die nach kurzer Zeit wieder zurückgehen, unberücksichtigt bleiben. Das ist allerdings nur dann von Interesse, wenn gezielt langfristige Veränderungen gemessen werden sollen.[7] Da in dieser Analyse aber auch kurzfristige Veränderungen mit zyklischen Schüben interessieren, spielt dieses Problem hier nur eine geringe Rolle.

Meißner/Fassing wollen für 1960 bis 1977 mit Daten für die Bruttowertschöpfung (BWS) in Preisen von 1970 in Deutschland graphisch zeigen, dass die verschiedenen Maße trotz aller konzeptionellen Unterschiede ein recht einheitliches Bild des gesamtwirtschaftlichen Wandels wiedergeben.[8] Sie gehen allerdings nicht darauf ein, dass bei Maß II, der Euklidischen Norm, und bei Maß IV, dem Informationsgewinn, in ihrer Darstellung die Abweichungen in den einzelnen Jahren wesentlich größer als bei der Betragssumme der absoluten Anteilsdifferenzen und bei der Zuwachsratenmaßzahl sind. Außerdem stellen sie die Unterschiede zwischen den Maßen mit der BWS als gesamtwirtschaftlichem Aggregat dar, was dem ursprünglichen Konzept dieser Maße, Unterschiede im Strukturwandel der einzelnen Sektoren im Zeitablauf in einer Maßzahl darzustellen, zuwider läuft. Stattdessen hätte die sektorale Wertschöpfung verwendet werden müssen.
Dannenbaum vergleicht für Westdeutschland 1961 bis 1993 die klassischen Strukturwandelmaße mit dem Maß von Lilien, indem er die Korrelationskoeffizienten zwischen ihnen auf Signifikanz testet. Er benutzt dazu Daten des Statistischen Bundesamtes für die Beschäftigung und die Bruttowertschöpfung und kommt zu dem Ergebnis, dass in den meisten Fällen die Korrelation signifikant von Null verschieden ist und dass die Strukturwandelmaße eng und positiv miteinander korreliert sind.[9] Der Lilien-

[5] Vgl. Lilien, 1982.
[6] Vgl. z.B. Dannenbaum, 1998, S. 24.
[7] Vgl. Dannenbaum, 1998, S. 24f.
[8] Vgl. Meißner/Fassing, 1989, S. 18.
[9] Vgl. Dannenbaum, 1998, S. 32f.

Index ist mit den meisten Maßen hoch korreliert: für die Bruttowertschöpfung jeweils mindestens 73% und für die Beschäftigung stärker, mit mindestens 80%. Aus diesem Grund erscheint die Beschränkung in der folgenden Analyse auf den Lilien-Index gerechtfertigt.

Abbildung 5.1a: Lilien-Index für die Bruttowertschöpfung in Preisen von 1995, 1981 bis 2001

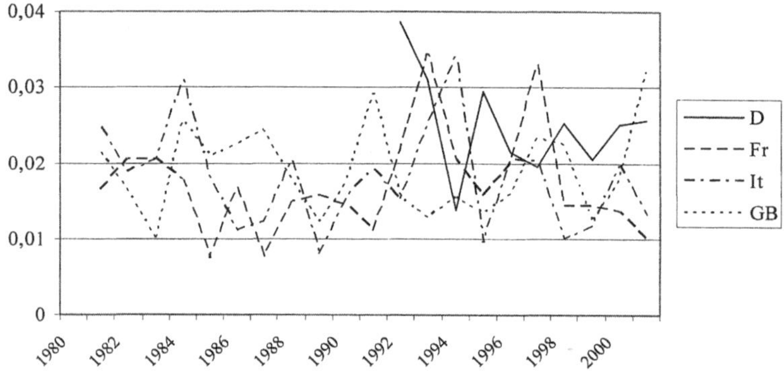

Abbildung 5.1b: Lilien-Index für die Beschäftigung, 1981 bis 2001

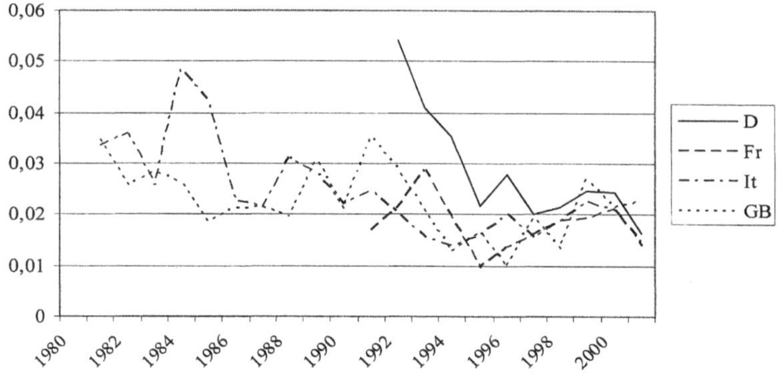

Datenquellen: Eurostat-Datenbank, Thema 1: General Statistics, National Accounts, Stand: 15.9.2002, eigene Berechnungen.

Abbildungen 5.1a und 5.1b stellen für die vier hier betrachteten Länder den Strukturwandel mit dem Lilien-Index für die Variable Bruttowertschöpfung $S_{Y,t}$ und für die Variable Beschäftigung $S_{L,t}$ dar. Die Werte der Indizes wurden auf Basis der 6-Sektoren-Gliederung[10] mit Daten von Eurostat berechnet. Es ist deutlich zu erkennen,

[10] Es liegen Daten nach NACE, Rev. 1 (siehe Anhang 3) für folgende Sektoren vor: A/B: Landwirtschaft/Jagd/Forstwirtschaft/Fischerei; C/D/E: Industrie (ohne Bau), F: Baugewerbe; G/H/I: Groß- und Einzelhandel/Reparatur von Motorfahrzeugen, persönlichen und Haushaltsgeräten/Hotels und

dass die Streuungen des Index bei der Bruttowertschöpfung wesentlich größer als bei der Beschäftigung sind.
Gründe für die stärkeren Schwankungen in der Produktion sind die vielen institutionellen und gesetzlichen Regelungen auf dem Arbeitsmarkt,[11] die den Strukturwandel in der Produktion stärker zur Geltung kommen lassen als auf den vielfach regulierten Arbeitsmärkten, wo Anpassungen wesentlich träger stattfinden. Ein weiterer Grund ist, dass der Strukturwandel sich von Sektoren mit geringerer Produktivität zu Sektoren mit höherer Produktivität vollzieht, weshalb Beschäftigungsänderungen nicht im gleichen Umfang wie die Verschiebung von Outputanteilen stattfinden.[12] In Kapitel 5.2 wird auf weitere Gründe eingegangen.

Zur Überprüfung der Aussage der wesentlich größeren Streuungen des Bruttowertschöpfungs-Index gegenüber dem des Beschäftigungs-Index auf Signifikanz können paarweise für die Länder Varianzen-Tests durchgeführt werden. In einem ersten Schritt sind dafür die Werte der Strukturwandelmaße auf die Annahme der Normalverteilung zu testen. Die Ergebnisse des Jarque-Bera-Tests finden sich in Anhang 17. Für alle Indizes liegt Normalverteilung vor, bis auf Frankreich beim Index der Wertschöpfung mit einer Überschreitungswahrscheinlichkeit von nur 1,8% und für Italien bei der Beschäftigung von nur 4,5%.
In einem zweiten Schritt wird zur Messung der Signifikanz der Varianzengleichheit der F-Test mit der Teststatistik

$$(5.7)\quad F = \frac{s_Y^2}{s_L^2} \qquad \text{mit } \overline{m} = n_Y - 1\,df,\ \overline{n} = n_L - 1\,df$$

verwendet, mit s_Y^2, der geschätzten Varianz des Lilien-Index für die Wertschöpfung des jeweiligen Landes und s_L^2, der geschätzten Varianz des Lilien-Index für die Beschäftigung des jeweiligen Landes.
Für alle Indizes, außer für Italien, kann die Nullhypothese nicht abgelehnt werden (Tabelle 5.1),[13] so dass nur für die italienischen Indizes die Varianz signifikant verschieden ist, d.h. dass dort der Index der Bruttowertschöpfung stärker streut als der Index der Beschäftigung. Somit ist für die anderen drei Länder der optische Eindruck der stärkeren Streuung des Index der Bruttowertschöpfung statistisch nicht signifikant.

Restaurants/Transport/Lagerung/Verkehr; J/K: Finanzdienste/Liegenschaftsverwaltung/Verleih/-Geschäftliche Tätigkeiten; L-P: Öffentliche Verwaltung/Verteidigung/Sozialversicherung/Bildung/Gesundheit und Sozialarbeit/Andere gesellschaftliche, soziale und persönliche Dienstleistungen/Privathaushalte mit Angestellten. Die Daten für die Beschäftigung in Frankreich waren für 1985-1989 unplausibel und nicht vollständig, Daten für Deutschland liegen erst ab 1991 vor und konnten wegen geänderter Sektorenabgrenzung nicht für vor 1991 zurückgerechnet werden.

[11] Vgl. Meißner/Fassing, 1989, S. 20.

[12] Vgl. Dannenbaum, 1998, S. 36.

[13] Ist der p-value kleiner als die vorgegebenen 0,01 (1% Irrtumswahrscheinlichkeit) bzw. 0,05 (5% Irrtumswahrscheinlichkeit), so ist H_0 abzulehnen, andernfalls kann H_0 nicht abgelehnt werden.

Tabelle 5.1: Ergebnisse der Varianzen-Tests

Land	$F(\overline{m},\overline{n})$	F-Statistik	p-value
Deutschland	F(9, 9)	0,35616	0,9299696
Frankreich	F(20, 10)	1,87423	0,1536529
Italien	F(20, 20)	6,25307	0,0000691
Großbritannien	F(20, 20)	1,03346	0,4710294

H_0: $\sigma_1^2 = \sigma_2^2$

Die Schwankungen des Lilien-Index sind bei der Bruttowertschöpfung in Großbritannien, Italien und Frankreich in einem relativ konstanten Korridor geblieben, bei der Beschäftigung in Großbritannien und Italien allerdings deutlich gesunken (Abbildungen 5.1a und b). Letzteres lässt auf einen Rückgang der notwendigen Anpassungen im Strukturwandel, d.h. auf Nachholbedarf, schließen.
Für 1985 bis 1989 haben sich die Anpassungsprozesse im Strukturwandel aufgrund einer Boomphase, erkennbar anhand der geringeren Schwankungen im Index der Bruttowertschöpfung, in Italien und Frankreich reduziert, danach sind sie rezessionsbedingt seit 1990 wieder stark angestiegen.
Die Lilien-Maße für Deutschland zeigen mit ihren extrem abfallenden Werten nach 1991, dass die Änderungen in der Sektorenstruktur von Wertschöpfung und Beschäftigung nach der Wiedervereinigung abgebremst wurden. In der Beschäftigung ist die Intensität der Anpassung ebenso wie bei den anderen drei Ländern, seit 1997 demnach relativ gering, was sich nicht zuletzt in den gestiegenen Arbeitslosenzahlen niederschlägt (vgl. Kap. 4.1).
Internationale Vergleiche der Lilien-Indizes sind in der Literatur selten.[14] Der Grund liegt vor allem darin, dass die unterschiedliche Disaggregation einen Vergleich der Indizes zwischen den Ländern unmöglich macht.[15]
Nach diesem Überblick zu den Strukturwandelmaßen soll nun ein expliziter Vergleich auf der 2-Sektoren-Ebene stattfinden.

5.2 Trend und Zyklus beim Strukturwandel

Garonna/Sica untersuchten für Italien die These, dass die Beschäftigung im Dienstleistungssektor schneller wächst als im verarbeitenden Gewerbe und außerdem stärker auf zyklische Bewegungen im Bruttoinlandsprodukt (BIP) reagiert. Als Begründung für diese These wird angeführt, dass die Dienstleistungsbeschäftigung durch kleinere Firmengrößen, weniger Regulierung, geringeren Gewerkschaftseinfluss, mehr Zeitarbeit und Schattenwirtschaft gekennzeichnet ist.[16] Wenn diese These zutrifft, so besteht die Hoffnung, dass die durch die Tertiarisierung wegfallenden Arbeitsplätze im sekun-

[14] Ein sehr knapper Vergleich findet sich bei Maennig/Wagner, 1996, S. 213 u. S. 217, ein Vergleich mit modifizierten Lilien-Indizes bei Elmeskov, 1993, S.15.

[15] Vgl. Elmeskov, 1993, S. 36, Anmerkungen Nr. 45 und im technischen Anhang, S. 98. In der Datenbank Source OECD wird in der Rubrik Service Statistics darauf hingewiesen, dass wegen unterschiedlichen Klassifikationssystemen und anderen Differenzen Vergleiche zwischen den Ländern nur vorsichtig gezogen werden dürfen.

[16] Vgl. Garonna/Sica, 1997, S. 79.

dären Sektor durch solche im tertiären Sektor ersetzt werden können. Interessant wäre vor allem der Umfang, in dem dies geschehen kann. Diese These wird deshalb für die vier größten Länder in Europa empirisch überprüft. Dazu dient das von Garonna/Sica verwendete und hier modifizierte Modell:[17]

$$\ln L_{DL,t} = \alpha_1 + \beta_1 t + \gamma_1 \left(\ln Y_t - \ln Y_t^*\right) + \varepsilon_t, \tag{5.8}$$

$$\ln L_{I,t} = \alpha_2 + \beta_2 t + \gamma_2 \left(\ln Y_t - \ln Y_t^*\right) + \varepsilon_t, \tag{5.9}$$

wobei L für die jeweilige Beschäftigung, DL für den Dienstleistungssektor und I für den Industriesektor stehen, t für eine Trendvariable, Y für die Bruttowertschöpfung (BWS) der Gesamtwirtschaft, Y* für den Trend der BWS, den man durch die Anwendung eines Hodrick-Prescott (HP)-Filters[18] erhält.
Die Koeffizienten der β's erfassen durchschnittliche Wachstumsraten der sektoralen Beschäftigung, wobei entsprechend der oben stehenden These $\beta_1 > \beta_2$ angenommen wird, γ_1 und γ_2 stellen die Reaktionen der sektoralen Beschäftigung auf Änderungen der trendbereinigten BWS dar, d.h. die Beschäftigungselastizitäten, wobei $\gamma_1 > \gamma_2$ angenommen wird.
Unter der Verwendung von sektoralen Wachstumsraten der Beschäftigung und sektoralen Anteilen an der Gesamtbeschäftigung kann eine Zeitreihe σ_t der Streuung in der Wachstumsrate der Beschäftigung über die Sektoren gebildet werden, der bereits in Gleichung (5.6) vorgestellte Lilien-Index, hier für zwei Sektoren für die Schätzung dargestellt:

$$\sigma_t = \left[\frac{L_{DL,t}}{L_t} \left(\Delta \ln L_{DL,t} - \Delta \ln L_t\right)^2 + \frac{L_{I,t}}{L_t} \left(\Delta \ln L_{I,t} - \Delta \ln L_t\right)^2 \right]^{1/2}. \tag{5.10}$$

Auf der Basis der geschätzten Koeffizienten der β's und γ's aus (5.8) und (5.9) und der aktuellen und trendbereinigten Rate des BWS-Wachstums kann σ_t wie folgt approximiert werden:[19]

$$\sigma_t = \left[1/2(\beta_1 - \beta_2) + 1/2(\gamma_1 - \gamma_2)\left(\Delta \ln Y_t - \Delta \ln Y_t^*\right)\right]. \tag{5.11}$$

---

[17] Dies., 2000, S. 716f., auch für das Folgende. Eine ähnliche Schätzung wurde von Abraham/Katz, 1986, für die USA durchgeführt. Sowohl Abraham/Katz als auch Garonna/Sica haben für beide Gleichungen die Konstante ohne Index unterstellt. Anzunehmen ist aber, dass das Absolutglied nicht für beide Gleichungen identisch sein wird.

[18] Hodrick-Prescott Filter werden seit den 1980er Jahren verwendet, vgl. Hodrick/Prescott, 1997, wobei 1980 die Grundlagen des Filters von Hodrick/Prescott erstmals in einem Working Paper der Carnegie-Mellon-University dargelegt wurden. Die Filter ähneln einem zentrierten gleitenden Durchschnitt mit dem Unterschied, dass nicht die Länge der Stützperiode, sondern der Grad der Glättung festgelegt wird. Je größer der Glättungsfaktor λ gewählt wird, desto näher schmiegt sich der HP-Trend an die Ursprungsdaten an. Je kleiner λ, desto glatter wird der Trend. Oftmals wird für Jahresdaten λ=100, für Quartalsdaten λ=1600, und für Monatsdaten λ=14400 gesetzt. Eine Kritik dieser Glättungsmethode findet sich bei Baxter/King, 1999.

[19] Vgl. Garonna/Sica, 2000, S. 716.

Mit dem Wert der geschätzten Koeffizienten kann festgestellt werden, wie σ_t im Konjunkturablauf schwankt:

$$\text{wenn}\, \gamma_1 - \gamma_2 > 0 \begin{cases} \sigma_t \uparrow \text{wenn } \Delta \ln Y_t > \Delta \ln Y_t^* \\ \sigma_t \downarrow \text{wenn } \Delta \ln Y_t < \Delta \ln Y_t^* \end{cases}$$

$$\text{wenn}\, \gamma_1 - \gamma_2 < 0 \begin{cases} \sigma_t \downarrow \text{wenn } \Delta \ln Y_t > \Delta \ln Y_t^* \\ \sigma_t \uparrow \text{wenn } \Delta \ln Y_t < \Delta \ln Y_t^*. \end{cases}$$

Wenn also Dienstleistungsbeschäftigung stärker zu zyklischen Bewegungen neigt als die Beschäftigung in der Industrie, dann ist der zweite Term in der Approximationsformel für σ_t positiv (negativ), wenn die aktuelle Wachstumsrate der BWS die Trendrate des BWS-Wachstums übersteigt (unterschreitet), so dass der Wert von σ_t in Aufschwungphasen steigt und in Abschwungphasen sinkt.

Abbildung 5.2: Beschäftigungsentwicklung (logarithmierte Werte) in der Industrie und bei den Dienstleistungen in Italien, 1980 bis 2001

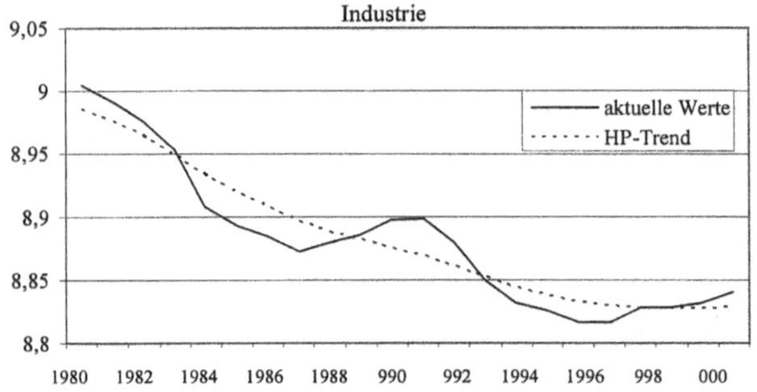

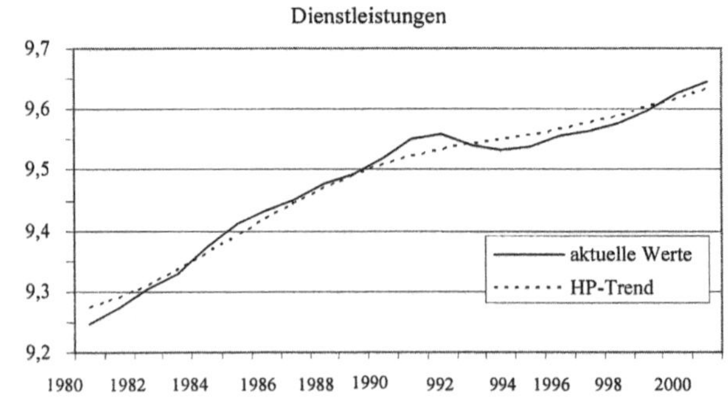

Datenquellen: wie in Abb. 5.1, eigene Berechnungen.

Die Abweichungen vom HP-Trend können als konjunkturelle Komponente der BWS bezeichnet werden. In Abbildung 5.2 ist beispielhaft für Italien deutlich zu erkennen, dass die konjunkturellen Schwankungen im Industriesektor wesentlich stärker sind als im Dienstleistungssektor. Bei den anderen drei Ländern ist es ähnlich. Industriebeschäftigung folgt einem sinkenden Trend, Dienstleistungsbeschäftigung[20] einem steigenden Trend. Allerdings überkompensiert über den betrachteten Zeitraum in Italien das Trendwachstum bei der Dienstleistungsbeschäftigung das Sinken der Industriebeschäftigung um ca. 0,2 Punkte, was für die anderen drei Länder nicht zutrifft, bei denen in etwa lediglich eine Kompensation stattfindet.

Die Schätzergebnisse für Gleichung (5.8) und (5.9) zeigen in Tabelle 5.2 nur eine teilweise Bestätigung der aufgestellten Thesen.[21] Zwar sind die durchschnittlichen Wachstumsraten der sektoralen Beschäftigung im Dienstleistungssektor durchgehend höher als in der Industrie, denn die Koeffizienten von β_1 sind jeweils größer als die von β_2 und signifikant. Aber die zweite These zu den Reaktionen der sektoralen Beschäftigung auf Änderungen der BWS trifft in keinem Fall zu, denn die Koeffizienten von γ_1 - Beschäftigungselastizität der Dienstleistungen - und von γ_2 - Beschäftigungselastizität der Industrie - sind in Deutschland und Italien nicht signifikant, der Koeffizient von γ_1 ist in Großbritannien nicht signifikant, und in Frankreich und ist bei signifikanten Koeffizienten $\gamma_1 < \gamma_2$, d.h. die Industriebeschäftigung reagiert stärker als die Dienstleistungsbeschäftigung auf Änderungen der BWS.

Tabelle 5.2: Schätzergebnisse für Gl. (5.8), Regressand: $\ln L_{DL}$ und (5.9), Regressand: $\ln L_I$

	Deutschland[1]	Frankreich[2]	Italien[3]	Großbritannien[3]
α_1	10,014 (0,000)	9,989 (0,000)	9,188 (0,000)	9,637 (0,000)
β_1	0,058 (0,000)	0,253 (0,000)	0,133 (0,000)	0,108 (0,000)
γ_1	1,593 (0,194)	1,178 (0,000)	0,893 (0,116)	0,447 (0,358)
$\bar{R}^2$	0,83	0,98	0,95	0,83
α_2	9,565 (0,000)	9,054 (0,000)	9,030 (0,000)	9,199 (0,000)
β_2	-0,103 (0,000)	-0,149 (0,000)	-0,067 (0,000)	-0,141 (0,000)
γ_2	0,369 (0,289)	1,748 (0,000)	0,622 (0,998)	2,27 (0,000)
$\bar{R}^2$	0,90	0,98	0,90	0,93

[1]1991-2001; [2]1990-2001 für Gleichung (5.7), 1985-2001 für Gleichung (5.8), [3]1980-2001.
In den Klammern hinter den Schätzkoeffizienten steht der p-value der t-Statistik.
Datenquellen: wie in Abb. 5.1, eigene Berechnungen.

Der nach Gleichung (5.11) approximierte Lilien-Index σ_t kann wegen der o.g. nicht signifikanten Schätzkoeffizienten somit nur für Frankreich berechnet werden (Abbildung 5.3). Da für Frankreich $\gamma_1 - \gamma_2 < 0$ gilt, sinkt der Lilien-Index im Konjunkturverlauf, wenn die Wachstumsraten der BWS sich oberhalb der Trend-Wachstumsraten

[20] NACE-Gliederung (siehe Anhang 3) C bis F für die Industrie, G bis P für die Dienstleistungen.

[21] Diese Schätzungen dienen nur der Illustration, weshalb die Prüfung der Modellannahmen unterbleibt.

befinden, und er steigt im umgekehrten Fall. Die größere Beschäftigungselastizität des Industriesektors im Betrachtungszeitraum sorgt also dafür, dass gesamtwirtschaftlich die Intensität der Strukturwandelprozesse in einer Boomphase sinkt, aber in einer Phase, in der sich das Wachstum der BWS unterhalb des Trend-Wachstums befindet, steigt.
Eine Begründung für das entgegen der Eingangsthese erreichte Ergebnis der größeren Beschäftigungselastizität des Industriesektors könnte sein, dass der Industriesektor stärker dem internationalen Wettbewerb ausgesetzt ist und deshalb einer größeren zyklischen Sensitivität unterliegt. In den anderen Sektoren spielen Beschäftigungsschutzprogramme, Marktabschottungen und andere institutionelle Schranken eine große Rolle und haben die zyklischen Reaktionen der Beschäftigungsvariationen reduziert.

Abbildung 5.3: Approximierter Lilien-Index nach Gleichung (5.11) für Frankreich

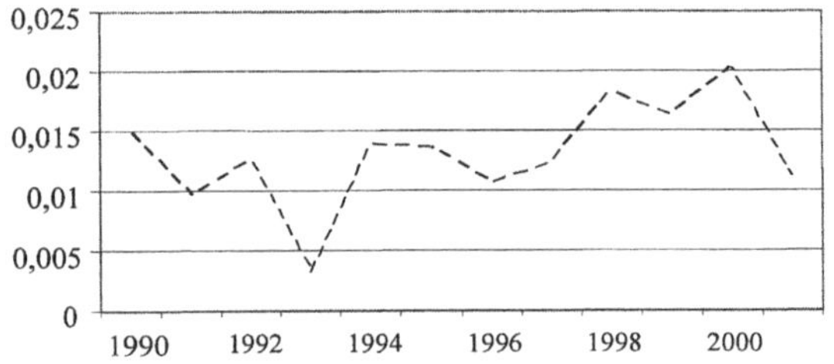

Datenquellen: wie in Abb. 5.1, eigene Berechnungen.

Dieses Ergebnis würde außerdem bedeuten, dass es einen Zusammenhang zwischen Arbeitslosigkeitsquoten und dem Lilien-Index geben müsste.[22] Da die Arbeitslosigkeitsraten in Deutschland, Frankreich und Italien überwiegend zugenommen haben, wäre eine negative Korrelation zu erwarten, für Großbritannien dagegen wegen überwiegend sinkender Arbeitslosenquoten ein positiver Zusammenhang.

Tabelle 5.3: Korrelationskoeffizient nach Bravais-Pearson[23] zwischen Lilien-Index und Arbeitslosenquoten

	Deutschland	Frankreich	Italien	Großbritannien
Korrelations-koeffizient	-0,667	-0,007	-0,657	0,104
p-value	0,035	0,984	0,002	0,663

Datenquellen: wie in Abb. 6.1, Zeiträume wie in Tab. 5.1, eigene Berechnungen.
$H_0 : \rho = 0$

Die Korrelationskoeffizienten wurden mit den Werten der Lilien-Indizes für die Beschäftigung aus Kapitel 5.1 und den standardisierten Arbeitslosenquoten aus Kapitel 4.1 berechnet. Nur die Korrelationskoeffizienten für Deutschland und für Italien sind

[22] Abraham/Katz, 1986, quantifizierten einen positiven Zusammenhang für den Zeitraum 1961-81 für Großbritannien und die USA, Garonna/Sica, 1997, für 1970-94 ebenso für Italien. Die Ergebnisse sind nicht vergleichbar, da sie aus Schätzungen mit unterschiedlichen Regressoren stammten.

[23] Formel siehe z.B. Schulze, 2003, S. 144f.

signifikant von Null verschieden, und haben das erwartete negative Vorzeichen. Die Werte von -66,7% Korrelation für Deutschland und -65,7% Korrelation für Italien zeigen einen relativ starken gegenläufigen Zusammenhang. Da die Werte des Lilien-Index für die Intensität beim Strukturwandel stehen, quantifiziert diese Korrelation, dass ein Anstieg der Intensität des Strukturwandels wie erwartet zu sinkenden Arbeitslosenquoten führt.

5.3 Überprüfung des Verdoornschen Gesetzes

Im vorhergehenden Kapitel wurde der Strukturwandel durch Trend und Zyklus allgemein analysiert. Nach den Herleitungen der Modelltheorie des Produktivitätsbias in Kapitel 3.3.2 und der deskriptiven Analyse zu Produktivitätsunterschieden in Kapitel 4.2.1.4 sollen nun Schätzungen für Produktivitätsvergleiche zwischen den Sektoren herangezogen werden, um den Produktivitätsbias quantifizieren zu können. Dazu dient eine modifizierte Form des Verdoornschen Gesetzes (vgl. Kapitel 3.3.2). Für die vier größten Länder Europas soll der funktionale Zusammenhang des Verdoornschen Gesetzes zwischen der Wachstumsrate der Arbeitsproduktivität WRAP und der Wachstumsrate der Wertschöpfung WRY empirisch überprüft werden.[24]

(5.12) $$\mathrm{WRAP} = \alpha_1 + \beta_1 \mathrm{WRY} + \varepsilon.$$

Gleichung (5.12)[25] wurde sowohl für den sekundären Sektor mit dem Regressor Wachstumsrate der Wertschöpfung der Industrie $\mathrm{WRY_I}$, als auch für den tertiären Sektor mit dem Regressor Wachstumsrate der Wertschöpfung der Dienstleistungen $\mathrm{WRY_{DL}}$ für das jeweilige Land mit der OLS-Methode geschätzt.[26] Die sektorale Arbeitsproduktivität AP resultiert jeweils aus dem Quotienten der sektoralen Bruttowertschöpfung zu 1995er Marktpreisen Y und der sektoralen Beschäftigtenzahlen L. Sie wird somit als sektorale Erwerbstätigenproduktivität berechnet. Eine präzisere Möglichkeit wäre die Produktivitätsberechnung als Erwerbsstundenproduktivität gewesen, doch sind dafür keine Daten verfügbar.

Die Quartalsdaten sind saisonbereinigt und stammen aus der Eurostat-Datenbank Euro Indicators, National Accounts. Für die vier Länder standen nur unterschiedlich lange Zeitreihen zur Verfügung, deshalb sind die Schätzzeiträume unter den Ergebnistabellen jeweils angegeben.

Um die Gefahr von Scheinregressionen (Spurious Regression) wegen eines gemeinsamen Trends, der keine logische Begründung hat,[27] zu vermeiden, wurde zuerst überprüft, ob alle Zeitreihen stationär[28] sind. Sind die Variablen stationär, so haben sie ei-

---

24 Ähnliche Schätzungen wurden durchgeführt von Schulze, 2001, für Regionaldaten in Deutschland unter Beachtung räumlicher Interaktionen und von Jasperneite/Allinger, 1998, für Westdeutschland.

25 Diese Gleichung wurde als Gleichung (3.5) in Kap. 3.3.2, S. 35 erläutert und wird der besseren Lesbarkeit halber hier nochmals aufgeführt.

26 Der sekundäre Sektor umfasst die Industrie I ohne Baugewerbe, NACE-Gliederung C-E, der tertiäre Sektor die Dienstleistungen DL, NACE-Gliederung G-P (siehe Anhang 3).

27 Zu Spurious Regression vgl. z.B. Rinne/Specht, 2002, S. 539, Enders, 1995, S. 216.

28 Stationarität ist die Invarianz von Mittelwert, Varianz und Kovarianz gegenüber Verschiebungen auf der Zeitachse. Stationarität ist notwendig, damit sich die Eigenschaften des stochastischen Prozesses, d.h. der Zeitreihe, im Zeitablauf nicht verändern. Vgl. Pindyck/Rubinfeld, 1998, S. 493f.

nen Integrationsgrad von Null: I(0). Sind sie nichtstationär, so sind sie so lange zu differenzieren, bis sie stationär sind. Die Zahl der dafür notwendigen Differenzenbildungen d zeigt ihren Integrationsgrad I(d) an, wobei ökonomische Zeitreihen der Ordnung $d \geq 2$ eher die Ausnahme sind. Die Stationarität wird mit dem Dickey-Fuller (DF)- und Augmented-Dickey-Fuller (ADF)-Test geprüft. Beim Dickey-Fuller-Test muss gesichert sein, dass die Residuen unkorreliert sind und konstante Varianzen besitzen, d.h. unabhängig und homoskedastisch sind. Liegt Autokorrelation der Residuen vor, so werden beim Augmented-Dickey-Fuller-Test zusätzliche Lags der endogenen Variable in die Schätzgleichung aufgenommen, bis die Autokorrelation der Residuen beseitigt ist.[29] Die Ergebnisse der vorgeschalteten DF- sowie ADF-Tests auf Stationarität der Variablen bzw. auf ihren Integrationsgrad sind in Anhang 18 aufgeführt. Die Beschreibung des Testablaufs findet sich unter den Erläuterungen der Tabelle von Anhang 20. Sämtliche Zeitreihen sind I(0), so dass sie nicht in Differenzenform in die Schätzung eingehen müssen.

Die Schätzungen von Gleichungen (5.12) ergaben durchgehend - auch bei Schätzungen für die Gesamtwirtschaft - autokorrelierte Restwerte, d.h. die Kovarianz zwischen den Residuen ist ungleich Null.[30] Somit sind die Werte aus der t-Statistik zur Prüfung der Koeffizienten nach oben verzerrt, wodurch zu häufig signifikante Koeffizienten unterstellt werden und damit Signifikanztests ungültig sind.[31]
Zur Lösung dieses Problems wurde die Gleichung (5.12) erneut für die vier Länder und zwei Sektoren jeweils mit einer iterativen Cochrane-Orcutt-Prozedur geschätzt.[32] Bei dieser Prozedur wird in einem ersten Schritt die Originalgleichung (5.12) mit OLS geschätzt. Die Residuen aus dieser Schätzung werden verwendet, um in einem zweiten Schritt aus der Residuengleichung (5.13)

$$(5.13) \qquad \hat{\varepsilon}_t = \rho\hat{\varepsilon}_{t-1} + \omega_t \qquad \text{mit } |\rho| < 1$$

Informationen über den Schätzkoeffizienten des ρ zu erhalten und in einem dritten Schritt als Zusatzinformation in Gleichung (5.14) einzubauen. Die transformierte Schätzgleichung für die iterative Cochrane-Orcutt-Prozedur lautet dann:

$$(5.14) \qquad WRAP_t - \hat{\rho}WRAP_{t-1} = \alpha_1(1-\hat{\rho}) + \beta_1 WRY_t - \hat{\rho}WRY_{t-1} + \varepsilon_t.$$

Mit den daraus erhaltenen Residuen $\hat{\hat{\varepsilon}}_t$ wird erneut eine Residuengleichung wie in (5.13) geschätzt, und wiederum wird der daraus gewonnene Schätzkoeffizient des ρ als Zusatzinformation in einer Gleichung wie (5.14) eingebaut. Die Iterationen werden abgebrochen, wenn die neue Schätzung des ρ um weniger als 0,01 von der vorherigen

---

[29] Ausführlich zum DF- und ADF-Test, die auf das Vorliegen von Einheitswurzeln testen und deshalb auch Unit-Root-Tests genannt werden, bei Enders, 1995, Kap. 4. Zu Problemen von DF-Tests bzgl. ihrer Trennschärfe vgl. z.B. Rinne/Specht, 2002, S. 366.

[30] Auf dieses Problem wurde bei bisherigen Schätzungen dieser Zusammenhänge nicht eingegangen. Klauder, 1990, Fußnote 4, gibt keinen Durbin-Watson-Werte an, weil er bei kurzen Perioden seine Aussagekraft verliere. Jasperneite/Allinger, 1998, S. 6, geben sie zwar als D/W anscheinend an, gehen aber auf das Autokorrelationsproblem bei ihrer Regression III nicht ein.

[31] Vgl. z.B. Gujarati, 2003, S. 442ff.

[32] Vgl. z.B. Pindyck/Rubinfeld, 1998, S. 163f.

differiert. Problematisch an diesem Verfahren ist die Unsicherheit, dass der endgültige Schätzwert des ρ wirklich die Summe der quadrierten Residuen minimiert, denn das iterative Verfahren kann zu einem lokalen, statt dem gewünschten globalen Minimum führen. Diese Unsicherheit wurde beseitigt, indem Residuenplots der endgültigen Schätzungen jeweils visuell auf systematische Muster untersucht wurden.[33]
Den Tabellen 5.4 und 5.5 auf der folgenden Seite ist zu entnehmen, dass die Anwendung der iterativen Cochrane-Orcutt-Prozedur in allen Schätzgleichungen erfolgreich war und somit keine Autokorrelation der Residuen mehr vorliegt, die Signifikanztests damit gültig sind. Die einzigen Ausnahmen sind die Schätzgleichungen für Frankreich, denn in der Schätzung für den französischen Industriesektor liegt weiterhin positive Autokorrelation vor (kritischer Wert für n = 85: Untergrenze für Unsicherheitsbereich: d_l = 1,624). In der Schätzung für den Dienstleistungssektor fällt die berechnete Prüfgröße in den Unsicherheitsbereich (kritische Werte für n = 45: Untergrenze für Unsicherheitsbereich: d_l = 1,475, Obergrenze d_u = 1,566), womit keine Aussage zur Beseitigung der Autokorrelation möglich ist. Diese beiden Schätzgleichungen werden deshalb nicht weiter berücksichtigt.
Neben der Prüfung auf Autokorrelation sind weitere Tests auf Annahmeverletzungen notwendig, die z.B. bei Jasperneite/Allinger (1998) fehlen. Denn bei Vorliegen von Heteroskedastie sind die Koeffizientenschätzer zwar weiterhin unverzerrt, aber nicht mehr effizient, d.h. sie haben nicht die geringste Varianz. Damit sind die Standardfehler der Koeffizienten verfälscht und darauf basierende Signifikanztests ungültig. Auf die Nullhypothese 'Homoskedastie' wurde mit dem White-Test mit 2 Freiheitsgraden getestet. Hypothesentests wie z.B. der t-Test beruhen auf der Annahme, dass die Residuen einer Normalverteilung folgen. Sind sie nicht normalverteilt, sind die Ergebnisse dieses Tests verzerrt und irreführend. Auf Normalverteilung der Residuen wurde mit dem Jarque-Bera-Test (JB) getestet; die Nullhypothese lautet auf normalverteilte Residuen.[34]
Die Tests erbringen für die italienischen und britischen Ergebnisse heteroskedastische Varianzen, die Residuen der deutschen Schätzergebnisse sind jeweils nicht normalverteilt, d.h. die entsprechenden Ergebnisse der t-Tests sind wenig aussagefähig.
Anhand des jeweils über 0,93 liegenden Determinationskoeffizienten kann festgestellt werden, dass über 93% der gesamten Variation der Werte des Regressanden durch die Werte des Regressors erklärt werden können, was auf eine sehr gute Erklärungskraft des Modells schließen lässt, d.h. das Wachstum der Arbeitsproduktivität in der Industrie bzw. im Dienstleistungssektor lässt sich durch das Wachstum der Bruttowertschöpfung des jeweiligen Sektors erklären.
Der Steigungskoeffizient, der Verdoorn-Koeffizient β_1, hat jeweils den erwarteten positiven Wert und ist - unter Berücksichtigung der o.g. Bemerkungen - in allen Fällen hochsignifikant. Damit führt Wachstum der Produktion des jeweiligen Sektors zu Wachstum der jeweiligen Sektoren-Arbeitsproduktivität. Dass der Koeffizient von β_1 auch als Schätzer der Elastizität des Produktivitätswachstums bzgl. des Outputwachstums angesehen werden kann, wurde bereits in Kapitel 3.3.2 erläutert. Die geschätz-

33 Zur visuellen Prüfung auf Autokorrelation vgl. Gujarati, 2003, S. 443f.

34 Zu den Annahmeverletzungen bei Einfachregressionen und den zugehörigen Teststatistiken vgl. z.B. Eckey et al., 2001, Kap. 2.3 bis 2.4.3.1. Zur Annahme der normalverteilten Residuen vgl. z.B. v. Auer, 1999, Kap. 19.

ten Elastizitäten lassen für beide Sektoren und die verbliebenen Länder auf einen engen Zusammenhang zwischen den Wachstumsraten der Bruttowertschöpfung und der Arbeitsproduktivität schließen, denn sie liegen nahe bei Eins. Zum Beispiel kann für Deutschland für den Industriesektor interpretiert werden, dass eine Erhöhung/Senkung der Wachstumsrate der Bruttowertschöpfung um 1% das Arbeitsproduktivitätswachstum um 0,97% ansteigen/zurückgehen lässt.

Tabelle 5.4: CO-Schätzung für Gleichung (5.12); Regressand: $WRAP_I$

	Deutschland[1]	Frankreich[2]	Italien[2]	Großbritannien[2]
α_1	0,588 (0,002)	0,296 (0,358)	0,226 (0,041)	0,421 (0,238)
β_1	0,966 (0,000)	1,005 (0,358)	0,982 (0,000)	1,009 (0,000)
DW	2,28	0,77	1,84	2,00
White-Test	0,315 (0,854)	8,461 (0,015)	0,398 (0,816)	30,685 (0,000)
JB-Test	21,251 (0,000)	1,330 (0,541)	1,477 (0,477)	1,071 (0,585)
$\overline{R}^2$	0,93	0,99	0,96	0,98

Schätzzeiträume: [1] II/1991-III/2001; [2] II/1980-III/2001.
In den Klammern steht jeweils der p-value der entsprechenden Test-Statistik.

Die autonome Wachstumsrate der Arbeitsproduktivität, also die Wachstumsrate, die sich bei Nullwachstum des Outputs ergeben würde, liegt mit dem Absolutglied α_1 für den Industriesektor durchgehend im positiven Bereich, beim Dienstleistungssektor durchgehend im negativen Bereich. Allerdings ist das Absolutglied α_1 bei den Schätzgleichungen des Industriesektors nur für Deutschland und Italien signifikant von Null verschieden, im Dienstleistungssektor dagegen für alle drei verbliebenen Länder.

Tabelle 5.5: CO-Schätzung für Gleichung (5.12); Regressand: $WRAP_{DL}$

	Deutschland[1]	Frankreich[2]	Italien[3]	Großbritannien[3]
α_1	-0,393 (0,000)	-0,393 (0,007)	-0,430 (0,000)	-0,325 (0,003)
β_1	1,001 (0,000)	0,991 (0,000)	0,964 (0,000)	0,983 (0,000)
DW	2,04	1,55	1,93	2,27
White-Test	3,555 (0,169)	8,682 (0,013)	1,324 (0,516)	20,054 (0,000)
JB-Test	22,915 (0,000)	1,680 (0,432)	0,617 (0,734)	0,013 (0,994)
$\overline{R}^2$	0,96	0,98	0,96	0,99

Schätzzeiträume: [1] II/1991-III/2001; [2] II/1990-III/2001; [3] II/1980-III/2001.
In den Klammern steht jeweils der p-value der entsprechenden Test-Statistik.

Die numerischen Unterschiede für den Steigungskoeffizienten β_1 bei den jeweiligen Sektorenschätzungen, also zwischen β_{1DL} und β_{1I} zur Quantifizierung des Produktivitätsbias sind so gering, dass von einem Produktivitätsbias nicht gesprochen werden kann. Denn die Elastizität liegt für beide Sektoren und alle Länder zwischen 0,964 und 1,009, d.h. die Differenz zwischen Minimum und Maximum beträgt lediglich 0,045. Diese Aussage soll durch einen Test mit der Nullhypothese $\beta = 1$ untermauert werden. Kann die Nullhypothese abgelehnt werden, sind die Elastizitäten jeweils ungleich

Eins. Die Teststatistiken in Anhang 19 ergeben, dass die Nullhypothese bis auf den Steigungskoeffizienten des britischen Industriesektors nicht abgelehnt werden kann. Damit sind bis auf die eine Ausnahme sämtliche Elastizitäten nicht signifikant von Eins verschieden, und die These des Produktivitäsbias wird durch die Verdoorn-Schätzungen im angegebenen Zeitraum nicht gestützt.

Der Verdoorn-Koeffizient kann nach den Herleitungen in Kap. 3.3.2 auch für die Beurteilung der Konjunkturreagibilität der Beschäftigung herangezogen werden. Da unter den in der Analyse verbliebenen Ländern im Industriesektor von Großbritannien ein signifikanter Koeffizient $\beta_1 > 1$ geschätzt wurde, lässt Outputwachstum dort jeweils die Wachstumsrate der Beschäftigung sinken, was wenig plausibel erscheint.
Zusätzliche Erkenntnisse könnten aus der Darstellung sektoraler Beschäftigungsschwellen erzielt werden.[35] Die Beschäftigungsschwelle lässt sich als die Rate des Wirtschaftswachstums definieren, bei der Wirtschaftswachstum und Produktivitätsfortschritt je Erwerbstätigen gleich hoch sind und von der an die Rate des Wirtschaftswachstums die Produktivitätsrate überschreiten (unterschreiten) würde und somit die Beschäftigung steigen (abnehmen) würde.[36] Im Produktivitäts-Produktions-Diagramm der Wachstumsraten liegen die Beschäftigungsschwellenwerte auf der 45°-Linie, solange die Steigung der Regressionsgeraden zwischen 0 und 45° liegt, d.h. die Regressionskoeffizienten zwischen Null und Eins liegen. Das ist bei der hier vorliegenden Schätzung nicht der Fall, so dass keine sektoralen Beschäftigungsschwellen dargestellt werden können (Abbildung 5.4), da sich durch die Schätzkoeffizienten von Eins für den Steigungskoeffizienten keine Schnittpunkte mit der 45°-Linie ergeben.

Abbildung 5.4: Produktivitäts-Produktions-Diagramm der Wachstumsraten

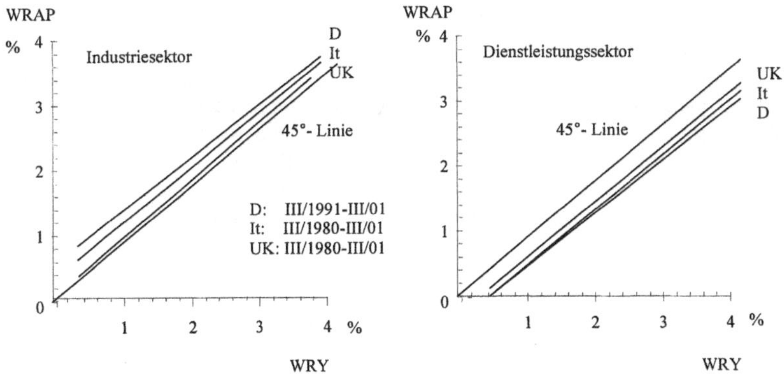

Quelle: Eigene Darstellung

Ein Vergleich der Ergebnisse für die Beschäftigungsschwellen der Gesamtwirtschaft mit vorliegenden Veröffentlichungen ist nicht möglich, weil durch die Cochrane-

[35] Gesamtwirtschaftliche Beschäftigungsschwellen wurden z.B. bei Jasperneite/Allinger, 1998 und bei Klauder, 1990, berechnet.

[36] Vgl. Klauder, 1990, S. 87f.

Orcutt-Prozedur zwar die Autokorrelation beseitigt wurde, aber sämtliche Absolutglieder nicht signifikant waren. Ein Grund dafür kann sein, dass bei den eigenen Schätzungen jeweils saisonbereinigte Quartalsdaten verwendet wurden, bei den Schätzungen der Veröffentlichungen von Klauder und Jasperneite/Allinger jeweils Jahresdaten.
Um dennoch Aussagen zu Beschäftigungseffekten treffen zu können, wurde auch die Regressionsgleichung (3.7) von Seite 36 für beide Sektoren und Länder sowie für die Gesamtwirtschaft geschätzt. Wieder ergab die OLS-Schätzung durchgehend autokorrelierte Restwerte, die iterative Cochrane-Orcutt-Schätzung beseitigte das Autokorrelationsproblem bis auf die Schätzgleichung für den Industriesektor Frankreichs. Allerdings sind sämtliche Steigungskoeffizienten nicht signifikant - bei den Schätzungen für die Gesamtwirtschaft ist keiner der Koeffizienten signifikant, nicht mal bei 10% Irrtumswahrscheinlichkeit. Der Grund dafür sind die vorliegenden Quartalsdaten, bei denen Wachstumsraten der Beschäftigung bei saisonbereinigten Daten naturgemäß sehr gering sind.

Bis zu diesem Punkt folgt die Verdoorn-Schätzung dem '*klassischen*' Vorgehen, wie es üblicherweise in der Literatur bei empirischen Untersuchungen zu diesem Thema durchgeführt wird. Als Erweiterung soll in dieser Arbeit abschließend zum Verdoorn-Zusammenhang jedoch noch die Kausalitätsrichtung anhand der erfolgreichen Schätzungen von Gleichung (5.12) mittels des Granger-Kausalitäts-Tests[37] geprüft werden. Denn es besteht die Vermutung, dass keine unilateralen Beziehungen, d.h. eindeutige Wirkungsrichtungen vorliegen, sondern bilaterale Kausalitäten vorliegen, d.h. dass die Wachstumsraten von Wertschöpfung und Arbeitsproduktivität interdependent, d.h. sowohl exogene als auch endogene Variablen sind. Die Frage ist, ob die Wertschöpfung Y die Arbeitsproduktivität AP ($Y \rightarrow AP$) 'verursacht' oder die Arbeitsproduktivität die Wertschöpfung ($AP \rightarrow Y$). Allgemein formuliert bedeutet das, wenn Variable X Granger-kausal für Variable Y ist, dann sollten Änderungen in X den Änderungen in Y vorangehen, da die Zukunft der Vergangenheit nicht vorausgehen kann. Deshalb kann man davon sprechen, dass Variable X Granger-kausal für Variable Y ist, wenn bei einer Schätzung von Y in Abhängigkeit der zeitverzögerten Werte von Y das zusätzliche Einfügen zeitverzögerter Werte von X signifikant die Prognose von Y verbessert.
Aufschluss darüber kann der Granger-Kausalitäts-Test bringen, denn bei diesem Test wird angenommen, dass die dafür relevanten Informationen in den Zeitreihendaten der Variablen enthalten sind. Für den Test wird folgendes Paar von Regressionen geschätzt:

$$(5.15) \qquad WRAP_t = \alpha_0 + \sum_{i=1}^{m_1} \alpha_i WRAP_{t-i} + \sum_{j=1}^{m_2} \beta_j WRY_{t-j} + \varepsilon_{1t}$$

$$(5.16) \qquad WRY_t = \lambda_0 + \sum_{i=1}^{m_3} \lambda_i WRAP_{t-i} + \sum_{j=1}^{m_4} \delta_j WRY_{t-j} + \varepsilon_{2t},$$

wobei angenommen wird, dass ε_{1t} und ε_{2t} unkorreliert sind.

---

[37] Vgl. Granger, 1969, S. 424ff. Eine anwendungsorientierte Darstellung dieses Tests findet sich bei Gujarati, 2003, S. 697f. Dieser Darstellung wird hier gefolgt.

Beim Durchführen des Tests ist zunächst die restringierte Gleichung zu schätzen, um die restringierten Quadratsummen der Residuen SSE_R zu erhalten, indem bspw. Gleichung (5.15) ohne die zeitverzögerten Werte der Wertschöpfung geschätzt wird. Nun wird diese Schätzung unter Einfügung der zeitverzögerten Werte der Wertschöpfung wiederholt, und man erhält die unrestringierten Quadratsummen der Residuen SSE_U. Die Nullhypothese lautet für diesen Fall, dass die zeitverzögerten Werte der Wertschöpfung keinen Einfluss in Gleichung (5.15) haben:

(5.17) $H_0 : \beta_j = 0. \qquad j = 1, 2...$

Um diese Hypothese zu testen, wird der F-Test angewendet:

(5.18) $$F = \frac{(SSE_R - SSE_U)/m}{SSE_U/(T-k)}.$$

Dieser Test folgt einer F-Verteilung mit m und $(T-k)$ Freiheitsgraden df. Bei dem hier behandelten Fall entspricht m der Zahl der Lags des Outputs in der restringierten Gleichung, während k die Zahl der geschätzten Parameter in der unrestringierten Regression entspricht. Anhand des p-values kann die Stützung bzw. Ablehnung der Nullhypothese erfolgen.[38] Anschließend ist der Test für die umgekehrte Kausalität zu wiederholen.

Voraussetzung für die Anwendung des Granger-Kausalitätstest ist die Stationarität der Variablen[39], um „Spurious Causality" zu vermeiden. Die Stationarität wurde bereits vor Beginn der Regressionsschätzungen untersucht (Anhang 18). Die Granger-Kausalität wurde in vier Schritten mit acht bis zwei Lags getestet. In Tabelle 5.6 sind die Ergebnisse der bilateralen Kausalitäten aufgeführt, d.h. Ergebnisse, bei denen für beide zusammengehörende Kausalitätsrichtungen die Nullhypothese abgelehnt werden musste, und somit jeweils die Koeffizienten der Lags der jeweiligen exogenen Variable signifikant von Null verschieden waren. Bei allen restlichen Kausalitätsschätzungen konnte die Nullhypothese nicht abgelehnt werden, d.h. es lag Unabhängigkeit vor.

Hervorzuheben ist, dass im Dienstleistungssektor lediglich für Italien bilaterale Kausalitäten vorliegen, und zwar sowohl für zwei und sechs Lags. Dagegen waren die Kausalitäten für die beiden anderen Länder von Lag zwei bis Lag acht nicht signifikant von Null verschieden.
Im Industriesektor sind die bilateralen Kausalitäten mit sechs Lags für Deutschland bei einer Irrtumswahrscheinlichkeit im Grenzbereich von 5,4% für die Wertschöpfung und von 7,9% für die Arbeitsproduktivität und aber deutlich unter 1% für acht Lags signifikant von Null verschieden. Großbritannien hat in diesem Sektor bei Lag vier, sechs und acht bilaterale Kausalitäten aufzuweisen. Für alle vier Testschritte sind für Italien im Industriesektor keine bilateralen Kausalitäten nachweisbar.

---

[38] Vgl. Fußnote 13 dieses Kapitels.
[39] Vgl. Gujarati, 2003, S. 698.

Tabelle 5.6: Ergebnisse der bilateralen Kausalitäten aus dem F-Test[1]

Richtung der Kausalität			Zahl der Lags	F-Wert (df)	p-value
WRY_I _D	→	$WRAP_I$ _D	6	F(6,21) = 2,51	0,0543
$WRAP_I$ _D	→	WRY_I _D	6	F(6,21) = 2,24	0,0792
WRY_I _D	→	$WRAP_I$ _D	8	F(8,15) = 4,66	0,0051
$WRAP_I$ _D	→	WRY_I _D	8	F(8,15) = 5,08	0,0034
WRY_{DL} _It	→	$WRAP_{DL}$ _It	2	F(2,77) = 3,66	0,0303
$WRAP_{DL}$ _It	→	WRY_{DL} _It	2	F(2,77) = 3,87	0,0251
WRY_{DL} _It	→	$WRAP_{DL}$ _It	6	F(6,65) = 2,22	0,0518
$WRAP_{DL}$ _It	→	WRY_{DL} _It	6	F(6,65) = 2,46	0,0331
WRY_I _GB	→	$WRAP_I$ _GB	4	F(4,71) = 3,18	0,0183
$WRAP_I$ _GB	→	WRY_I _GB	4	F(4,71) = 3,97	0,0058
WRY_I _GB	→	$WRAP_I$ _GB	6	F(6,65) = 2,57	0,0271
$WRAP_I$ _GB	→	WRY_I _GB	6	F(6,65) = 2,93	0,0136
WRY_I _GB	→	$WRAP_I$ _GB	8	F(8,59) = 2,19	0,0415
$WRAP_I$ _GB	→	WRY_I _GB	8	F(8,59) = 2,90	0,0085

[1]Die Kürzel hinter den jeweiligen Wachstumsraten stellen die Länderkürzel dar.

Nach den Tests auf Granger-Kausalität steht fest, dass die ursprünglichen befriedigenden Schätzergebnisse für Gleichung (5.12) der Cochrane-Orcutt-Schätzung in Tabelle 5.4 und 5.5 revidiert werden müssen. Es gilt, die bilateralen Kausalitäten in einem geeigneten Schätzmodell zu erfassen, um Produktivitätsunterschiede zwischen den Ländern und Sektoren quantifizieren zu können, denn bei den signifikanten bilateralen Kausalitäten sind die Wachstumsraten von Arbeitsproduktivität und Wertschöpfung jeweils endogene Variablen. Eine Möglichkeit dafür wäre die Schätzung eines interdependenten Gleichungssystems, d.h. eines Mehrgleichungsmodells, bei dem die Koeffizienten simultan, z.B. mit der Zweistufigen-Kleinstquadrat-Methode (Two Stage Least Square: 2SLS) geschätzt werden. Eine weitere Möglichkeit wäre ein Vektorautoregressives Modell (VAR). Bei diesen Modellen werden ebenfalls Interdependenzen zwischen den Variablen berücksichtigt, indem mehrere Gleichungen simultan geschätzt werden.

Da das Ziel aber der Vergleich von Produktivitätsunterschieden zwischen den Sektoren war und im Dienstleistungssektor lediglich bilaterale Kausalitäten für Italien vorlagen, denen keine im Industriesektor für dieses Land gegenüberstehen, macht eine Modellierung hier keinen Sinn.

5.4 Classical-Pooling-Schätzung zum Strukturwandel

Nach diesen Vorarbeiten werden nun Schätzungen mit mehreren Erklärungsvariablen zum Strukturwandel durchgeführt, bei denen teilweise die Determinanten des Strukturwandels aus Kapitel 4 eingehen. Rowthorn/Ramaswamy haben zur Untersuchung der Deindustrialisierung für 1963-94 ein Classical-Pooling-Modell für 18 Industrieländer geschätzt.[40] Das Ergebnis war der Nachweis, dass das starke Sinken der Beschäftigung im verarbeitenden Gewerbe seine Ursache in den kombinierten internen Effekten der Länder und weniger im Außenhandel mit Entwicklungs- und Schwellenländern hat. Als interne Effekte wurden das relativ stärkere Produktivitätswachstum des verarbeitenden Gewerbes gegenüber dem Dienstleistungs-Sektor, die damit zusammenhängenden relativen Preisänderungen sowie Änderungen in der Nachfrage-Struktur zwischen Gütern und Dienstleistungen nachgewiesen. Dieses Modell soll mit dem Fokus der Dienstleistungsbeschäftigung und des Wertschöpfungswachstums des Dienstleistungssektors zur Untersuchung der Tertiarisierung als Grundlage der Gesamtschätzung für den Strukturwandel dienen und erweitert werden.

5.4.1 Theoretische Grundlagen des Classical Pooling

Bei einem Classical-Pooling-Modell werden homogene, vergleichbare Untersuchungseinheiten unterstellt, wie sie bei den o.g. 18 Industrieländern mehr oder weniger,[41] bei den hier zu untersuchenden vier europäischen G7-Ländern sicherlich gegeben sind. Diese Annahme wird trotzdem im Folgenden geprüft, was der erste Kritikpunkt an Rowthorn/Ramaswamys Vorgehen ist, wo eine entsprechende Prüfung nicht durchgeführt wurde.

Liegen keine homogenen Untersuchungseinheiten vor, so ist ein Regressionsmodell mit festen oder zufälligen Effekten in Form eines Panel-Modells vorzuziehen, denn die Schätzer in der folgenden Gleichung 5.19 sind bei heterogenen Untersuchungseinheiten verzerrt.[42]

In der allgemeinen Form kann ein Classical-Pooling-Modell wie in Gleichung 5.19 geschrieben werden:

(5.19) $$y_{it} = \alpha + \boldsymbol{\beta}'\mathbf{x}_{it} + \varepsilon_{it}$$ mit $i = 1,...,N$ Index der Querschnittsdimension, $t = 1,...,T$ Index der Zeitdimension.

Der Vektor **x** besteht aus k exogenen Variablen ohne konstanten Term, die Gesamtzahl der Beobachtungen beträgt $N \cdot T$. Anstelle von N Regressionen mit jeweils T Beobachtungen wird also eine einzige Regression mit $N \cdot T$ Beobachtungen geschätzt. Da verschiedene Untersuchungseinheiten gemeinsam betrachtet werden, wird Gleichung (5.19) als gepooltes Regressionsmodell bezeichnet. Die Schätzer im gepoolten Regressionsmodell sind relativ effizienter als N Einzelgleichungen, weil die durch das Pooling höhere Beobachtungszahl tendenziell zu kleineren Standardfehlern führt. Wie bereits oben erwähnt, geht der Effizienzvorteil jedoch verloren, wenn sich die Regressionsparameter für die einzelnen Individuen signifikant unterscheiden, d.h. die Schätzer sind bei heterogenen Untersuchungseinheiten verzerrt.

---

40 Rowthorn/Ramaswamy, 1999, und eine ähnliche Schätzung mit größerer Stichprobe auch in Rowthorn/Ramaswamy, 1997.

41 Die in Rowthorn/Ramaswamys Stichprobe enthaltenen Länder Griechenland, Spanien und Neuseeland z.B. sind hinsichtlich ihres Industrialisierungsgrades und ihrer Wohlstandsindikatoren sicherlich nicht als homogen in einer Gruppe mit Japan, den USA und den vier europäischen G7-Ländern anzusehen.

42 Vgl. Eckey et al., 2001, S. 273f., auch für das Folgende.

Es wird für die Residuen $\varepsilon_{it} \sim$ iid $(0, \sigma^2)$ für alle i und t angenommen, d.h. für ein gegebenes Individuum und über die Zeit sind die Residuen seriell unkorreliert und homoskedastisch, d.h. White Noise.[43] Das bedeutet, dass sich die Regressionsparameter über die Zeit nicht ändern (zeitliche Stabilität) und zwischen den Individuen nicht unterscheiden (Querschnitts-Stabilität).[44]
Damit gelten als Restriktionen zur Durchführung eines gepoolten Modells:

$$\begin{aligned} &\boldsymbol{\beta}_1 = \ldots = \boldsymbol{\beta}_N = \boldsymbol{\beta} \\ &\alpha_1 = \ldots = \alpha_N = \alpha . \end{aligned} \tag{5.20}$$

Ein panelökonometrisches Regressionsmodell[45] als Erweiterung des Classical-Pooling-Modells berücksichtigt explizit Querschnitts- und Zeitdimension. Es verzichtet auf einen Teil der Restriktionen in Gleichung (5.20), indem die Restriktionen für den Parametervektor $\boldsymbol{\beta}$ erhalten bleiben, der konstante Term jedoch den individuenspezifischen Effekt α_i berücksichtigen und somit variabel sein kann:

$$y_{it} = \alpha_i + \boldsymbol{\beta}' \mathbf{x}_{it} + \varepsilon_{it} . \tag{5.21}$$

Individuelle Effekte lassen sich auf unterschiedliche Weise modellieren, so dass sich alternative Panelschätzer ergeben. Gleichung (5.21) beschreibt ein Modell mit festen Effekten (One Way Fixed Effects), da α_i als fester Regressor angesehen wird. Eine Möglichkeit besteht z.B. darin, die Restriktionen für die α's aufzuheben, indem unterschiedliche Regressionskonstanten durch Dummyvariablen (Least Squares Dummy Variable (LSDV)-Modell) erfasst werden, die jeweils den Wert Eins bei Vorliegen einer bestimmten qualitativen Ausprägung - hier das einzelne Individuum - und sonst den Wert Null annehmen.[46]
Stattdessen kann α_i aber auch als Teil eines Zufallsprozesses formuliert werden, so dass ein Modell mit individuellen zufälligen Effekten (One Way Random Effects) entsteht. In diesem Fall wäre das Panelmodell durch

$$y_{it} = \alpha + \boldsymbol{\beta}' \mathbf{x}_{it} + \varepsilon_{it} \qquad \text{mit} \qquad \varepsilon_{it} = \mu_i + v_{it} \tag{5.22}$$

gegeben. Die Heterogenität zwischen den Individuen wird nicht mehr im Absolutglied berücksichtigt, sondern auf die Residuen der Regression verlagert. Die bisher behandelten individuellen Effekte betrafen die Querschnittsdimension des Panels. Zusätzlich können aber auch individuelle Effekte in der Zeitdimension auftreten und zwar auch als feste oder zufällige Effekte. Zweistufige Panelmodelle (Two Way Fixed, Two Way Random Effects) entstehen, wenn Kombinationen von zeitindividuellen und quer-

---

43 Vgl. Johnston/DiNardo, 1997, S. 390, Rinne/Specht, 2002, S. 162.

44 Vgl. Gujarati, 2003, S. 641.

45 Zu panelökonometrischen Modellen vgl. z.B. Baltagi, 2001, Dielman, 1989, Hisao, 2003.

46 Eine Alternative zu den Dummy-Variablen, vor allem bei vielen Individuen, bei denen es durch die Inversion der Koeffizienten-Matrix zu numerischen Problemen kommen kann, ist die Schätzung des Vektors der Regressionsgewichte getrennt von dem der Regressionskonstanten durch die sog. partionierte OLS-Schätzung, bei der für jedes einzelne Individuum Durchschnitte über die Zeit in die Schätzung eingehen. Vgl. Alecke, 1997, S. 100f. und Johnston/DiNardo, 1997, S. 399.

schnittsindividuellen Effekten gemeinsam abgebildet werden.[47] Damit sind weitere Möglichkeiten gegeben, die Restriktionen des gepoolten Modells aufzugeben.

Ein geeigneter Test zur Geltung der Restriktionen ist der Vergleich der Residuenquadratsummen im restringierten (Classical Pooling-) und unrestringierten (z.B. LSDV-) Modell. Die Nullhypothese unterstellt die Richtigkeit des gepoolten Modells. Wenn der durch die Parameterrestriktionen bewirkte Anstieg der Residuenquadratsumme zu hoch ist, wird die Nullhypothese abgelehnt, und es existieren individuenspezifische Effekte. Somit sind separate Schätzungen der N Regressionen angezeigt. Die Teststatistik

$$F = \frac{\left(e'e - \sum_{i=1}^{N} e_i' e_i\right) \Big/ (N-1)(k+1)}{\sum_{i=1}^{N} e_i' e_i \Big/ [NT - N(k+1)]} \tag{5.23}$$

ist unter der iid (0, σ^2) - Annahme für die Residuen F-verteilt mit $(N-1)(k+1)$ und $[NT - N(k+1)]$ Freiheitsgraden.[48]

Eine Alternative zu diesem F-Test ist eine von Breusch und Pagan vorgeschlagene, auf dem Lagrange-Multiplikator (LM)-Prinzip beruhende Teststatistik, die nur die Residuen des restringierten Modells benötigt.[49] Die Nullhypothese lautet ebenso auf Geltung des gepoolten Modells und unter ihr ist die Teststatistik

$$LM = \frac{NT}{2(T-1)} \left[\frac{\sum_{i=1}^{N} \left[\sum_{t=1}^{N} e_{it} \right]^2}{\sum_{i=1}^{N} \sum_{t=1}^{N} e_{it}^2} - 1 \right]^2 \tag{5.24}$$

asymptotisch $\chi^2_{(1)}$-verteilt. Dabei sind die e_{it}'s wie oben die geschätzten Residuen des Classical-Pooling-Modells. Die Schlussfolgerungen bei Ablehnung der Nullhypothese sind die gleichen wie beim F-Test in Gleichung (5.23).

Das Classical-Pooling-Modell ist für den Einstieg in die Gesamtschätzung zum Strukturwandel sehr geeignet, weil Einzelschätzungen zu höheren Standardfehlern führen. Zusätzlich wird durch das Einfügen von Dummys mit dem LSDV-Modell auf das Vorliegen individuenspezifischer Effekte getestet. In Kapitel 5.5 wird außerdem eine Erweiterungsmöglichkeit vorgestellt, die die Interdependenzen zwischen den Ländern zusätzlich berücksichtigt.

---

[47] Vgl. Eckey et al., 2001, S. 274f.

[48] Ebenda, S. 274, auch für das Folgende.

[49] Vgl. Alecke, 1997, S. 107f.

5.4.2 Das Schätzmodell

Nach den deskriptiven Analysen zu den sektoralen Arbeitsproduktivitäten in Kapitel 4.2.1.4 wird die Modelltheorie des Produktivitätsbias aus Kapitel 3.3.2 zunächst nochmals aufgenommen und entsprechend den Schätzungen von Rowthorn/Ramaswamy mit einem ökonometrischen Modell überprüft. Rowthorn/Ramaswamys Schätzgleichungen werden zum einen durch weitere wichtige Erklärungsvariablen wie z.B. das Steuerniveau erweitert. Zum anderen werden die Schätzungen durch Tests auf Verletzungen von Modellannahmen validiert, die bei Rowthorn/Ramaswamy bis auf die Angaben zur Autokorrelation fehlen. Die Schätzgleichungen zur Überprüfung der Modelltheorie des Produktivitätsbias lauten:

(5.25) $$\ln RELPROD = \alpha_0 + \alpha_1 \ln PKY + \sum_{i>1} \alpha_i Z_i + \varepsilon_{it},$$

mit: RELPROD für die relative Arbeitsproduktivität im Dienstleistungssektor im Vergleich mit der Arbeitsproduktivität der Gesamtökonomie,
PKY, dem Pro-Kopf-Einkommen der Gesamtwirtschaft und
Z als Zusatzvariablen wie z.B. Länder-Dummies und weiteren Einflussfaktoren.

Ändert sich die Produktivität, so werden sich in der Folge auch die relativen Preise ändern, wie in Kap. 3.3.2 graphisch und verbal erläutert wurde:

(5.26) $$\ln RELPREIS = \beta_0 + \beta_1 \ln RELPROD + \sum_{i>1} \alpha_i Z_i + \varepsilon_{it},$$

mit: RELPREIS für die relativen Preise von Dienstleistungen im Vergleich zum Preisniveau des nationalen Gesamtoutputs (BIP) und
Z als Zusatzvariablen wie oben.

Das Wertschöpfungsergebnis des Dienstleistungssektors wird folgendermaßen geschätzt:

(5.27) $$\ln YANT = \gamma_0 + \gamma_1 \ln PKY + \gamma_2 (\ln PKY)^2 + \gamma_3 \ln RELPREIS + \sum_{i>1} \alpha_i Z_i + \varepsilon_{it},$$

mit: YANT als Wertschöpfungs-Anteil des Dienstleistungssektors am nationalen Gesamtoutput und
Z als Zusatzvariablen wie oben.

Nach einer graphischen Prüfung der Zeitreihen wird das quadrierte Pro-Kopf-Einkommen $(\ln PKY)^2$ zusätzlich zur Erfassung von Nichtlinearitäten aufgenommen. In Gleichung (5.25) ist das Auftreten von Nichtlinearitäten dagegen nicht zu erwarten.

Entsprechend der Identität unter Formel (3.6) auf S. 35 aus der Herleitung des Verdoorn-Zusammenhangs gilt mit geeigneten Messeinheiten folgende Identität:

(5.28) $$\ln BANT = \ln YANT - \ln RELPROD,$$

mit: BANT als Beschäftigungsanteil des Dienstleistungssektors an der Gesamtbeschäftigung.

Wird die Variable des relativen Preises aus Gleichung (5.27) - z.B. wegen mangelnder Datenverfügbarkeit - eliminiert und die Identität aus Gleichung (5.28) nach Nullsetzen von lnRELPROD angewendet, so erhält man folgende Schätz-Gleichungen:

(5.29) $$\ln \text{YANT} = \delta_0 + \delta_1 \ln \text{PKY} + \delta_2 (\ln \text{PKY})^2 + \sum_{i>1} \delta_i Z_i + \varepsilon_{it},$$

(5.30) $$\ln \text{BANT} = \omega_0 + \omega_1 \ln \text{PKY} + \omega_2 (\ln \text{PKY})^2 + \sum_{i>1} \omega_i Z_i + \varepsilon_{it},$$

Für die Schätzkoeffizienten werden entsprechend den theoretischen Abhandlungen zum Nachfrage- und Produktivitätsbias folgende Vorzeichen erwartet:

(5.31) $$\alpha_1, \gamma_1, \delta_1, \omega_1 > 0; \quad \beta_1, \gamma_2, \gamma_3, \delta_2, \omega_2 < 0.$$

Die meisten Schätzgleichungen enthalten Zusatzvariablen: Dummy-Variablen werden z.B. als Länder-Dummies zum Erfassen unerklärter 'fester' länderspezifischer Effekte[50] oder als Zeit-Dummies verwendet, so z.B. für die Quartale des Jahres 1990 bis 1992, als Deutschland sich durch den Wiedervereinigungseffekt noch in einer konjunkturellen Aufschwungphase befand, während sich die anderen drei Länder bereits in einer Abschwungphase befanden.
Durch das Aufkommen von Basisinnovationen haben sich gerade in der letzten Dekade starke Änderungen bei den Investitionen ergeben, die auch den Strukturwandel beeinflussten, wie in Kapitel 3.3.3 erläutert. Zur Erfassung dieser Änderungen wird als weitere Zusatzvariable die Bruttokapitalbildung INV als Anteil am BIP zu 1995er Preisen aufgenommen.
Um die These des Einflusses des Handels mit Schwellen- und Entwicklungsländer auf die Beschäftigung aus Kapitel 3.4.1 überprüfen zu können, wäre die Aufnahme eines Regressors Importe aus Schwellen- und Entwicklungsländern wünschenswert gewesen, doch auch dafür stehen keine entsprechenden Daten in einer ausreichend langen Zeitreihe und in der nötigen Frequenz zur Verfügung.
Zur Aufnahme der außenwirtschaftlichen Determinanten des Strukturwandels mit dem Einfluss des Außenhandels auf die ökonomische Struktur und vor allem auf die Beschäftigung entsprechend Kapitel 4.3.1 wird der Außenbeitrag AB als Differenz zwischen Exporten und Importen des jeweiligen Landes berücksichtigt. Er wird gewichtet und geht als Prozentanteil am BIP in die Schätzungen ein.
Und schließlich wird ein Einfluss des unterschiedlichen Steuerniveaus nicht nur auf die allgemeine Wirtschaftsentwicklung, sondern auch auf den Strukturwandel vermutet. Denn wie in Kapitel 4.2.3.2 erläutert, bremst ein restriktives oder ein sogar überzogenes Steuersystem die Anreizwirkungen bei den Wirtschaftssubjekten, was notwendige Anpassungen im Strukturwandel verzögert. Dieser Effekt soll mit den Steuereinnahmen als Anteil am BIP zu jeweils 1995er Preisen, der Variable ST, in die Schätzungen eingehen. Wünschenswert wäre außerdem entsprechend Kapitel 4.2.3.2 die Aufnahme eines Arbeitskostenindex für die Messung der Belastung des Faktors Arbeit in die Schätzung gewesen, doch sind Daten dafür erst ab 1995 verfügbar.
Bevor die Schätzergebnisse präsentiert werden, wird der Datensatz vorgestellt.

[50] Vgl. Rowthorn/Ramaswamy, 1999, S. 24.

5.4.3 Die Daten

Der für diese Schätzungen verwendete Datensatz stammt von Eurostat aus der Datenbank Euro-Indicators. Es werden daraus Quartalsdaten verwendet, die ab 1. Quartal 1980 vorliegen, für Deutschland allerdings erst ab 1. Quartal 1991, so dass für die Classical-Pooling-Schätzung der Beginn für alle Länder auf 1. Quartal 1991 festgelegt wurde. Die Daten liegen einheitlich bis 3. Quartal 2001 vor. Somit beträgt die Gesamtzahl der Beobachtungen $N \cdot T = 172$ Datenpunkte. Die Daten gehen - wo es zutrifft - in saisonal bereinigter Form in die Schätzungen ein.

Die Arbeitsproduktivität im Dienstleistungssektor wurde errechnet als Verhältnis der realen Bruttowertschöpfung (in Mio. 1995er €) zur Anzahl der Beschäftigten.[51] Die relative Arbeitsproduktivität ist die Arbeitsproduktivität des Dienstleistungssektors im Verhältnis zu der in der Gesamtwirtschaft. Sie entspricht damit einem Index mit 1995 = 100.
Das Pro-Kopf-Einkommen (in €) errechnet sich aus dem Verhältnis des realen BIP (1995er Preise) zur Zahl der Einwohner.
Für Gleichung (5.26) - die relativen Preise von Dienstleistungen im Vergleich zum Preisniveau des nationalen Gesamtoutputs - konnten keine Schätzungen durchgeführt werden, da kein Preisindex für Dienstleistungen zur Verfügung steht. Das ist allerdings für die Schätzung unproblematisch, weil die Preise bei der Herleitung für die Gleichungen (5.29) und (5.30) aus der Identität bereits außen vor gelassen wurden.
Der Wertschöpfungs-Anteil des Dienstleistungssektors am nationalen Gesamtoutput wurde als Prozentsatz der realen Bruttowertschöpfung an der realen Bruttowertschöpfung (in 1995er €) der Gesamtwirtschaft errechnet, der Beschäftigungsanteil des Dienstleistungssektors an der Gesamtbeschäftigung als Prozentsatz der Anzahl der Beschäftigten des tertiären Sektors zur Anzahl der Beschäftigten der Gesamtwirtschaft.
Alle Daten (bis auf den Außenbeitrag AB, der negativ werden kann) werden in logarithmierter Form verwendet.

5.4.4 Schätzergebnisse für die Classical-Pooling-Schätzungen

In Tabelle 5.7 sind die Ergebnisse der Classical-Pooling-Schätzungen mit der abhängigen Variable RELPROD, der relativen Arbeitsproduktivität im Dienstleistungssektor, aufgeführt. Die Schätzungen, wie auch alle folgenden, wurden mit der Kleinstquadratmethode mit dem kompletten Datensatz von 172 Beobachtungspunkten durchgeführt.
Bei den Schätzungen von Rowthorn/Ramaswamy wurden keine Ergebnisse von Hypothesentests aufgeführt, die über den Test auf Autokorrelation hinausgingen. Dabei sind bei Classical-Pooling-Schätzungen, die Zeitreihen- und Querschnittsdaten kombinieren, vor allem auch Probleme mit Heteroskedastie wahrscheinlich. Auf konstante Varianzen wurde hier nicht, wie in Kapitel 5.3, mit dem White-Test, sondern wegen der teilweise großen Zahl von Regressoren mit dem Breusch-Pagan-Test (BP)[52] getestet.

---

[51] Für den Dienstleistungssektor erfolgte die Abgrenzung jeweils nach NACE-Gliederung, Rev. 1 (siehe Anhang 3), G-P.

[52] Vgl. z.B. Eckey et al., 2001, S. 105ff.

Auf Normalverteilung der Residuen wurde wie in Kapitel 5.3 mit dem Jarque-Bera-Test (JB) getestet. Zusätzlich zu den Tests für die Einfachregressionen in Kapitel 5.3 wird das Vorliegen von Multikollinearität geprüft, wie sie in diesem Kapitel bei den multiplen Regressionen zwischen den Regressoren auftreten kann. Die Koeffizientenschätzer sind dann zwar unverzerrt, aber sie haben erhöhte Varianzen, was zu nichtsignifikanten t-Werten führen kann. Multikollinearität wurde mit einer Hilfsregression einer der Regressoren als abhängige Variable gegen die restlichen Regressoren geprüft und das daraus resultierende R^2 (HR: R^2) angegeben; ist es hoch, so ist auf Multikollinearität zu schließen.[53]
Alle Schätzergebnisse enthielten positiv autokorrelierte Restwerte - die Durbin-Watson-Statistik (DW-Wert) zeigt das an. Deshalb wurde anschließend jeweils eine Cochrane-Orcutt-Schätzung (CO) durchgeführt, die die Autokorrelation beseitigte.
Der Übersichtlichkeit halber sind die Ergebnisse der übrigen Hypothesentests nur für die Cochrane-Orcutt-Schätzungen angegeben; die Ergebnisse werden am Ende der Schätzungen zusammengefasst und kommentiert.

Tabelle 5.7: Classical-Pooling-Schätzung zu Gleichung (5.25)

Endogene Variable: lnRELPROD						
Schätzung Nr. / Exogene Variablen	(1)	(1CO)	(2)	(2CO)	(3)	(3CO)
lnPKY	0,069 (0,002)	-0,145 (0,000)	-0,142 (0,000)	-0,184 (0,000)	-0,173 (0,000)	-0,239 (0,000)
lnINV			0,563 (0,000)	0,295 (0,000)	0,518 (0,000)	0,301 (0,002)
AB					0,014 (0,000)	0,006 (0,000)
DW-Wert	0,07	1,88	0,08	1,93	0,25	2,07
BP: χ^2 [df]		2,560 [1] (0,110)		2,217 [2] (0,330)		2,782 [3] (0,426)
HR: R^2		-		0,53		0,54
JB-Test		29,689 (0,000)		33,528 (0,000)		31,978 (0,000)
$\overline{R}^2$	0,85	0,96	0,52	0,97	0,80	0,98

Hinweise: Das Absolutglied wird der Übersichtlichkeit halber nicht in der Tabelle aufgeführt.
In den runden Klammern steht jeweils der p-value der entsprechenden Test-Statistik.
RELPROD = reale Wertschöpfung pro Dienstleistungs-Beschäftigten/reale Wertschöpfung pro Beschäftigten in der Gesamtökonomie (Index 1995 = 100), PKY = Pro Kopf-Einkommen in 1995er €, INV = Bruttokapitalbildung als Anteil am BIP zu 1995er €, AB = Außenbeitrag als Anteil am BIP.

Schätzung (1) erbringt für den Koeffizienten von α_1 aus Gleichung (5.25) zwar das erwartete positive Vorzeichen, das Vorzeichen wird allerdings durch die Cochrane-Orcutt-Schätzung negativ, was ein deutliches Zeichen für eine Fehlspezifikation darstellt, da das Schätzergebnis nicht robust gegenüber der Cochrane-Orcutt-Prozedur ist.

[53] Zur Multikollinearität vgl. z.B. Kmenta, 1997, Kap. 10-3.

Das negative Vorzeichen bleibt auch nach dem Versuch der Erweiterung dieser Spezifikation durch die Investitionsvariable in Schätzung (2) und zusätzlich durch den Außenbeitrag AB in Schätzung (3) bestehen.
Da die Variablen logarithmiert in die Schätzungen eingehen, können die geschätzten Regressionsparameter als Elastizitäten interpretiert werden. Somit ergibt die Elastizität der relativen Arbeitsproduktivität des Dienstleistungssektors in Bezug auf das Pro-Kopf-Einkommen einen Wert von -0,142, in Bezug auf den Bruttokapitalbildungsanteil zum BIP ist die Elastizität gleich 0,563. Das heißt, dass die relative Arbeitsproduktivität des Dienstleistungssektors um gut ein halbes Prozent steigt, wenn der Bruttokapitalbildungsanteil um 1% erhöht wird, währenddessen c.p. die relative Arbeitsproduktivität des Dienstleistungssektors um ein zehntel Prozent sinkt, wenn das Pro-Kopf-Einkommen um ein Prozent steigt.
Das Ergebnis der sinkenden relativen Arbeitsproduktivität im Dienstleistungssektor bei steigendem Pro-Kopf-Einkommen stimmt mit dem deskriptiven Befund in Kap. 4.2.1.4 nicht überein, entspricht allerdings der These des Produktivitätsbias. Rowthorn/Ramaswamys Schätzergebnis für die relative Arbeitsproduktivität im verarbeitenden Gewerbe für 18 OECD-Länder war durchgängig ein positiver Einfluss des Pro-Kopf-Einkommens. Bei ihrer Schätzung wurde der Einfluss der Investitionen und des Außenbeitrags allerdings nicht quantifiziert.
Die Investitionsvariable hat jeweils das erwartete positive Vorzeichen, der Außenbeitrag ebenso. Die Wirkungen von Veränderungen des Außenbeitragsanteils auf die relative Arbeitsproduktivität des Dienstleistungssektors sind erwartungsgemäß relativ gering.
Weitere Spezifikationen wie z.B. mit dem Steueranteil am BIP und mit Länder-Dummies, die für jedes Land außer Großbritannien bei allen Schätzungen eingefügt wurden, erbrachten keine signifikanten Schätzergebnisse.

Die Schätzergebnisse für Gleichung (5.29) zeigen in Tabelle 5.8 einen deutlich positiven Einfluss des Pro-Kopf-Einkommens auf den Wertschöpfungsanteil des Dienstleistungssektors - δ_1 ist wie erwartet bei allen Schätzungen signifikant größer als Null, δ_2 für das quadrierte Pro-Kopf-Einkommen kleiner als Null. Diese Ergebnisse stimmen mit den Schätzungen für 18 OECD-Länder von Rowthorn/Ramaswamy zum Anteil des verarbeitenden Gewerbes am realen Gesamtoutput überein, wenn auch die Größe der Schätzkoeffizienten für den Dienstleistungssektor um ca. die Hälfte geringer ist.
Entgegen den Schätzergebnissen von Rowthorn/Ramaswamy für das verarbeitende Gewerbe senkt eine Erhöhung des Investitionsanteils am BIP bei allen Schätzungen c.p. den Wertschöpfungsanteil des Dienstleistungssektors. Ebenso überraschend führt eine Erhöhung des Steuereinnahmenanteils am BIP c.p. zur Erhöhung des Wertschöpfungsanteils des Dienstleistungssektors. Ersteres lässt sich damit erklären, dass sich Erhöhungen der Investitionsausgaben nicht wertschöpfungssteigernd im Dienstleistungssektor auswirken, weil, wie Rowthorn/Ramaswamy ausführen, Investitionen nach wie vor überwiegend im verarbeitenden Gewerbe getätigt werden und Änderungen bei der Investitionsrate einen höheren Einfluss auf die Nachfrage nach Gütern als die nach Dienstleistungen haben. Das zweite Ergebnis zeigt, dass die Erhöhung der Steuerlast nicht die Nachfrage nach Dienstleistungen reduziert.

Tabelle 5.8: ClassicalPooling-Schätzung zu Gleichung (5.29)

Endogene Variable: lnYANT						
Schätzung Nr. / Exogene Variablen	(4)	(4CO)	(5)	(5CO)	(6)	(6CO)
lnPKY	5,106 (0,000)	2,608 (0,000)	1,965 (0,000)	3,251 (0,000)	2,856 (0,000)	2,998 (0,000)
$(\ln PKY)^2$	-0,301 (0,000)	-0,150 (0,000)	-0,110 (0,003)	-0,188 (0,000)	-0,164 (0,000)	-0,173 (0,000)
lnINV			-0,134 (0,000)	-0,059 (0,000)	-0,107 (0,000)	-0,049 (0,000)
lnST			0,043 (0,000)	0,014 (0,023)		
lnEXDL					0,025 (0,000)	0,012 (0,018)
DW-Wert	0,05	1,97	0,09	1,97	0,06	1,95
BP: χ^2 [df]		3,254 [2] (0,197)		8,392 [4] (0,078)		7,330 [4] (0,119)
HR: R^2		-		0,55[1]		0,55[1]
JB-Test		52,108 (0,000)		91,503 (0,000)		124,771 (0,000)
$\bar{R}^2$	0,27	0,98	0,65	0,98	0,59	0,98

Hinweise: YANT = Prozentsatz der realen BWS des Dienstleistungssektors an der realen BWS der Gesamtwirtschaft (jeweils in 1995er €), ST = Steuereinnahmen als Anteil am BIP (jeweils in 1995er €), EXDL = Dienstleistungsexporte als Anteil am BIP (jeweils in 1995er €). [1]ohne $(\ln PKY)^2$ als Regressor. Weitere Hinweise unter Tabelle 5.7.

Nicht erfolgreich waren Spezifikationen, in denen die Sonderkonjunktur in Deutschland wegen der Wiedervereinigung in Form eines Zeitdummys für den Zeitraum der Quartale des Jahres 1990 bis 1992 erfasst werden sollte. Länder-Dummies verbesserten ebenso in keinem Fall die Signifikanz der Schätzergebnisse. Für den Außenbeitrag für Güter und Dienste gesamt als Anteil am BIP konnte, ebenso wie für den Dienstleistungsaußenbeitrag als Anteil am BIP, kein signifikanter Einfluss auf den Wertschöpfungsanteil des Dienstleistungssektors nachgewiesen werden. Um dennoch den Außenwirtschaftsaspekt zu erfassen, wurden in zwei weiteren Spezifikationen die Variablen Dienstleistungsexporte bzw. -importe als Anteil am BIP aufgenommen. Lediglich für die Dienstleistungsexporte EXDL konnte ein signifikant positiver Einfluss auf den Wertschöpfungsanteil des Dienstleistungssektors nachgewiesen werden.

Auch für den Schätzkoeffizienten von ω_1 für Gleichung (5.30) kann das erwartete positive Vorzeichen erzielt werden (Tabelle 5.9). Die Wirkungen von Erhöhungen des Pro-Kopf-Einkommens auf den Beschäftigungsanteil des Dienstleistungsgewerbes an der Gesamtbeschäftigung sind allerdings wesentlich geringer als auf den Wertschöpfungsanteil - die Werte der Koeffizienten liegen durchgängig nahe 0,2, währenddessen sie beim Wertschöpfungsanteil überwiegend nahe 3 lagen. Sie unterscheiden sich damit wesentlich von den Ergebnissen von Rowthorn/Ramaswamy, bei deren Schätzung die Koeffizienten für den Beschäftigungsanteil des verarbeitenden Gewerbes überwiegend bei 12 lagen und die für den Wertschöpfungsanteil des verarbeitenden Gewerbes nur ca. halb so groß waren. In diesem Punkt erscheinen die Schätzergebnisse von Rowthorn/Ramaswamy etwas unplausibel, denn die größere Anpassungsgeschwindigkeit auf Änderungen wird gemeinhin dem Ergebnis der Produktionstätigkeit anstelle von Beschäftigungsänderungen unterstellt. Änderungen bei der Beschäftigung erfolgen aufgrund von zahlreichen institutionellen Regelungen, die auch die meisten der 18 in Rowthorn/Ramaswamys Studie verwendeten Länder betreffen, wesentlich träger.

Für das quadrierte Pro-Kopf-Einkommen $(\ln PKY)^2$ und damit für den Koeffizienten von ω_2 konnte kein signifikanter Einfluss nachgewiesen werden, was auch die stark unterschiedlichen Schätzergebnisse im Vergleich zu Rowthorn/Ramaswamy, wo dieser Koeffizient signifikant war, erklärt.

Die Schätzergebnisse in Tabelle 5.9 zeigen ebenso wie beim Wertschöpfungsanteil den negativen Einfluss von Investitionen in der Gesamtwirtschaft c.p. auf den Beschäftigungsanteil des Dienstleistungssektors auf, wobei die gleiche Erklärung wie bei den Ergebnissen für Schätzgleichung (5.29) gelten kann. Allerdings sind die Wirkungen der Investitionen auf den Beschäftigungsanteil wesentlich größer, die Werte der Koeffizienten für die Variable lnINV sind in allen Spezifikationen nach dem Bereinigungsverfahren für die autokorrelierten Restwerte ca. dreimal so hoch wie die für Schätzgleichung (5.29). Die weiteren Variablen Steuereinnahmenanteil lnST und Außenbeitragsanteil AB wirken bei einer Erhöhung jeweils erwartungsgemäß beschäftigungs-senkend im Dienstleistungssektor.

Tabelle 5.9: Classical-Pooling-Schätzung zu Gleichung (5.30)

Endogene Variable: lnBANT						
Schätzung Nr. / Exogene Variablen	(7)	(7CO)	(8)	(8CO)	(9)	(9CO)
lnPKY	0,184 (0,000)	0,197 (0,000)	0,221 (0,000)	0,209 (0,000)	0,226 (0,000)	0,249 (0,000)
lnINV	-0,539 (0,000)	-0,218 (0,000)	-0,489 (0,000)	-0,181 (0,000)	-0,482 (0,000)	-0,185 (0,000)
lnST			0,136 (0,000)	-0,061 (0,000)	-0,093 (0,000)	-0,063 (0,000)
AB					-0,007 (0,000)	-0,004 (0,018)
DW-Wert	0,09	1,92	0,19	1,74	0,33	1,95
BP: χ^2 [df]		3,346 [2] (0,188)		6,231 [3] (0,101)		11,639 [4] (0,020)
HR: R^2		0,53		0,55		0,55
JB-Test		91,180 (0,000)		61,998 (0,000)		91,167 (0,000)
$\bar{R}^2$	0,62	0,98	0,83	0,98	0,92	0,99

Hinweise: BANT = Beschäftigungsanteil des Dienstleistungssektors an der Beschäftigung der Gesamtwirtschaft. Weitere Hinweise unter Tabelle 5.7 und 5.8.

Bemerkenswert ist, wie auch bei den Schätzungen für die Gleichungen (5.25) und (5.29), dass Länder-Dummies keinen signifikanten Einfluss haben. Alle Schätzkoeffizienten gelten im betrachteten Zeitraum somit unterschiedslos für alle vier Länder, d.h. länderspezifische Effekte sind geringer als angenommen, und sie konnten gut von den ökonomischen Variablen im Modell erklärt werden.

Rowthorn/Ramaswamys Schätzungen wurden auch insofern erweitert, indem neben der Autokorrelation die Verletzung weiterer Modellannahmen geprüft wurde. Die Ergebnisse der Hypothesentests unterstreichen die Notwendigkeit dieser Prüfung. Denn die Residuen aller Schätzungen folgen nicht der Normalverteilung. Diese Annahmeverletzung hat allerdings keine schwerwiegenden Folgen für die Schätzung, denn wenn die übrigen Annahmen erfüllt sind - was gegeben ist - behalten die Koeffizientenschätzer trotzdem ihre BLU-Eigenschaften, d.h. sie sind effizient in der Klasse der linearen unverzerrten Schätzer.[54]

Die Teststatistiken für den LM-Test auf Geltung des gepoolten Modells aus Gleichung (5.24) sind in Tabelle 5.10 aufgeführt. Die kritischen Werte betragen für 5% bzw. 1% Irrtumswahrscheinlichkeit: $\chi^2_{(1,0.95)} = 3{,}841$ bzw. $\chi^2_{(1,0.99)} = 6{,}635$. Somit ergab sich für fünf von neun Schätzungen, dass die Nullhypothese nicht abgelehnt werden kann und damit die Geltung des gepoolten Modells.

Tabelle 5.10: Teststatistiken für den LM-Test

Schätzung Nr.	Wert der Teststatistik für $\chi^2_{(1)}$	p-value
(1CO)	2,5600	0,1096
(2CO)	2,2166	0,1365
(3CO)	2,7818	0,0953
(4CO)	3,0262	0,0819
(5CO)	7,7972	0,0052
(6CO)	6,8273	0,0090
(7CO)	3,3142	0,0687
(8CO)	6,1007	0,0135
(9CO)	11,3790	0.0007

Für Schätzung (5CO), (6CO) und (9CO) auf einem 1%igen und für (8CO) auf einem 5%igen Signifikanzniveau sind Einzelschätzungen nach diesem Test durchzuführen. Die Schlussfolgerung aus diesem Test ist, dass individuenspezifische Unterschiede - hier für die vier Länder - bei der Erklärung der relativen Arbeitsproduktivität des Dienstleistungssektors mit dem vorliegenden Datensatz nicht quantifizierbar sind, was die nicht signifikanten Ergebnisse der LSDV-Schätzungen bestätigen.
Für den Wertschöpfungs-Anteil des Dienstleistungssektors in den über die Regressoren des Pro-Kopf-Einkommens hinaus erweiterten Spezifikationen und für den Beschäftigungs-Anteil des Dienstleistungssektors mit vier Regressoren sind dagegen Ein-

[54] Vgl. Kmenta, 1997, S. 262. Signifikanztests allerdings, die auf der Normalverteilungs-Annahme beruhen, wie z.B. t- und F-Test, verlieren ihre Aussagekraft.

zelschätzungen vorzuziehen. Auch hier allerdings führten LSDV-Schätzungen nicht zu signifikanten Ergebnissen, was verdeutlicht, dass das Pooling-Modell auch mit seiner Dummy-Erweiterung die individuenspezifischen Effekte für die Wertschöpfung und die Beschäftigung bei der Aufnahme mehrerer Regressoren nicht erklären kann.
Einzelschätzungen sind allerdings ebenfalls keine Lösung, da sie für die Erklärung der hier interessierenden endogenen Variablen im Prinzip geschlossene Volkswirtschaften unterstellen. Die Interdependenzen zwischen den vier europäischen G7-Ländern sollten bei der Analyse des Strukturwandels allerdings berücksichtigt werden, gerade weil außenwirtschaftliche Komponenten für diese Länder durch ihre räumliche Nähe und ihr vergleichbares Wirtschaftspotential sowie den Binnenmarkt in Europa seit 1992 eine große Rolle spielen.
Völlig unberücksichtigt blieben außerdem bisher dynamische Effekte im ökonometrischen Sinn. Die Dynamik bei der Erklärung des Strukturwandels kann durch die Aufnahme von zeitverzögerten endogenen Variablen als erklärende Variablen in ökonometrischen Modellen modelliert werden. Die Erweiterung der Classical-Pooling-Schätzungen durch die Berücksichtigung von Interdependenzen zwischen den Ländern und die Dynamik des Strukturwandels sollen im folgenden Kapitel mit einem Strukturellen Vektorautoregressiven Modell dargestellt werden.

5.5 Schätzungen zum Strukturwandel mit einem SVAR-Modell

Bei den bisherigen Schätzungen mit Einfachregressionen in Kapitel 5.2 und 5.3 und den multiplen Regressionen in Kapitel 5.4 waren vor allem das Vorzeichen und die Größe der Schätzkoeffizienten von Interesse. Es waren darüber hinaus keine Ad-hoc-Schätzungen, sondern sie basierten durchgehend auf einer ökonomischen Theorie. Von diesen Prinzipien wird im Folgenden abgerückt. Schätzkoeffizienten treten in den Hintergrund und die Daten 'sollen für sich selbst sprechen'. Das heißt, bei den in Kapitel 5.3 infolge der Ergebnisse des Granger-Kausalitätstests erwähnten und hier aufgenommenen Vektorautoregressiven (VAR)-Modellen handelt es sich um a-theoretische Modelle. Dieser Aspekt ist allerdings zweitrangig und hat nicht zur Modell-Auswahl geführt. Viel wichtiger ist, dass VAR-Modelle aufzeigen können, wie Innovationen auf den Strukturwandel wirken. Sie können somit als Prognosemodell unter der Annahme bestimmter Schocks dienen. Die Analyse der Wirkungen von Angebots- und Nachfrageschocks wird in der Literatur in Zusammenhang mit der Europäischen Währungsunion diskutiert. Denn eine Währungsunion ist nach der Theorie der optimalen Währungsräume nur dann sinnvoll, wenn die Schocks und ihre Verarbeitung in den Mitgliedsländern ähnlich sind.[55]
Wo kein ökonomischer Input ist, wie bei den von Sims 1980[56] entwickelten VAR-Modellen, dort sind auch keine ökonomischen Interpretationen möglich.[57] Diese Kritik[58] hat zu Weiterentwicklungen der VAR-Modelle in Form der Strukturellen VAR-Modelle (SVAR) geführt, auf die in Kapitel 5.5.2.2 eingegangen wird.

---

[55] Vgl. Frenkel/Nickel/Schmidt, 2001, S. 1182.

[56] Sims entwickelte die VAR-Modelle aus seiner Kritik an den unglaubwürdigen Identifikations-Restriktionen für Strukturgleichungsmodelle heraus. Vgl. Sims, 1980, Kap. 1.

[57] Vgl. Greene, 2003, S. 595.

[58] Weitere Kritikpunkte zu den VAR-Modellen betreffen die Überparametrisierung, die zu vielen nichtsignifikanten Koeffizienten führt, vgl. Maddala, 2001, S. 546.

5.5.1 Empirische Anwendungen von VAR-Modellen zur Erklärung des Strukturwandels

Die Zahl der bisherigen empirischen Analysen zum Thema Strukturwandel mit der Anwendung von VAR-Modellen ist sehr gering. Cuthbertson/Hayes/Hyde (1998) untersuchten für Großbritannien, Deutschland und Frankreich die Wirkungen von makroökonomischen Schocks auf die Industrie. Eine Analyse zu makroökonomischen Effekten sektoraler Schocks in den USA für die Quartale der Jahre 1975 bis 1990 mit einem Bayes'schen VAR-GARCH-M-Modell haben Pelloni/Polasek (1999)[59] vorgelegt. In Ableitung aus der Finanzmarkt-Ökonometrie ermöglicht die Modellierung der heteroskedastischen Komponente sektoraler Schocks durch den Einbau von impliziten Volalitäten als ARCH-Prozesse, die nichtlinearen Auswirkungen sektoraler Schocks bei der Beschäftigung in den vier ausgewählten Sektoren Produktion dauerhafter und nicht-dauerhafter Güter, Transportgewerbe und Dienstleistungen auf die gesamtwirtschaftliche Beschäftigung zu prüfen. Das Ergebnis ist, dass sektorale Schocks ca. 65% der Gesamtbeschäftigungs-Wachstumsrate über einen Einjahres-Prognose-Horizont erklären können. Im Jahr 2000*a* legten Pelloni/Polasek eine Erweiterung ihres US-amerikanischen Modells auf Datensätze für Großbritannien und Deutschland für Quartalsdaten der Jahre 1968 bis 1998 vor. Auch bei dieser Studie ist das Ergebnis, dass sektorale Beschäftigungsänderungen einen substantiellen Erklärungsbeitrag für Beschäftigungs-Schwankungen liefern, währenddessen die Effekte gesamtwirtschaftlicher Schocks auf die sektoralen Beschäftigungsanteile geringer sind.

Eine Vielzahl von Analysen mit VAR-Modellen beschäftigt sich dagegen mit dem Thema Real Business Cycle-Theorie. Diese Theorie behandelt die Bedeutung von realen Schocks auf den Konjukturzyklus. Dabei werden oftmals die Wirkungen von Produktivitätsschocks auf die Dynamik des realen Outputs untersucht, wobei am Rande sektorale Schocks mit eingehen. Döpke/Pierdzioch (2000) untersuchen z.B. den Einfluss sektoraler Schocks auf die Dynamik des realen Outputs unter der Verwendung des Aktienmarktes. Das Ergebnis ist, dass der Einfluss sektoraler Schocks relativ gering ist.

Ein anderer Weg wird in dieser Analyse gegangen. Während die bisherigen VAR-Modelle einen Erklärungsbeitrag für gesamtwirtschaftliche Änderungen z.B. bei der Beschäftigung durch sektorale Schocks suchten, soll hier der Dienstleistungssektor alleiniger Fokus sein. Nach Wissen der Autorin werden erstmals die Theorien zur Tertiarisierung unter Anwendung von VAR-Modellen untersucht. VAR-Modelle sind dafür besonders geeignet, weil sie die dynamischen Interaktionen zwischen den Variablen berücksichtigen können. Mit der Induzierung von Schocks können die Wirkungen auf die Wertschöpfung und die Beschäftigung des Dienstleistungssektors sowohl in der kurzen Frist als auch in einer Langfristanalyse aufgezeigt werden. Mit der Schätzung von SVAR-Modellen sind außerdem ökonomische Interpretationen der Ergebnisse möglich.

---

[59] Obwohl 1999 erschienen, ist dieses Diskussions-Papier von Pelloni/Polasek im Jahr 2000*b* an der Universität von Sheffield nur in einer überarbeiteten Fassung mit dem Titel „A Bayesian VAR-GARCH Analysis of Sectoral Labour Reallocation" als Department of Economics Discussion Paper Series, Nr. 2000, 4 verfügbar.

5.5.2 Theoretische Grundlagen der SVAR-Modelle

5.5.2.1 Herleitung der strukturellen Form aus der Standardform

VAR-Modelle sind multivariate Erweiterungen der autoregressiven Einzelgleichungsmodelle.[60] Dabei werden sämtliche endogenen Variablen durch die eigenen Vergangenheitswerte und die der anderen endogenen Variablen erklärt. Das ursprüngliche VAR-Modell von Sims (1980) enthält keine exogenen Variablen, sondern lediglich zeitverzögerte endogene Variablen und ist damit als a-theoretisch[61] zu bezeichnen. Es ist kein strukturelles Modell, d.h. die spezifischen Beziehungen zwischen den Variablen basieren nicht auf einer ökonomischen Theorie. Damit hilft es, die grundsätzlichen Probleme beim Aufstellen von Strukturgleichungsmodellen bzw. auch bei Einzelgleichungen zu überwinden. Denn oftmals ist die ökonomische Theorie nicht ausreichend, um die richtige Spezifikation zu finden. Zum Beispiel stimmt die Theorie mit mehreren alternativen Lag-Strukturen überein, aber aus diesen Strukturen können Schätzmodelle mit sehr unterschiedlichem dynamischem Verhalten resultieren. Außerdem kann Dissens über die 'richtige' ökonomische Theorie bestehen, wie das z.B. zwischen Keynesianern und Monetaristen der Fall ist. Als Lösungsansatz dieser Probleme lässt man beim VAR-Modell die Daten die dynamische Struktur des Modells bestimmen.[62] Als Weiterentwicklung können zusätzlich exogene Variablen in das Modell aufgenommen werden. Diese Modelle werden als XVAR-Modelle bezeichnet.
Im bivariaten Fall kann das VAR-Modell in Standardform wie in Gleichungssystem

$$\begin{aligned} y_t &= a_{10} + a_{11} y_{t-1} + a_{12} x_{t-1} + e_{1t} \\ x_t &= a_{20} + a_{21} y_{t-1} + a_{22} x_{t-1} + e_{2t} \end{aligned} \qquad (5.32)$$

geschrieben werden.[63] Da die zwei zu erklärenden Variablen y_t und x_t nur durch ihre zeitverzögerten Werte einer Vorperiode y_{t-1} und x_{t-1} erklärt werden, ist dieses System ein VAR-Modell erster Ordnung VAR(1). Gleichung (5.32) zeigt, warum VAR-Modelle als reduzierte Form der Struktur der einbezogenen Variablen bezeichnet werden, denn auf der rechten Seite der Gleichung stehen nur vorherbestimmte Variablen, keine gemeinsam abhängigen, d.h. endogen unverzögerte Variablen.[64] Außerdem handelt es sich um ein rekursives System, da die Residuen e_{1t} nur von Änderungen in y_t, aber nicht von x_t abhängen und e_{2t} nur von Änderungen in x_t, aber nicht von y_t, d.h. die zwei Gleichungen sind nicht interdependent. Änderungen wirken im System erst über die zeitverzögerten Werte der Vorperiode. Damit ist dieses VAR-Modell in Standardform für die Analyse ökonomischer Prozesse nicht geeignet, da Schocks oftmals in der gleichen Periode auf beide Variablen wirken, also ein 'feedback' innerhalb einer Periode existiert.[65]

---

[60] Vgl. zur dafür notwendigen Stationarität die Diskussion in Kapitel 5.5.3.

[61] Denn VAR-Modelle sind die reduzierte Form einer ökonomischen Struktur der einbezogenen Variablen, ohne dass für ihre Spezifikation die Kenntnis der Strukturform notwendig ist. Vgl. Eckey et al., 2001, S. 357, Johnston/DiNardo, 1997, S. 297.

[62] Vgl. Pindyck/Rubinfeld, 1998, S. 399.

[63] Vgl. z.B. Enders, 1995, S. 294ff.

[64] Zur reduzierten Form vgl. z.B. Eckey et al., 2001, S. 297.

[65] Vgl. Frenkel/Nickel/Schmidt, 2001, S. 1182.

Ein strukturelles VAR-Modell dagegen lässt sich durch folgendes System beschreiben:[66]

$$(5.33)\qquad \begin{aligned} y_t &= b_{10} + b_{11}x_t + b_{12}y_{t-1} + b_{13}x_{t-1} + \varepsilon_{yt} \\ x_t &= b_{20} + b_{21}y_t + b_{22}y_{t-1} + b_{23}x_{t-1} + \varepsilon_{xt} \end{aligned},$$

wobei angenommen wird, dass y_t und x_t stationäre Variablen[67] sind und dass ε_{yt} und ε_{xt} White-Noise-Residuen sind.

In diesem System werden explizit Interdependenzen berücksichtigt, denn y_t und x_t stehen sowohl auf der linken als auch auf der rechten Seite. Den zeitgleichen Effekt bilden die Koeffizienten b_{11} und b_{21} ab, die sog. 'feedback'-Koeffizienten. Die Residuen ε_{yt} und ε_{xt} werden als Innovationen bzw. Schocks für y_t und x_t bezeichnet. Die Schätzung von interdependenten Gleichungen mit OLS führt zu inkonsistenten Schätzungen, denn die erklärenden Variablen sind nicht unabhängig von den Residuen. Das VAR-Modell in Standardform dagegen erfüllt die Bedingung der Konsistenz, deshalb muss versucht werden, aus der Schätzung der Standardform die notwendigen Parameter der strukturellen Form zurückzurechnen, denn die Schocks ε_{yt} und ε_{xt} z.B. sind nicht bekannt. Um dies zu erreichen, wird Gleichungssystem (5.33) umgeformt, indem die gemeinsam abhängigen, d.h. endogen unverzögerten Variablen unter Nutzung der Matrix-Algebra auf die linke Seite gebracht werden

$$(5.34)\qquad \begin{bmatrix} 1 & -b_{11} \\ -b_{21} & 1 \end{bmatrix}\begin{bmatrix} y_t \\ x_t \end{bmatrix} = \begin{bmatrix} b_{10} \\ b_{20} \end{bmatrix} + \begin{bmatrix} b_{12} & b_{13} \\ b_{22} & b_{23} \end{bmatrix}\begin{bmatrix} y_{t-1} \\ x_{t-1} \end{bmatrix} + \begin{bmatrix} \varepsilon_{yt} \\ \varepsilon_{xt} \end{bmatrix},$$

sodass die strukturelle Form in die Standardform überführt werden kann.[68] Denn durch Auflösen dieses Systems nach y_t und x_t ergibt sich

$$(5.35)\qquad \begin{bmatrix} y_t \\ x_t \end{bmatrix} = \begin{bmatrix} a_{10} \\ a_{20} \end{bmatrix} + \begin{bmatrix} a_{11} & a_{12} \\ a_{21} & a_{22} \end{bmatrix}\begin{bmatrix} y_{t-1} \\ x_{t-1} \end{bmatrix} + \begin{bmatrix} e_{1t} \\ e_{2t} \end{bmatrix},$$

wobei die folgenden Definitionen verwendet wurden:

$$\begin{bmatrix} a_{10} \\ a_{20} \end{bmatrix} = \begin{bmatrix} 1 & -b_{11} \\ -b_{21} & 1 \end{bmatrix}^{-1}\begin{bmatrix} b_{10} \\ b_{20} \end{bmatrix}; \qquad \begin{bmatrix} a_{11} & a_{12} \\ a_{21} & a_{22} \end{bmatrix} = \begin{bmatrix} 1 & -b_{11} \\ -b_{21} & 1 \end{bmatrix}^{-1}\begin{bmatrix} b_{12} & a_{13} \\ a_{22} & a_{23} \end{bmatrix} \text{ und}$$

$$\begin{bmatrix} e_{1t} \\ e_{2t} \end{bmatrix} = \begin{bmatrix} 1 & -b_{11} \\ -b_{21} & 1 \end{bmatrix}^{-1}\begin{bmatrix} \varepsilon_{yt} \\ \varepsilon_{xt} \end{bmatrix}.$$

System (5.35) ist wieder die Standardform, denn e_{1t} beeinflusst nur y_t und e_{2t} nur x_t. Durch Iteration[69] kommt man zu einer Vektor-Moving-Average (VMA) - Darstellung:

---

[66] Vgl. z.B. Enders, 1995, S. 294ff. auch für das Folgende.

[67] Vgl. Fußnote 60 von der Vorseite.

[68] Herleitungen z.B. bei Enders, 1995, S. 295, Frenkel/Nickel/Schmidt, 2001, S. 1184.

[69] Vgl. z.B. Enders, 1995, S. 297.

(5.36) $$\begin{bmatrix} y_t \\ x_t \end{bmatrix} = \begin{bmatrix} \bar{y} \\ \bar{x} \end{bmatrix} + \sum_{i=0}^{\infty} \begin{bmatrix} a_{11} & a_{12} \\ a_{21} & a_{22} \end{bmatrix}^i \begin{bmatrix} e_{1t-i} \\ e_{2t-i} \end{bmatrix}.$$

Gleichung (5.36) kann als VMA-Darstellung bezeichnet werden, weil sie die Summation der Wirkungen der Residuen auf die endogenen Variablen aufzeigt.

Die Residuen e_{1t-i} und e_{2t-i} erhält man durch die Schätzung der Standardform. Nun müssen die e_{1t-i} und e_{2t-i} nur noch in geeigneter Form mittels einer Matrix C in die Schocks ε_{yt} und ε_{xt} umgeformt werden:[70]

(5.37) $$\begin{bmatrix} y_t \\ x_t \end{bmatrix} = \begin{bmatrix} \bar{y} \\ \bar{x} \end{bmatrix} + \sum_{i=0}^{\infty} \begin{bmatrix} a_{11} & a_{12} \\ a_{21} & a_{22} \end{bmatrix}^i \begin{bmatrix} c_{11} & c_{12} \\ c_{21} & c_{22} \end{bmatrix} \begin{bmatrix} \varepsilon_{yt} \\ \varepsilon_{xt} \end{bmatrix}.$$

Für die Identifizierung der Schocks ε_{yt} und ε_{xt} ist also die Matrix C notwendig:

(5.38) $$e_t = C\varepsilon_t .$$

Um die Matrix C berechnen zu können, macht man sich die Kenntnis der Varianz-Kovarianz-Matrix Ω zunutze.[71] Denn Ω ist durch

(5.39) $$\Omega = E(e_t e_t') = E\left[C\varepsilon_t (C\varepsilon_t)'\right] = C E(e_t e_t')C'$$

gegeben. Da man von stationären Zeitreihen ausgeht, kann man die Varianzen von ε_{yt} und ε_{xt} auf Eins normieren. Und da die Schocks annahmegemäß unkorreliert sind, ist ihre Kovarianz Null. Das heißt, dass die Varianz-Kovarianz-Matrix der Schocks Ω_ε als

(5.40) $$\Omega_\varepsilon = E[\varepsilon_t \varepsilon_t'] = \begin{bmatrix} \text{var}(\varepsilon_{yt}) & 0 \\ 0 & \text{var}(\varepsilon_{xt}) \end{bmatrix} = \begin{bmatrix} 1 & 0 \\ 0 & 1 \end{bmatrix}$$

geschrieben werden kann. Es handelt sich also um eine Einheitsmatrix, d.h. eine symmetrische Matrix. Daraus ergibt sich die Varianz-Kovarianz-Matrix des Vektors e_t als $\Omega = CC'$,[72] d.h.

(5.41) $$CC' = \begin{bmatrix} \text{var}(e_{1t}) & \text{cov}(e_{1t}, e_{2t}) \\ \text{cov}(e_{1t}, e_{2t}) & \text{var}(e_{2t}) \end{bmatrix},$$

womit von vier Elementen der Matrix C nur drei unterschiedlich sind. Die Koeffizienten der Matrix C erhält man also durch das Setzen einer ausreichenden Zahl von Restriktionen. Denn im bivariaten Fall ergibt die VAR-Schätzung der Standardform des Gleichungssystems in (5.32) Schätzkoeffizienten für die sechs Parameter a_{10}, a_{20}, a_{11}, a_{12}, a_{21} und a_{22} sowie die berechneten Werte der Varianzen $\text{var}(e_{1t})$, $\text{var}(e_{2t})$

---

[70] Zur Herleitung vgl. z.B. Enders, 1995, S. 305, Frenkel/Nickel/Schmidt, 2001, S. 1185.

[71] Vgl. Frenkel/Nickel/Schmidt, 2001, S. 1185.

[72] Vgl. z.B. Greene, 2003, S. 598.

und der Kovarianz $cov(e_{1t}, e_{2t})$, also neun Parameter. Das strukturelle Gleichungssystem in (5.33) enthält allerdings zehn Parameter. Das sind neben den beiden Absolutgliedern b_{10}, b_{20} und den autoregressiven Koeffizienten $b_{12}, b_{13}, b_{22}, b_{23}$ die beiden 'feedback-Koeffizienten' b_{11} und b_{21} sowie die Standardabweichungen σ_y und σ_x. Das strukturelle Gleichungssystem in (5.33) ist also unteridentifiziert und damit nicht schätzbar.[73] Nur durch das Setzen einer Restriktion für einen der Parameter ist neben der Normierung der Varianz-Kovarianz-Matrix im hier vorgestellten bivariaten Fall das strukturelle Gleichungssystem genau identifiziert, im trivariaten Fall wird das Setzen von drei Restriktionen notwendig.

5.5.2.2 Identifikationsverfahren

Zur Identifikation der strukturellen Gleichungssysteme gibt es verschiedene Verfahren wie z.B.

- die Choleski-Faktorisierung,
- die strukturelle Dekomposition,

deren Unterschiede kurz dargestellt werden, um die entsprechende Auswahl des Verfahrens plausibel zu machen.

Die Choleski-Dekomposition[74] ist das einfachste und am weitesten verbreitete der zwei Verfahren. Bei der Choleski-Dekomposition wird die Varianz des Prognose-Fehlers für jede Variable in Komponenten aufgespalten, die jeder der endogenen Variablen im System zugerechnet werden können. Dabei werden die Residuen in einer Dreiecksform angeordnet und somit ein rekursives Modell unterstellt, womit ein Schock in der gleichen Periode zwar von der ersten Gleichung auf die zweite und die dritte in der Anordnung wirkt, aber es keine Rückwirkung von der zweiten auf die erste oder von der dritten Gleichung auf die erste oder zweite gibt. Durch die Lag-Struktur kommt es erst in den folgenden Perioden zu weiteren Responses. Diese Anordnung stellt einen der Kritikpunkte an diesem Verfahren dar, wenn tatsächlich kein rekursives Modell vorliegt. Ein weiterer Kritikpunkt an diesem Verfahren ist, dass es eine 'halb-strukturelle' Interpretation einer mechanischen Prozedur vorsieht. Bernanke (1986) und Sims (1986) haben deshalb einen anderen Weg für das Dekompositionsverfahren aufgezeigt, der stärker einer ökonomischen Struktur entspricht.[75]

Blanchard/Quah (1989) boten einen alternativen Weg für die strukturelle Identifikation an,[76] der in dieser Arbeit angewendet wird. Sie untersuchten mit US-Daten die Effekte von Nachfrage- und Angebotsschocks für ein bivariates VAR-Modell, das aus den Variablen BSP und Arbeitslosigkeit bestand. In ihrem Modell wurde der Nachfrageschock dahingehend restringiert, dass er für das reale BSP keinen Langfristeffekt hat. Das ist plausibel, denn zu dauerhaften positiven Nachfrageschocks zählen z.B. eine

---

[73] Vgl. z.B. Enders, 1995, S. 302.

[74] Vgl. z.B. ebenda, S. 302f., Johnston/DiNardo, 1997, S. 299f., Lütkepohl, 1993, S. 51f.

[75] Vgl. Hamilton, 1994, für eine theoretische Herleitung, Enders, 1995, behandelt dieses Thema in Kap. 5.10 bis 5.12 für Schätz-Anwendungen.

[76] Vgl. z.B. Enders, 1995, S. 331, Greene, 2003, S. 597f.

expansive Geldpolitik oder eine geldpolitisch akkomodierte Erhöhung staatlicher oder privater Ausgaben. Die Ausdehnung der Nachfrage verursacht zwar als kurzfristige Effekte einen Anstieg des Preisniveaus und des Ouputs, die Lohnerhöhungen zur Folge haben, aber im langfristigen Gleichgewicht ist der Output konstant; lediglich die Preise haben sich erhöht. Auf der Angebotsseite haben Produktivitätsschocks dagegen einen dauerhaften Effekt auf den Output.[77] Dem soll hier gefolgt werden.
Unter Anwendung der Varianz-Kovarianz-Matrix in (5.41) erhält man drei Restriktionen:[78]

(5.42) $$c_{11}^2 + c_{12}^2 = \mathrm{var}(e_{1t}),\ c_{21}^2 + c_{22}^2 = \mathrm{var}(e_{2t}),\ c_{11}c_{21} + c_{12}c_{22} = \mathrm{cov}(e_{1t}, e_{2t}).$$

Die vierte Restriktion ergibt sich aus den ökonomischen Überlegungen, dass Nachfrageschocks keine langfristigen Wirkungen auf das Outputniveau haben:

(5.43) $$\sum_{i=0}^{\infty} \begin{bmatrix} a_{11} & a_{12} \\ a_{21} & a_{22} \end{bmatrix}^i \begin{bmatrix} c_{11} & c_{12} \\ c_{21} & c_{22} \end{bmatrix} = \begin{bmatrix} 0 & \ldots \\ \ldots & \ldots \end{bmatrix}.$$

Damit können aus den Residuen der Standardform Nachfrage- und Angebotsschocks identifiziert werden. Zusätzlich ist es möglich, Simulationen durchzuführen, indem man das VAR-System durch auf eine Standardabweichung normierte Schocks anstößt. Die vier Elemente, die sich aus der linken Seite in Gleichung (5.43) ergeben, d.h. $\sum_{i=0}^{\infty} A^i \cdot C$ heißen deswegen Impuls-Response-Funktionen.
Die Impuls-Response-Funktionen zeigen, wie die endogene Variable auf einen Schock (Impuls) in den Residuen reagiert (Response).

Für die weitere Prozedur werden von Enders drei Schritte vorgeschlagen:[79]

1. Testen der für das VAR-System vorgesehenen Variablen auf Trends und Einheitswurzeln. Die Variablen sind so zu transformieren, dass sie stationär sind. Anschließend ist eine geeignete Lag-Länge auszuwählen. Die Residuen des geschätzten VAR-Systems müssen auf White-Noise getestet werden.
2. Unter Verwendung der Residuen des geschätzten VAR-Systems sind die Varianz-Kovarianz-Matrix und die Summen für die Koeffizienten der Matrix C zu berechnen.
3. Die identifizierten Schock-Sequenzen $\{\varepsilon_{yt}\}$ und $\{\varepsilon_{xt}\}$ können für die Innovationsrechnung verwendet werden, die in Kapitel 5.5.2.4 erläutert wird. Die Blanchard-Quah-Dekomposition ermöglicht es, die Ergebnisse ökonomisch zu interpretieren.

Diese Schritte werden bei der Präsentation der Schätzergebnisse in Kapitel 5.5.4 nachvollzogen.

---

[77] Vgl. den Nachweis für das Grundmodell der Makroökonomie bei Frenkel/Nickel/Schmidt, 2001, S. 1183.
[78] Vgl. ebenda, S. 1185.
[79] Vgl. Enders, 1995, S. 335f.

5.5.2.3 Bestimmung der Lag-Länge und Block-Exogenitäts-Test zur Variablen-Auswahl

Die optimale Zahl der Lags wird mittels verschiedener Informationskriterien bestimmt. Die gebräuchlichsten sind die multivariaten Verallgemeinerungen der Kriterien von Akaike (AIC)[80]

(5.44) $$AIC = T \cdot \ln|\Sigma| + 2N$$

bzw. Schwartz-Bayes (SBC)[81]

(5.45) $$SBC = T \cdot \ln|\Sigma| + N \cdot \ln \cdot T\,.$$

N steht für die Zahl der geschätzten Parameter in allen Gleichungen, T für die Stichprobengröße und $|\Sigma|$ ist die Determinante der Varianz-Kovarianz-Matrix der Residuen. Diese Informationskriterien berücksichtigen, dass einerseits durch jeden zusätzlichen Lag ein zusätzlicher Anteil der Varianz der endogenen Variable erklärt wird, andererseits Freiheitsgrade verloren gehen. Die Lagordnung des ausgewählten Schätzmodells ist so festzulegen, dass der AIC-, bzw. SBC-Wert minimal wird. Diese Informationskriterien beruhen im Gegensatz zum folgenden Test nicht auf einer Verteilungstheorie.

Eine weitere Entscheidungshilfe bei der Auswahl verschiedener Modelle ist eine Likelihood-Ratio-Teststatistik:[82]

(5.46) $$L = (T - c)(\ln|\Sigma_r| - \ln|\Sigma_u|),$$

wobei $|\Sigma_r|$ bzw. $|\Sigma_u|$ die Determinanten der Varianz-Kovarianz-Matrix der Residuen des restringierten Modells bzw. unrestringierten Modells sind, c steht für die Zahl der geschätzten Parameter des unrestringierten Modells und T wie oben für die Zahl der verfügbaren Beobachtungen. Die Teststatistik L ist χ^2-verteilt.[83] Die Zahl der Freiheitsgrade entspricht der Zahl der Restriktionen. Wenn der berechnete Wert für L den kritischen Wert übersteigt, wird die Nullhypothese abgelehnt. Die Nullhypothese lautet auf Geltung des restringierten Modells.

Zusätzlich können für die Modellauswahl Block-Exogenitäts-Tests als multivariate Verallgemeinerung des Granger-Kausalitäts-Tests[84] ebenfalls mit einer LR-Statistik wie in Gleichung (5.46) durchgeführt werden. Mit diesem Test wird geprüft, ob eine Variable in ein VAR-Modell aufgenommen werden soll, d.h. die anderen Variablen

---

80 Vgl. z.B. Enders, 2003, S. 58.

81 Das Schwartz-Bayes-Kriterium (SBC oder auch SBIC, vgl. Eckey et al., 2001, S. 361) wird in der Literatur auch als Bayes'sches Informationskriterium (BIC) bezeichnet. Vgl. Maddala, 2001, S. 527.

82 Vgl. Enders, 2003, S. 57.

83 Der Likelihood-Ratio-Test basiert auf einer asymptotischen Theorie, die streng genommen bei den kleinen Stichproben der Zeitreihen-Ökonometriker nicht anwendbar ist, vgl. Enders, 2003, S. 57. Trotzdem wird dieser Test in der Literatur sehr oft bei ökonomischen Fragestellungen angewendet.

84 Vgl. z.B. Greene, 2003, S. 592f. Enders, 1995, S. 316, nennt diesen Test deshalb 'Block-Kausalitätstest', oder noch präziser 'Block-Ausschlusstest', vgl. Enders, 2003, S. 63.

Granger-kausal beeinflusst. Die Zahl der Freiheitsgrade entsprechen 2p, da getestet wird, ob die Lags p einer Variable aus den anderen Gleichungen ausgeschlossen werden können. Die Nullhypothese lautet, dass die Lags eines Sets von Variablen die Gleichungen der restlichen Variablen nicht beeinflussen.

5.5.2.4 Komponenten der Innovationsrechnung

Das Ziel der VAR-Modelle ist vor allem das Studium der Dynamik in den Daten, d.h. wie Variablen auf Veränderungen reagieren, wie sich Schocks im System fortsetzen, wie die Prognose einer Variablen von den Reaktionen anderer Variablen abhängt und wie die zeitliche Kausalität abläuft.[85] Die Dynamik entsteht durch das Auftreten der endogenen zeitverzögerten Variablen als erklärende Variablen. Sie kann mit der Innovations-Rechnung,[86] d.h. mit den Impuls-Response-Funktionen und der Varianz-Dekomposition studiert werden. Wenn in einer Gleichung ein Schock - er wird auch als Innovation bezeichnet[87] - auftritt, so wirkt er sofort auf die endogene Variable der Gleichung, in der der Schock auftritt. Da diese endogene Variable mit ihren Lags in den anderen Gleichungen des VAR-Modells enthalten ist, hat das über die Lags Auswirkungen auf die anderen Gleichungen. Die Schocks werden als eine Standardabweichung der Residuen für eine Periode modelliert. Formal kann das mit Gleichung (5.47) für die zwei Variablen y_t und x_t in Matrix-Form folgendermaßen geschrieben werden:[88]

$$(5.47) \qquad \begin{bmatrix} y_t \\ x_t \end{bmatrix} = \begin{bmatrix} \bar{y} \\ \bar{x} \end{bmatrix} + \sum_{i=0}^{\infty} \begin{bmatrix} \theta_{11}(i) & \theta_{12}(i) \\ \theta_{21}(i) & \theta_{22}(i) \end{bmatrix} \begin{bmatrix} \varepsilon_{yt-i} \\ e_{xt-i} \end{bmatrix}.$$

Gleichung (5.47) ist die bereits aus Gleichungssystem (5.37) bekannte VMA-Darstellung. Die Elemente $\theta_{jk}(0)$ stellen Kurzfrist- bzw. Anstoß-Multiplikatoren dar, denn Koeffizient $\theta_{12}(0)$ steht für die sofortige Auswirkung (gleiche Periode) einer Änderung um eine Einheit in ε_{xt} auf y_t. Dagegen sind die Elemente $\theta_{11}(1)$ und $\theta_{12}(1)$ die 1-Perioden Auswirkungen (Responses) von Änderungen um eine Einheit (Impuls) in ε_{yt-1} und ε_{xt-1} auf y_t. Die akkumulierten Effekte von Impulsen in ε_{yt} und/oder ε_{xt} können durch Summation der Koeffizienten der Impuls-Response-Funktionen erhalten werden. Denn nach n Perioden ist der Effekt von ε_{xt} auf den Wert von y_{t+n} darstellbar durch $\theta_{12}(n)$, d.h. nach n Perioden ist der kumulierte Effekt von ε_{xt} auf die Variable y_t die Summe

$$\sum_{i=0}^{n} \theta_{12}(i).$$

---

[85] Vgl. Rinne/Specht, 2001, S. 522.

[86] Zur Innovationsrechnung vgl. z.B. Greene, 2003, Kap. 19.6.6, Lütkepohl, 1993, Kap. 2.3.2 und 2.3.3. Sehr formale Darstellungen dazu bei Hamilton, 1994, Kap. 11.4 und 11.5.

[87] Vgl. Enders, 1995, S. 294.

[88] Zur Herleitung vgl. ebenda, S. 305f.

Wird n unendlich, so ergibt das den Langfrist-Multiplikator. Da die Zeitreihen von y und x als stationär angenommen werden, muss für alle j und k die Summe

$$\sum_{i=0}^{\infty} \theta_{jk}^2(i)$$

endlich sein, d.h. die Effekte dürfen sich nicht 'aufschaukeln', d.h. nichtstationär sein. Die Koeffizienten $\theta_{11}(i)$, $\theta_{12}(i)$, $\theta_{21}(i)$ und $\theta_{22}(i)$ in (5.47) werden als die bereits auf S. 138 vorgestellten Impuls-Response-Funktionen bezeichnet. Üblicherweise werden die Impuls-Response-Funktionen graphisch dargestellt, um das Verhalten der Zeitreihen von y und x auf verschiedene Schocks zu zeigen.

Die Varianz-Dekomposition als zweiter Teil der Innovations-Rechnung ermöglicht es, die Eigenschaften der Prognosefehler zu verstehen und somit die Beziehungen zwischen den Variablen im VAR-Modell aufzudecken. Denn die Varianz-Dekomposition des Prognosefehlers zeigt den Anteil der Bewegungen einer Zeitreihe durch den eigenen Impuls gegenüber den Impulsen der anderen Variablen auf. Sollte sich herausstellen, dass der Residuen-Schock in einer Zeitreihe keine der Prognosefehler-Varianzen dieser Zeitreihe für alle Prognoseschritte erklärt, so ist diese Zeitreihe als exogen zu erklären. Im Umkehrschluss ist eine Variable vollständig endogen, wenn sie ihre gesamte Prognosefehler-Varianz erklären kann, was bei empirischen Anwendungen oftmals kurzfristig gilt, langfristig allerdings nicht.[89]

Problematisch an dem hier vorgestellten Dekompositionsverfahren von Blanchard/Quah ist, dass es genauso viele Varianten von Schocks gibt, wie es Variablen gibt und dass es schwierig ist, zwischen diesen Schock-Varianten zu unterscheiden.[90] Blanchard/Quah schlagen als Lösung vor, dass Schocks ausgewählt werden sollten, von denen einer lediglich temporäre Effekte hat und dass die restlichen Schocks sich in ihren Wirkungen ähneln sollten. Dem wird hier gefolgt.
Ein weiteres Problem ist die Anordnung der Schocks, von der die Dekompositionsergebnisse maßgeblich abhängen.[91] In der empirischen Praxis wird üblicherweise der Schock mit dem temporären Effekt an die erste Stelle gesetzt.[92] Dem wird hier ebenso gefolgt.
Weitere Kritik betrifft die Innovationsrechnung allgemein und bezieht sich auf den Einfluss von Messfehlern und das Verwenden von saisonal bereinigten sowie aggregierten Daten.[93] Diese Einflüsse können zu Verzerrungen bei Impuls-Response-Funktionen und bei der Varianz-Dekomposition führen. Das sind allerdings Probleme, die bei Schätzungen jeder Art zu berücksichtigen sind.

---

[89] Vgl. Enders, 1995, S. 310ff.

[90] Ebenda, S. 341f.

[91] Das gilt in noch stärkerem Maße wegen des rekursiven Modells für die Choleski-Dekomposition. Vgl. z.B. Lütkepohl, S. 54.

[92] Vgl. z.B. Döpke/Pierdzioch, 2000, Frenkel/Nickel/Schmidt, 2001.

[93] Vgl. z.B. Lütkepohl, S. 55f. und S. 58.

5.5.3 Diskussion zur Datentransformation vor der Schätzung

In der Literatur wird sehr kontrovers diskutiert, ob VAR-Modelle stationäre Variablen als Input benötigen, wie im Folgenden kurz zusammenfassend dargestellt wird. Denn ökonomische Variablen sind sehr oft nichtstationär, d.h. sie sind trendbehaftet und/oder schwanken zyklisch oder saisonal. Zeitreihenanalytiker empfehlen die vorhergehende Bereinigung der Daten, um die bereits mehrfach erwähnte Gefahr von Spurious Regression zu vermeiden.[94] Ökonometriker wie Doan dagegen empfehlen nicht zu differenzieren, selbst wenn die Variablen eine Einheitswurzel enthalten und somit nichtstationär sind. Denn das Ziel der VAR-Analyse sei die Untersuchung der Beziehungen zwischen den Variablen, nicht jedoch die Koeffizienten-Schätzer selbst. Das heißt, die Daten sollten so verwendet werden, wie man sie in separaten Einzelgleichungen verwenden würde:

- Exponentiell wachsende Zeitreihen (z.B. Preisniveau, Geldmenge, BSP) sollten logarithmiert werden,
- Zeitreihen ohne Trends (z.B. Zinsen) bleiben im Niveau.

Denn bei Box-Jenkins-Modellen könne man ohne stationäre Daten den ARMA-Prozess nicht identifizieren. Das trifft auf VAR-Modelle nicht zu.[95] Fuller weist nach, dass Differenzen-Bildung keine Verbesserung der asymptotischen Effizienz bei Autoregression bringt, selbst wenn es geeignet ist.[96] Stattdessen vernichtet Differenzieren wichtige Informationen über die Langfristbeziehungen, d.h. die auf Dauer geltende Gleichgewichtsbeziehungen zwischen den Variablen.[97] Das Gegenargument ist, dass die Form der Variablen im VAR-Modell den wahren Daten generierenden Prozess abbilden sollte, deshalb sollten die Variablen stationär sein.[98] Bei der Untersuchung nichtstationärer Zeitreihen besteht die Gefahr der bereits erwähnten Scheinregressionen. Außerdem kehren nichtstationäre Variablen nach einem Schock nicht zu ihrem Gleichgewichtstrend zurück, sondern folgen Random Walks, d.h. sie haben keine konstante Prognose-Varianz.[99] Dieser Aspekt ist gerade bei VAR-Modellen, bei denen mit der Innovationsrechnung die Wirkungen von Schocks analysiert werden sollen, bedeutsam. Außerdem ist für das hier verwendete Dekompositionsverfahren von Blanchard/Quah Stationarität der Variablen vorgeschrieben. Der Datensatz für die VAR-Schätzung wird, wie in Kap. 5.4.3 angegeben, in logarithmierter Form verwendet, und zusätzlich werden die Variablen auf Stationarität geprüft.

---

[94] Vgl. z.B. Rinne/Specht, 2002, S. 539. Der Sachverständigenrat prüft ebenfalls vor der VAR-Schätzung die Stationarität der Variablen, vgl. SVR, 2001, S. 252f.

[95] Vgl. Doan, 2000, S. 283f.

[96] Vgl. Fuller, 1996, Theorem 8.5.1.

[97] Vgl. Rinne/Specht, 2002, S. 539.

[98] Vgl. Enders, 1995, S. 301.

[99] Vgl. Pindyck/Rubinfeld, 1998, S. 491 und 507.

5.5.4 Schätzergebnisse der SVAR-Modelle

5.5.4.1 Spezifikation, Hypothesen-Tests und Modellauswahl

Für die Anzahl der endogenen Variablen im VAR-Modell und für die Zahl der Lags sind durch die relativ geringe verfügbare Zahl von 43 Quartalen enge Grenzen gesetzt. Mit ökonomischen Vorüberlegungen zur Abbildung des Strukturwandels können als geeignete Variablen in der Interaktion mit den anderen der Wertschöpfungs- und Beschäftigungsanteil des Dienstleistungssektors sowie das Pro-Kopf-Einkommen gelten. Denn die These zum Nachfragebias in Kap. 3.3.1 lautete, dass bei steigendem Einkommen die Einkommenselastizität der Nachfrage nach Dienstleistungen höher ist, als die nach Industriewaren, was schließlich zur Ressourcenallokation zugunsten des Dienstleistungssektors führt und sich langfristig sowohl beim Einsatz des Faktors Arbeit als auch bei der realen Wertschöpfung auswirkt. Deswegen werden die Impulse von Einkommensänderungen analysiert, die als Nachfrage-Schocks angesehen werden können. Angebots-Schocks werden durch Impulse beim Wertschöpfungsanteil und Beschäftigungsanteil gesetzt. Diese Schocks sind denkbar z.B. durch technologische Innovationen, die zur Steigerung der Produktivität und somit zu langfristigem Output-Wachstum führt, was Auswirkungen auf den Wertschöpfungsanteil des Dienstleistungssektors haben wird. Der Impuls beim Beschäftigungsanteil stellt ebenso einen aggregierten Angebots-Schock dar, z.B. durch das Eintreten geburtenstarker Jahrgänge am Arbeitsmarkt oder durch ein größeres Einwanderungsvolumen. Mit diesen zwei Impulsen soll es möglich sein, Aussagen zum Produktivitätsbias abzuleiten. Denn die These zum Produktivitätsbias in Kap. 3.3.2 lautete, dass ein im Vergleich zum Wertschöpfungsanteil stärker steigender Erwerbstätigenanteil des Dienstleistungssektors zu einer sinkenden Produktivität der Erwerbstätigen im Dienstleistungssektor im Vergleich zur Gesamtwirtschaft führt. Es soll geprüft werden, ob bei Schocks die Auswirkungen auf den Erwerbstätigenanteil stärker sind als die auf den Wertschöpfungsanteil des Dienstleistungssektors.

Die Ergebnisse der vorgeschalteten DF- sowie ADF-Tests auf Stationarität der Variablen bzw. auf ihren Integrationsgrad sind in Anhang 20 aufgeführt. Nur für die fünf Zeitreihen Pro-Kopf-Einkommen in Deutschland lnPKY_D, Beschäftigungsanteil in Frankreich lnBANT_F, Pro-Kopf-Einkommen in Italien lnPKY_I, Wertschöpfungsanteil in Italien lnYANT_I und Pro-Kopf-Einkommen in Großbritannien lnPKY_UK konnte Stationarität erst nach der 1. Differenzen-Bildung festgestellt werden. Diese Zeitreihen sind also integriert vom Grade 1, d.h. I(1) und gehen mit ihren ersten Differenzen (z.B. dlnPKY_D) in die Schätzung ein. Die restlichen Zeitreihen sind stationär, d.h. I(0) und werden als Niveauvariablen in der Schätzung verwendet.

Anschließend wurde zur Modellauswahl für die Festlegung der Zahl der Lags AIC und SBC ermittelt und der LR-Test durchgeführt (Anhang 21). Danach sind für alle VAR-Systeme bis auf Frankreich Modelle mit drei Lags optimal. Die Hypothese der Geltung des auf zwei Lags restringierten Modells konnte jeweils abgelehnt werden. Für Frankreich gibt es unterschiedliche Ergebnisse zwischen AIC/SBC sowie dem LR-Test. Da aber nur das Ergebnis des (asymptotischen) LR-Tests auf einem 5%igen, nicht aber auf einem 1%igen Signifikanzniveau für das mit zwei Lags restringierte Modell sprechen würde, gehen hier ebenfalls drei Lags in die Schätzung ein.

Granger-Kausalitäts-Tests in Form von Block-Exogenitäts-Tests wurden durchgeführt, um zu prüfen, ob die Lags bestimmter Variablen in einzelnen Gleichungen ausgeschlossen werden können. Wenn bei dem hier vorgestellten trivariaten Modell die Lags einer Variablen aus den anderen Gleichungen ausgeschlossen werden können, so kann ein einfacheres bivariates VAR-Modell geschätzt werden. Die LR-Teststatistik beruht auf sechs Freiheitsgraden, denn in der restringierten zwei-Variablen-Schätzung wurden drei Lags der in Tabelle 5.11 angegebenen Variable in der entsprechenden Niveau- bzw. Differenzenform in den zwei Gleichungen ausgeschlossen.
Die Werte der LR-Statistik ergeben, dass für Deutschland keine der Variablen block-exogen ist, wenn auch der Beschäftigungsanteil nicht mit einem 5%igen, sondern nur mit einem 7%igen Signifikanzniveau. Für Deutschland kann also ein trivariates VAR-Modell geschätzt werden, denn die Restriktionen, dass die Lags der jeweils ausgeschlossenen Variablen für die Schätzgleichungen der anderen Variablen Null sind, mussten abgelehnt werden. Bei den französischen Variablen sind alle drei Variablen Block-exogen, so dass für Frankreich kein VAR-Modell mit den angegebenen Variablen geschätzt werden kann.
Für Italien sind die Lags des Pro-Kopf-Einkommens ebenso nicht Granger-kausal für die Variable Wertschöpfungsanteil und Beschäftigungsanteil des Dienstleistungssektors. Ebenso gilt die Restriktion, dass alle Lags des Beschäftigungsanteils für das Pro-Kopf-Einkommen und für den Wertschöpfungsanteil Null sind, so dass auch für Italien kein VAR-Modell geschätzt werden kann. Für Großbritannien kann ein bivariates VAR-Modell geschätzt werden, denn nur der Wertschöpfungsanteil ist nicht Granger-kausal für die zwei anderen Variablen.

Tabelle 5.11: Ergebnisse des Block-Exogenitäts-Tests

Land	$\chi^2(6)$ Teststatistik	p-value	Test-Entscheidung
Variable: Pro-Kopf-Einkommen			
Deutschland	15,475	0,0179	
Frankreich	10,768	0,1200	Ausschluss
Italien	8,422	0,2366	Ausschluss
Großbritannien	13,381	0,0263	
Variable: Wertschöpfungsanteil			
Deutschland	19,500	0,0009	
Frankreich	3,708	0,8825	Ausschluss
Italien	19,824	0,0053	
Großbritannien	7,117	0,2569	Ausschluss
Variable: Beschäftigungsanteil			
Deutschland	11,419	0,0699	
Frankreich	11,418	0,0700	
Italien	8,936	0,2053	Ausschluss
Großbritannien	15,182	0,0152	

Da dieser Test, genauso wie der o.g. LR-Test zur Modellauswahl für die Zahl der Lags auf einer asymptotischen Theorie beruht und nur jeweils 43 Quartale zur Verfügung stehen, werden die Ergebnisse durch einen Block F-Test verifiziert. Dieser Test entspricht dem Standard-F-Test, d.h. die Nullhypothese lautet, dass die Koeffizienten alle Null sind. Die Ergebnisse dieses Block-F-Tests können ebenfalls als Granger-Kausalitäten interpretiert werden.[100] Mit dem Block-F-Test wird nicht wie beim LR-Test nur eine Variable mit ihren Lags auf Signifikanz geprüft, sondern man erkennt, ob alle Variablen des Systems Granger-kausal zur jeweiligen endogenen Variable sind. Beispielhaft seien die Ergebnisse für Deutschland in Tabelle 5.12 aufgeführt. In allen Fällen kann die Nullhypothese abgelehnt werden.

Der Block F-Test bestätigt damit im Prinzip den LR-Test, denn alle Variablen sind Granger-kausal für das Pro-Kopf-Einkommen, wenn auch der Wertschöpfungsanteil YANT nur auf einem 6,3%igen Signifikanzniveau und der Beschäftigungsanteil des Dienstleistungssektors BANT nur auf einem 5,5%igen Signifikanzniveau. Alle Variablen sind Granger-kausal für den Wertschöpfungsanteil, wenn auch der Beschäftigungsanteil knapp nicht auf einem 5%igen Signifikanzniveau. Ebenso sind alle Variablen Granger-kausal für den Beschäftigungsanteil des Dienstleistungssektors. Die jeweils knapp über 5%ige Signifikanz der Granger-Kausalität des Beschäftigungsanteil des Dienstleistungssektors für die anderen Variablen spiegelt sich im LR-Test wider, wo bei einem vorgegebenen 5%igen Signifikanzniveau auch die Lags des Beschäftigungsanteils ausgeschlossen werden müssten. Deshalb soll ein 10%iges Signifikanzniveau akzeptiert werden.

Tabelle 5.12: Ergebnisse des Block-F-Tests für Deutschland

F-Test, Abhängige Variable: dlnPKY_D		
Variable	F-Statistik	p-value
dlnPKY_D	5,8881	0,0214
lnYANT_D	3,6788	0,0634
lnBANT_D	3,9218	0,0552
F-Test, Abhängige Variable: lnYANT_D		
Variable	F-Statistik	p-value
dlnPKY_D	4,2887	0,0391
lnYANT_D	4,3133	0,0382
lnBANT_D	3,8730	0,0589
F-Test, Abhängige Variable: lnBANT_D		
Variable	F-Statistik	p-value
dlnPKY_D	5,6057	0,0241
lnYANT_D	8,1145	0,0096
lnBANT_D	35,3060	0,0002

YANT: Wertschöpfungs-Anteil des Dienstleistungssektors am nationalen Gesamtoutput
BANT: Beschäftigungsanteil des Dienstleistungssektors an der Gesamtbeschäftigung
PKY: Pro-Kopf-Einkommen der Gesamtwirtschaft
ln: natürlicher Logarithmus; d: Differenzierte Zeitreihe

---

[100] Vgl. Enders, 2003, S. 64.

Die Ergebnisse für die anderen drei Länder in Anhang 22 entsprechen ebenso dem LR-Test, d.h. für Frankreich und Italien kann die Nullhypothese in keinem Fall abgelehnt werden, so dass die Koeffizientenschätzer aller Lags jeweils Null sind und keine Granger-Kausalität vorliegt. Für Großbritannien ist die Wertschöpfung in keinem Fall Granger-kausal für die anderen beiden Variablen, allerdings würde das ebenso bei einer Vorgabe des Signifikanzniveaus von 5% für den Beschäftigungsanteil gelten.

Damit wird also für Deutschland ein VAR-Modell mit den drei Variablen Pro-Kopf-Einkommen, Wertschöpfungsanteil und Beschäftigungsanteil mit OLS geschätzt, für Großbritannien mit den zwei Variablen Pro-Kopf-Einkommen und Beschäftigungsanteil. Für beide Länder gehen in die Analyse drei Lags ein.
Üblicherweise werden für ein VAR-Modelle keine Schätzkoeffizienten angegeben, denn da die Regressoren oftmals hoch korreliert sind, sind die entsprechenden t-Werte ohnehin keine geeigneten Auswahlkriterien für das Modell bzw. die Koeffizienten.[101] Die adjustierten Determinationskoeffizienten betragen für das deutsche Modell 0,39 für dlnPKY_D, 0,93 für lnBANT_D und 0,96 für lnYANT_D. Geprüft werden müssen die White-Noise-Eigenschaften der Residuen (Ergebnisse in Anhang 23). Zusätzlich ist die Kovarianz-, Korrelations-Matrix der Residuen untenstehend für das deutsche VAR-Modell angegeben. RESID3(1) steht für die Residuen der Gleichung der ersten Variable in der Anordnung, d.h. für das Pro-Kopf-Einkommen, RESID3(2) für den Wertschöpfungsanteil und RESID3(3) für den Beschäftigungsanteil. Die Werte der Hauptdiagonale geben die Varianzen der einzelnen Gleichungen an, die Werte unterhalb der Diagonale die Kovarianzen und die Werte oberhalb der Diagonale die Korrelationen zwischen den Residuen.

Kovarianz-\Korrelations-Matrix für Deutschland			
	RESID3(1)	RESID3(2)	RESID3(3)
RESID3(1)	0,000006264	0,001371875	-0,000047992
RESID3(2)	0,000000611	0,000003169	0,182412571
RESID3(3)	-0,000000385	0,000000104	0,000000103

Den Residuen kann für dieses VAR-Modell mit den Test-Ergebnissen in Anhang 23, bei denen die Nullhypothese in keinem Fall abgelehnt werden konnte, White-Noise-Eigenschaften zugesprochen werden, d.h. ihr Mittelwert ist Null, sie sind normalverteilt, sie haben konstante Varianzen und sind individuell seriell unkorreliert.

Kovarianz-\Korrelations-Matrix für Großbritannien		
	RESID3(1)	RESID3(2)
RESID3(1)	1,872705e-06	-0.006482085
RESID3(2)	-7.835845e-09	7.803203e-07

Das gleiche kann für das bivariate VAR-Modell für Großbritannien gelten. Die adjustierten Determinationskoeffizienten betragen 0,91 für den Beschäftigungsanteil lnBANT_UK und 0,75 für das Pro-Kopf-Einkommen in Differenzen dlnPKY_UK. Die Residuen sind mit einem Wert von -0.0064 sehr gering korreliert, die Varianzen

[101] Vgl. Enders, 1995, S. 301.

sind konstant, der Mittelwert ist null und die Residuen sind normalverteilt sowie White Noise (vgl. Anhang 23).

Die bisherigen Schritte dienten der Modellauswahl für das eigentliche Ziel, dem Studium der Dynamik im SVAR-Modell mit Varianz-Dekompositionen und Impuls-Response-Funktionen in Kapitel 5.5.4.3. Zunächst muss allerdings die Identifikation der SVAR-Systeme durch geeignete Restriktionen sichergestellt werden.

5.5.4.2 Restriktionen des Modells

Für das deutsche trivariate VAR-Modell ist Matrix C aus Gleichung (5.37) eine (3 x 3)-Matrix, und der Vektor $\varepsilon_t \equiv (\varepsilon_{d\ln PKY\_D,t} \quad \varepsilon_{\ln YANT\_D,t} \quad \varepsilon_{\ln BANT\_D,t})'$ ist der Vektor der seriell unkorrelierten strukturellen Schocks. Die strukturelle Form des Gleichungssystems wird durch Langfristrestriktionen identifiziert, die von Schocks auf die zugrunde liegenden Variablen ausgehen. Die Identifikation der neun Elemente der Matrix C erfordert sechs Restriktionen im System. Die ersten drei Restriktionen sind durch die Normierung der Varianz-Kovarianz-Matrix gegeben, die die Nachfrage- und Angebotsschocks in Form einer Einheitsmatrix annimmt, wie in Kapitel 5.5.2.2 für die (2 x 2)-Matrix beschrieben. Die restlichen drei Restriktionen werden aus theoretischen Überlegungen abgeleitet. Entsprechend der Arbeit von Blanchard/Quah und den Ausführungen sowie der Kritik zum Nachfragebias in Kapitel 3.3.1 sollen Nachfrageschocks ε_{dlnPKY_D} langfristig keine Wirkung auf die anderen zwei Variablen Wertschöpfungsanteil des Dienstleistungssektor lnYANT und Beschäftigungsanteil des Dienstleistungssektor lnBANT haben. Auf der Angebotsseite soll entsprechend Kapitel 3.3.2 zum Produktivitätsbias angenommen werden, dass Produktivitätsschocks ε_{lnYANT_D} langfristig auf den Beschäftigungsanteil des Dienstleistungssektors und das Pro-Kopf-Einkommen wirken, ebenso soll das für einen Angebotsschock in Form der Änderung des Arbeitsangebots ε_{lnBANT_D} auf den Wertschöpfungsanteil und das Pro-Kopf-Einkommen gelten. Alle anderen Schocks werden als transitorisch angenommen.
Positive Nachfrageschocks sind gesamtwirtschaftlich z.B. denkbar durch eine expansive Geldpolitik oder durch eine Erhöhung staatlicher oder privater Ausgaben.
Positive Angebotsschocks in Form von Produktivitätsschocks können durch technischen Fortschritt ausgelöst werden, z.B. durch die Computerisierung der Büroarbeit. Der Angebotsschock bei der Beschäftigung ist z.B. durch verbesserte Qualität und Mobilität des Faktors Arbeit denkbar.

Für das britische bivariate VAR-Modell ist Matrix C aus Gleichung (5.37) eine (2 x 2)-Matrix, und der Vektor $\varepsilon_t \equiv (\varepsilon_{d\ln PKY\_UK,t} \quad \varepsilon_{\ln BANT\_UK,t})'$ ist der Vektor der iid-Schocks. Nachfrageschocks sollen wie im deutschen Modell langfristig keine Wirkung auf die Variable Beschäftigungsanteil haben. Der Angebotsschock auf den Beschäftigungsanteil soll dagegen langfristig wirken.

5.5.4.3 Innovationsrechnung

5.5.4.3.1 Impuls-Response-Funktionen

In einem ersten Schritt wird in den Abbildungen 5.5 bis 5.9 anhand von Impuls-Response-Funktionen graphisch gezeigt, wie sich ein Schock auf die Variablen auswirkt. Als zweites wird mit Varianz-Dekompositionen analysiert, wie hoch der Erklärungs-Anteil der einzelnen Variablen am Prognosefehler ist.

Die Abszisse stellt für die Impuls-Response-Funktionen die Anpassungszeit in 40 Quartalen dar, die Ordinate stellt die Langfristwirkung der auf eine Standardabweichung normierten Schocks dar. Um die Responses der Zeitreihen vergleichbar zu machen, wurden sie standardisiert, indem die Werte der Responses durch die Standardabweichung ihrer Residuen-Varianz dividiert wurden. Das ermöglicht, alle Responses auf einer Einheitsskala darstellen zu können.

Abbildung 5.5: Standardisierte Responses auf einen Nachfrageschock in Deutschland

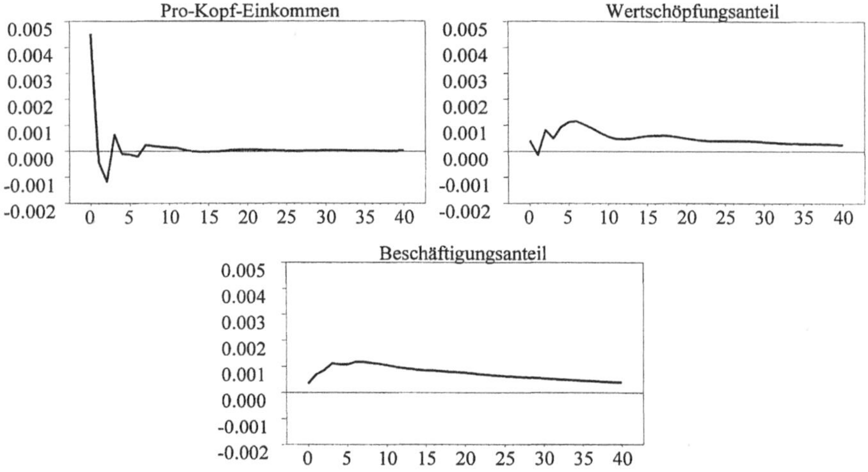

Die Impuls-Response-Funktionen nach einem Nachfrageschock zeigen, dass das Pro-Kopf-Einkommen zunächst durch den Anstoß-Multiplikator aus Gleichung (5.47) um 0,45% steigt und nach ca. 11 Quartalen den Gleichgewichtswert von Null erreicht. Auch Wertschöpfungs- und Beschäftigungsanteil der Dienstleistungen zeigen den erwarteten Verlauf: Sie steigen kurzfristig geringfügig an - langfristig dagegen hat ein Nachfrageschock keine signifikanten Wirkungen auf sie. Diese Resultate spiegeln die Langfristrestriktionen wider, die zur Identifikation des SVAR-Systems gesetzt wurden. Die Kurzfristwirkungen dagegen zeigen, dass kurzfristig orientierte Wirtschaftspolitik, die versucht, die Gesamtnachfrage zu beeinflussen, nicht neutral ist. Stattdessen führt sie zu unerwünschten Nebeneffekten,[102] wie in diesem Fall dem kurzfristigen Absinken des Pro-Kopf-Einkommens.

Anders dagegen ist es bei einem Angebotsschock durch einen Produktivitätsschock (Abbildung 5.6). Zunächst sinkt daraufhin das Pro-Kopf-Einkommen, ehe es sich nach ca. 17 Quartalen wiederum einem Gleichgewichtswert von Null nähert. Der Wertschöpfungsanteil dagegen steigt zunächst und nähert sich mit sinusförmigen Schwingungen mit abnehmender Amplitude ebenfalls Null. Diese Ergebnisse sind konträr zu den in Kapitel 5.5.1 aufgeführten empirischen Studien, bei denen durch Angebotsschocks neben signifikanten Kurzfrist- auch Langfristwirkungen auf den Pfad des realen BIP nachgewiesen wurden, wobei in der hier vorliegenden Arbeit allerdings auch nur ein Teilaggregat des BIP in der Form des Wertschöpfungsanteils des Dienstleistungssektors verwendet wurde.
Der Beschäftigungsanteil steigt ebenfalls nach einem Produktivitätsschock geringfügig bis zum vierten Quartal an und sinkt dann aber langfristig zu einem Gleichgewichtswert von nahe Null.
Damit kann für den Zeitraum 2/1991 bis 3/2001 die Geltung des Produktivitätsbias für Deutschland nicht durch das SVAR-Modell bestätigt werden. Kurzfristig steigen Wertschöpfungsanteil und Beschäftigungsanteil zwar an, aber die Schockwirkungen beim Wertschöpfungsanteil sind stärker als beim Beschäftigungsanteil, sodass es nicht zu einer sinkenden Produktivität der Erwerbstätigen im Dienstleistungssektor kommen kann.

Abbildung 5.6: Standardisierte Responses auf einen Produktivitätsschock in Deutschland

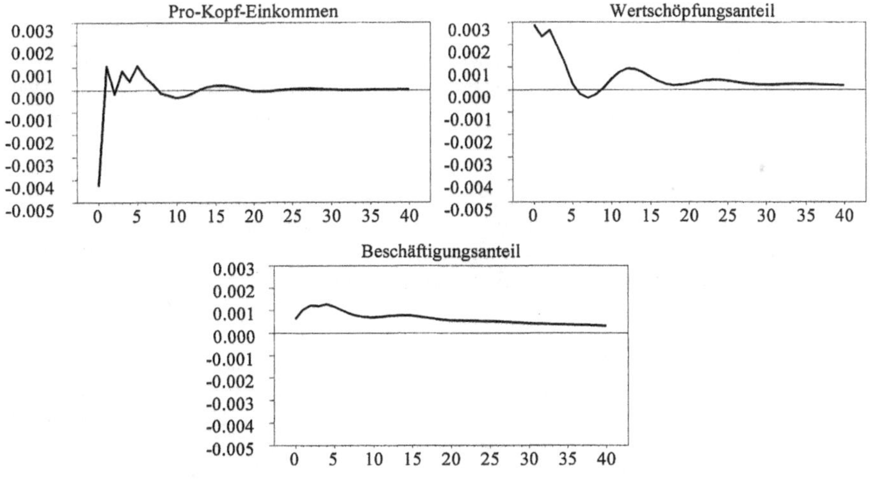

102 Vgl. Döpke/Pierdzioch, 2000, S. 25.

Der Arbeitsangebotsschock löst bei seiner Initiierung ein steigendes Pro-Kopf-Einkommen, einen schwach gestiegenen Beschäftigungsanteil sowie einen sinkenden Wertschöpfungsanteil aus (Abbildung 5.7). Langfristig wird bei allen drei Variablen nach ca. 20 Quartalen wiederum der Gleichgewichtswert von Null erreicht.

Abbildung 5.7: Standardisierte Responses auf einen Arbeitsangebotsschock in Deutschland

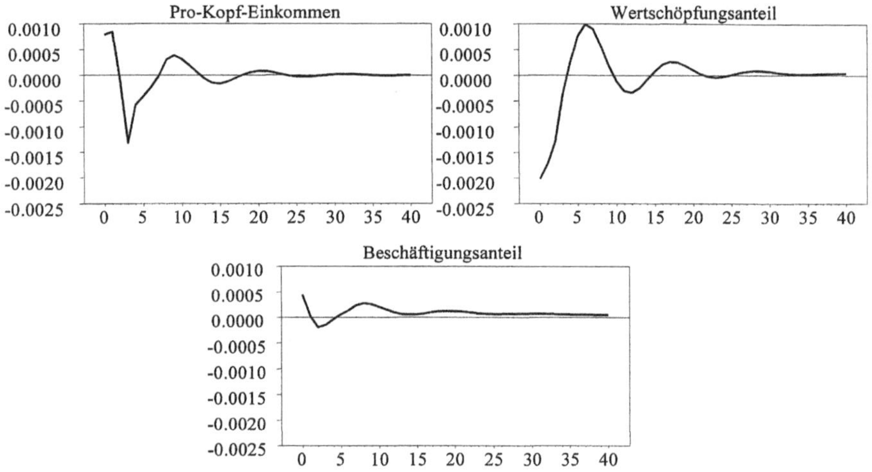

Die bei der Identifikation des SVAR-Modells aufgestellten Restriktionen zu den Angebotsschocks führten somit nicht zu den erwarteten Ergebnissen, denn für die zwei Schocks konnten keinerlei Langfristwirkungen im deutschen SVAR-Modell nachgewiesen werden.

Werden zusammenfassend die Ergebnisse der Impuls-Response-Funktionen für Deutschland der These des Nachfragebias und des Produktivitäsbias gegenübergestellt, so kann die Ressourcenallokation zugunsten des Dienstleistungssektors hinsichtlich gestiegenem Wertschöpfungs- und Beschäftigungsanteil nach Angebotsschocks ebenso nicht bestätigt werden.

Die Wirkungen für das bivariate britische SVAR-Modell unterscheiden sich deutlich von den Ergebnissen des deutschen Modells. Zwar kommt es entsprechend den Restriktionen nach einem Nachfrageschock (Abbildung 5.8) zu keinerlei Langfristwirkungen auf das Pro-Kopf-Einkommen, allerdings führt der Nachfrageschock kurzfristig zu einem Anstieg des Beschäftigungsanteils der Dienstleistungen und langfristig zu einem höheren neuen Gleichgewichtswert und damit um einen Anstieg um ca. 0,1%.

Abbildung 5.8: Standardisierte Responses auf einen Nachfrageschock in Großbritannien

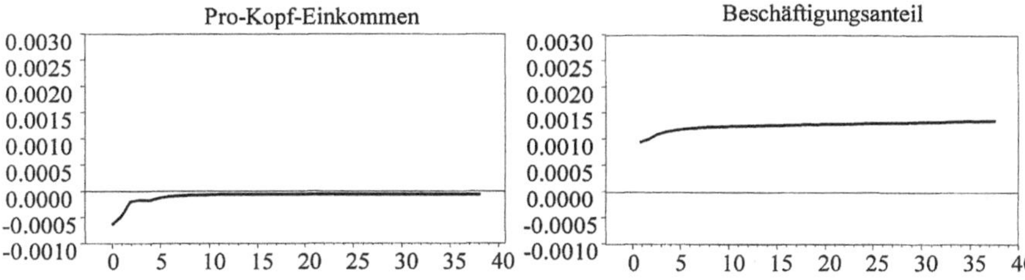

Nach einem Arbeitsangebotsschock (Abbildung 5.9) steigt das Pro-Kopf-Einkommen kurzfristig um 0,3% und nähert sich nach ca. zehn Quartalen wiederum dem Gleichgewichtswert von Null an. Der Beschäftigungsanteil des Dienstleistungssektors sinkt dagegen langfristig zu einem niedrigeren neuen Gleichgewichtswert.

Abbildung 5.9: Standardisierte Responses auf einen Arbeitsangebotsschock in Großbritannien

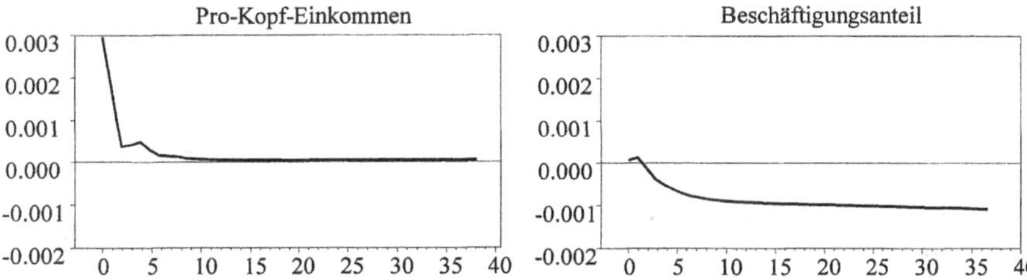

Diese Ergebnisse spiegeln die zur Identifikation des britischen SVAR-Systems gesetzten Restriktionen nur teilweise wider. Für den Nachfrageschock wurden keinerlei Langfristwirkungen unterstellt, die sich allerdings beim Beschäftigungsanteil ergeben haben. Umgekehrt kam es beim Arbeitsangebotsschock zu nicht erwarteten negativen Wirkungen auf den Beschäftigungsanteil des Dienstleistungssektors. Das kann bei dem hier unterstellten Schock des Anstiegs der Qualität des Faktors Arbeit zumindest seit 1998 evtl. damit erklärt werden, dass die britische Regierung eine Bildungsoffensive[103] gestartet hat, die Arbeitskräfte in den oftmals besser zahlenden Industriesektor zieht, wodurch der Beschäftigungsanteil des Dienstleistungssektors sinkt.

Mit den zwei Variablen des VAR-Modells zu Großbritannien sind nur Teilaussagen zum Strukturwandel abzuleiten. Entgegen den Wirkungen in Deutschland hat ein Arbeitsangebotsschock auf die Variable Beschäftigungsanteil des Dienstleistungssektors nach einem Nachfrageschock positive, nach einem Angebotsschock negative Wirkungen. Es muss allerdings zusätzlich darauf hingewiesen werden, dass die Auswirkungen in allen hier betrachteten Fällen hinsichtlich ihrer numerischen Ausmaße recht gering sind. Deswegen wurde auf die Berechnung von Konfidenzbändern verzichtet.

[103] Vgl. Kuntze, 2000, S. 37.

5.5.4.3.2 Varianz-Dekompositionen

Zur Untersuchung der relativen Bedeutung der verschiedenen Schocks für die Variation der endogenen Variablen wurde eine Varianz-Dekomposition für die zwei SVAR-Modelle durchgeführt.

Die Varianz-Dekomposition für das deutsche SVAR-Modell in Tabelle 5.13 zeigt eine starke Interaktion zwischen den Variablen, vor allem in der langen Frist. Der Übersichtlichkeit halber sind in Tabelle 5.13 nur die Dekompositionswerte von vier ausgewählten Schritten dargestellt.

In der zweiten Spalte ist jeweils der Prognose-Standardfehler der entsprechenden Variable aufgeführt. Er ist für alle Variablen anfangs recht gering und steigt erwartungsgemäß mit zunehmenden Prognose-Schritten.

Die restlichen Spalten zeigen die Dekompositionen, die sich zeilenweise zu 100% addieren. So erklärt z.B. die Variable Pro-Kopf-Einkommen mit 52% über die Hälfte ihrer Ein-Schritt-Prognosefehler-Varianz selbst. Ihr Erklärungsanteil sinkt nach dem ersten Schritt zwar etwas ab, bleibt aber über alle Dekompositions-Schritte am größten. Der Erklärungsanteil des Wertschöpfungsanteils für die Variable Pro-Kopf-Einkommen bleibt konstant bei etwas über 45%, während der der Variable Beschäftigungsanteil für alle Perioden sehr gering ist. Er steigt erst in Periode 8 auf einen Wert von 8% Erklärungsanteil, bei dem er die meisten Perioden auch bleibt.

Tabelle 5.13: Varianz-Dekomposition für Deutschland

Prognose-Schritt	Standard-fehler	Erklärungsanteil in % durch einen Schock auf...		
		$\varepsilon_{d\ln PKY\_D}$	$\varepsilon_{\ln YANT\_D}$	$\varepsilon_{\ln BANT\_D}$
Varianz-Dekomposition für dlnPKY_D				
1	0,00626	52,24	46,16	1,60
8	0,00692	47,18	45,24	7,58
16	0,00698	46,52	45,15	8,33
24	0,00699	46,43	45,19	8,39
Varianz-Dekomposition für lnYANT_D				
1	0,00354	1,37	66,05	32,58
8	0,00657	12,83	60,86	26,31
16	0,00709	16,81	59,32	23,87
24	0,00732	19,85	57,32	22,83
Varianz-Dekomposition für lnBANT_D				
1	0,00084	16,58	55,13	28,29
8	0,00411	44,36	53,62	2,02
16	0,00539	52,04	46,00	1,97
24	0,00604	53,84	44,35	1,82

Bei der Erklärung der Varianz des Prognosefehlers für die Variable Wertschöpfungsanteil sind die Erklärungsanteile stärker zwischen den Variablen aufgeteilt. Der eigene Erklärungsanteil ist allerdings in allen Perioden mit nahe 60% am größten. Der Erklä-

rungsanteil des Beschäftigungsanteils sinkt nach der dritten Periode zwar etwas ab, bleibt aber jeweils zweitgrößter Erklärungsanteil mit etwas über 20%.
Die Varianz des Prognosefehlers der Beschäftigungsvariable wird überwiegend durch die Variationen der zwei anderen Variablen erklärt.

In der Gesamtübersicht wird die Bedeutung durch Produktivitätsschocks ε_{lnYANT_D} deutlich, denn sein Erklärungsanteil für die Varianzen der Prognosefehler ist für alle Variablen und die meisten Prognoseschritte am größten. Dem folgt der Erklärungsanteil durch Nachfrageschocks ε_{dlnPKY_D} in seiner Bedeutung nach. Schocks beim Arbeitsangebot ε_{lnBANT_D} haben - außer für den Wertschöpfungsanteil - erwartungsgemäß den geringsten Erklärungsanteil.

Anders sind die Verhältnisse beim SVAR-Modell für Großbritannien (Tabelle 5.14), bei dem sich die Erklärungsanteile der Variablen jeweils abwechseln. Die Varianz des Prognosefehlers für das Pro-Kopf-Einkommen wird durch den Angebotsschock erklärt, die Varianz des Prognosefehlers für den Beschäftigungsanteil dagegen überwiegend zu drei Vierteln durch den Nachfrageschock.

Tabelle 5.14: Varianz-Dekomposition für Großbritannien

Prognose-Schritt	Standard-fehler	Erklärungsanteil in % durch einen Schock auf...	
		ε_{dlnPKY_UK}	ε_{lnBANT_UK}
Varianz-Dekomposition für dlnPKY_UK			
1	0,00303	4,48	95,52
8	0,00362	5,85	94,15
16	0,00363	6,07	93,93
24	0,00364	6,24	93,76
Varianz-Dekomposition für lnBANT_UK			
1	0,00127	99,99	0,01
8	0,00595	84,68	15,32
16	0,00987	76,80	23,20
24	0,01291	74,45	25,55

Im Ergebnis ist somit keine der Variablen als exogen zu erklären, denn auf keine der Variablen traf es zu, dass der Residuen-Schock in einer Zeitreihe keine der Prognosefehler-Varianzen dieser Zeitreihe für alle Prognoseschritte erklärt.

Zusammenfassend ist es mit der Innovations-Rechnung gelungen, die Beziehungen zwischen den ökonomischen Variablen Pro-Kopf-Einkommen, Wertschöpfungs- und Beschäftigungsanteil des Dienstleistungssektors im Strukturwandel zu analysieren, wenn auch nur für Deutschland und mit Einschränkungen für Großbritannien.
Die These des Nachfragebias hat für Deutschland im Gegensatz zu Großbritannien keine Stützung durch die SVAR-Modelle gefunden, weil es bei Schocks durch die Residuen der Variable Pro-Kopf-Einkommen zu keinem dauerhaft höheren Gleichgewicht des Beschäftigungsanteils des Dienstleistungssektors kam. Die These des Pro-

duktivitätsbias konnte ebenso nicht verifiziert werden, weil Produktivitätsschocks nicht zu dauerhaft höherem Wertschöpfungs- oder Beschäftigungsanteil in Deutschland führten.

Für Großbritannien konnten Produktivitätsschocks durch die fehlende Variable Wertschöpfungsanteil nicht untersucht werden. Arbeitsangebotsschocks führen in Großbritannien zu einem sinkenden Beschäftigungsanteil des Dienstleistungssektors.
Für Frankreich und Italien haben sich in den vorangestellten umfassenden Tests keine signifikanten Granger-Kausalitäten herausgestellt, so dass SVAR-Modelle für diese zwei Länder nicht geschätzt werden konnten.

5.6 Zusammenfassung der Ergebnisse der empirischen Analyse

Die Darstellung der Strukturwandelmaße am Beginn des Kapitels hat gezeigt, dass die Intensität des Strukturwandels unmöglich in einer einzigen Maßzahl erfasst werden kann, noch dazu, weil jedes der vorgestellten Maße spezifische Nachteile hat. Das letztendlich berechnete und in Graphiken dargestellte Lilien-Maß zeigt optisch, dass die Strukturwandel-Intensität bei der Wertschöpfung größer als bei der Beschäftigung ist. Der paarweise Vergleich der Lilien-Maße für die vier Länder mit Varianzen-Tests ergibt dagegen, dass die Streuungsunterschiede nicht signifikant unterschiedlich sind.

Die Untersuchungen von Trend und Zyklus mit Hilfe des Hodrick-Prescott-Filters bringen hervor, dass - wie erwartet - die Wachstumsraten der Beschäftigung im sekundären Sektor einem fallenden und im tertiären Sektor einem steigenden Trend folgen. Die durchschnittlichen Wachstumsraten der Dienstleistungsbeschäftigung sind im Zeitraum von 1980 bis 2001 bei einer modifizierten Schätzung des Lilien-Index größer als die im Industriesektor. Somit besteht prinzipiell für alle vier Länder die Hoffnung, dass die durch die Deindustrialisierung wegfallenden Arbeitsplätze durch Arbeitsplätze im tertiären Sektor ersetzt werden können. Die These der stärkeren zyklischen Schwankungen der Wachstumsraten der Dienstleistungsbeschäftigung in Folge von Änderungen des BWS-Wachstums konnte dagegen nicht bestätigt werden. Die Koeffizienten waren nicht signifikant, bzw. in Frankreich reagiert die Industriebeschäftigung stärker auf zyklische Schwankungen der Wachstumsraten der BWS.

Zur Quantifizierung des Produktivitätsbias wurden Schätzungen in einer modifizierten Form des Verdoornschen Gesetzes durchgeführt. Es fanden insofern Erweiterungen gegenüber den bisherigen Schätzungen dieser Art in der Literatur statt, indem die oftmals vorliegende Autokorrelation der Restwerte mit einer Cochrane-Orcutt-Prozedur bereinigt wurde. Nur für die französischen Daten gelang das nicht. Die Ergebnisse der Schätzungen lassen nicht auf einen Produktivitätsbias schließen, weil die Steigungskoeffizienten des Industrie- und Dienstleistungssektors nicht signifikant von Eins verschieden sind. Deshalb konnten sektorale Beschäftigungsschwellen ebenfalls nicht berechnet werden. Nach Abschluss der Schätzungen zum Verdoornschen Gesetz muss insofern eine Revidierung der Ergebnisse erfolgen, indem zusätzliche Überlegungen als Erweiterungen zu bisherigen Veröffentlichungen zu diesem Thema vermuten ließen, dass bilaterale Kausalitäten vorliegen. Tests auf Granger-Kausalität ergaben, dass für Italien im Dienstleistungssektor, für Deutschland und Großbritannien im Industriesektor bilaterale Kausalitäten vorliegen, so dass die jeweilige sektorale Wachstumsrate der Wertschöpfung nicht als exogene Variable angesehen werden kann. Die Schlussfolgerungen daraus, interdependente Gleichungssysteme zu schätzen, wurden am Schluss des empirischen Kapitels für ähnliche Variablen wieder aufgenommen.

Zuvor wurden allerdings mit Classical-Pooling-Schätzungen Gesamtschätzungen zum Strukturwandel durchgeführt, die die im deskriptiven Teil dargestellten Determinanten des Strukturwandels aufnehmen sollten und dem recht kurzen Datensatz und der geringen Querschnittsdimension von lediglich vier Ländern gerecht wurden. Im Ergebnis wurde entgegen dem deskriptiven Befund eine sinkende relative Arbeitsproduktivität im Dienstleistungssektor bei steigendem Pro-Kopf-Einkommen festgestellt. Die relative Arbeitsproduktivität des Dienstleistungssektors reagiert elastisch auf Investitionen, und Änderungen des Außenbeitragsanteils haben eine geringe Wirkung auf sie. Der Wertschöpfungsanteil des Dienstleistungssektors an der gesamtwirtschaftlichen Wertschöpfung reagiert wie erwartet positiv auf Änderungen des Pro-Kopf-Einkommens, Erhöhungen der Investitionsanteils am BIP senken ihn und Erhöhungen des Steuereineinnahmenanteils am BIP steigern ihn wider Erwarten. Der Außenwirtschaftsaspekt wurde mit einem signifikant positiven Einfluss des Dienstleistungsexports auf den Wertschöpfungsanteil aufgenommen. Wesentlich geringere Wirkungen als beim Wertschöpfungsanteil wurden für den Beschäftigungsanteil bei Erhöhungen des Pro-Kopf-Einkommens quantifiziert. Investitionserhöhungen, Steuererhöhungen und Erhöhungen des Außenbeitragsanteils am BIP wirken beschäftigungssenkend. Länder-Dummies hatten keinen signifikanten Einfluss, und die LM-Tests bestätigen die Geltung des gepoolten Modells.
Da allerdings gerade die unterschiedlichen Bedingungen und Ergebnisse des Strukturwandels für die vier Länder interessierten, wurde eine Erweiterung dieser Schätzungen mit einem SVAR-Modell vorgestellt. Diese Schätzungen ermöglichten zusätzlich, die Dynamik des Strukturwandels für einzelne Variablen abzubilden und die Wirkungen von Schocks im Zeitablauf zu quantifizieren.
Die Schätzergebnisse sind insofern etwas unbefriedigend, als die vorgeschalteten Granger-Kausalitätstests nur für Deutschland und Großbritannien VAR-Modelle zuließen.
Die Innovationsrechnung ergab nach der gewählten Blanchard/Quah-Dekomposition für Deutschland entsprechend den gesetzten Restriktionen keine Langfristeffekte von Nachfrageschocks. Impulse durch Produktivitätsschocks und Arbeitsangebotsschocks führten allerdings ebenso nicht zu einem höheren Gleichgewichtswert. Der Produktivitätsbias kann damit mit dem SVAR-Modell für Deutschland nicht bestätigt werden, denn die Schockwirkungen beim Wertschöpfungsanteil sind stärker als beim Beschäftigungsanteil, sodass es nicht zu einer sinkenden Produktivität der Erwerbstätigen im Dienstleistungssektor kommen kann.
Für das britische bivariate SVAR-Modell ergeben sich nach einem Nachfrageschock ein geringfügig höherer Beschäftigungsanteil und nach einem Arbeitsangebotsschock ein ebenso geringfügig gesunkener Beschäftigungsanteil des Dienstleistungssektor.

Die Varianz-Dekomposition erbringt für Produktivitätsschocks in Deutschland den größten Erklärungsanteil für alle Variablen, Nachfrageschocks folgen nach, Arbeitsangebotsschocks haben dagegen erwartungsgemäß den geringsten Erklärungsanteil. Für das britische SVAR-Modell können Nachfrageschocks einen relativ großen Anteil der Bewegungen der Beschäftigungsvariable erklären, währenddessen Arbeitsangebotsschocks nur einen geringen Erklärungsanteil für die Variation des Pro-Kopf-Einkommens haben.

6 SCHLUSSBEMERKUNGEN

Diese Arbeit hatte zum Ziel, die Theorien des Strukturwandels hinsichtlich Tertiarisierung und Informatisierung zusammenfassend darzustellen und sie hinsichtlich der Informatisierung zu erweitern. Die Strukturwandelprozesse der letzten Jahrzehnte für die vier größten Länder in Europa sollten dargestellt, Unterschiede herausgearbeitet und die theoretischen Fundierungen des Strukturwandels unter Anwendung eines erweiterten ökonometrischen Analysespektrums empirisch überprüft werden.

Zunächst wurde der Versuch unternommen, die in der Literatur vorhandenen Modelltheorien zum Strukturwandel mit den hinlänglich bekannten Bias-Theorien zur Nachfrage und der Produktivität um einen Informationsbias zu erweitern. Als Basis dienten dafür Ansätze der Wachstumstheorie. Die zu untersuchende These lautete, dass Volkswirtschaften mit einem Informationsbias einen Wachstumsnachteil haben, weil Informations- und Kommunikationstechnologien zur Produktivität und damit zum Wachstum beitragen. Ein Informationsbias müsste vorliegen, wenn Wachstumsvorsprünge erreichbar sind, wie sie sich Japan und die Europäische Union durch die forcierte Nutzung der Informations- und Kommunikationstechnologien bis zum Jahr 2005 bzw. 2010 erhoffen. Der Versuch der Begründung eines Informationsbias gelang erstens wegen der Komplexität des technischen Fortschritts nicht. Die Wachstumstheorie kann mit ihren Modellen bislang nicht zwischen unterschiedlichen Technologievarianten, deren Bestandteil neben z.B. Umwelttechnologien die Informations- und Kommunikationstechnologien sind, differenzieren. Außerdem wird zweitens in der traditionellen Wachstumstheorie technischer Fortschritt als exogener Faktor behandelt, was aufgrund z.B. von Learning-by-Doing und Forschungsaktivitäten als wenig plausibel erscheint. In der Weiterentwicklung durch die endogenen Wachstumstheorien existiert bislang allerdings kein geeignetes Modell, sondern es können lediglich Ergebnisse bei unterschiedlichen Wissensständen, nicht aber bei Unterschieden in der Entwicklung von Technologievarianten abgeleitet werden. Und drittens wird nachgewiesen, dass wegen Wissensdiffusion bei offenen Volkswirtschaften und der Handelbarkeit von Informations- und Kommunikationstechnologien keine Vorteile für die nationale Wettbewerbsfähigkeit abgeleitet werden können. Das Ergebnis auf Basis der bisher vorhandenen Wachstumsmodelle ist, dass ein Informationsbias lediglich temporär durch Zeitverzug bei der Wissensdiffusion vorliegen kann. Zur Ableitung eines Informationsbias als Erweiterung zu den bisher existierenden Modelltheorien zur Erklärung des Strukturwandels hat die Wachstumstheorie also noch Klärungsbedarf.

Ein Ziel dieser Studie war es, die Unterschiede für die vier wirtschaftskräftigsten Länder Europas beim Wandel der Wirtschaftsstrukturen zu analysieren und damit Lösungsansätze für das gravierende Problem der Arbeitslosigkeit durch das Aufdecken

von Schwachstellen bzw. Rückständen der einzelnen Länder beim Strukturwandel aufzuzeigen.
Das Ergebnis des deskriptiven Befundes ist, dass Großbritannien durch seine institutionellen Rahmenbedingungen Vorteile beim Strukturwandel gegenüber Deutschland und vor allem gegenüber Frankreich und Italien hat. Hervorzuheben ist vor allem die Deregulierung des Arbeitsmarktes. Daraus folgen geringere Belastungen der Sozialsysteme, die wiederum eine geringere Steuerbelastung erfordern. Ist der Arbeitsmarkt dereguliert, so folgt daraus eine größere Anpassungsflexibilität im Strukturwandel. Dies kommt in Großbritannien auch in den seit Anfang der 1990er Jahre sinkenden Arbeitslosenquoten und beim Abbau der Sockelarbeitslosigkeit zum Ausdruck. Großbritannien hat derzeit die größten Beschäftigungs- und Wertschöpfungsanteile des Dienstleistungssektors der vier Länder. Außerdem sind in Großbritannien die für die Bevölkerung über Dichteziffern 'fühlbare' Tertiarisierung sowie auch die meisten aufgeführten Indikatoren zur Informatisierung am weitesten im Strukturwandel fortgeschritten. Deutschland hat die vergleichsweise höchste Steuerbelastung des Faktors Arbeit aufzuweisen, was sich über fehlende Anreizwirkungen und mangelnde Anpassungsflexibilität in hoher Arbeitslosigkeit niederschlägt. Rigide Regelungen auf dem Arbeitsmarkt führen oftmals zur Substitution des Faktors Arbeit durch den Faktor Kapital. Solange es nicht wirklich gelingt, die Regelungen auf dem Arbeitsmarkt flexibler zu gestalten, werden bei Strukturwandelprozessen mit ihren permanenten Anpassungsrisiken nicht ausreichend neue Arbeitsplätze geschaffen.
Hinsichtlich der Tertiarisierung liegt Deutschland anhand der o.g. drei Kategorien nach Frankreich an dritter Stelle. Lediglich bei den Innovationskapazitäten kann anhand der Indikatoren FuE-Ausgaben und Patent-Anmeldungen für Deutschland ein Vorteil gegenüber den drei anderen Ländern konstatiert werden. Italien hat bei fast allen Indikatoren des Strukturwandels der Tertiarisierung und Informatisierung Aufholpotential.

Die Analyse der binnenwirtschaftlichen Determinanten der Tertiarisierung und Informatisierung in Hinblick auf die Bias-Theorien des Strukturwandels zeigt auf, dass bei den Nachfrageverschiebungen die steigende Vorleistungsnachfrage und weniger die private Nachfrage zur Tertiarisierung beigetragen hat, womit ein Nachfragebias nicht nachgewiesen werden kann. Ein Produktivitätsbias konnte für Deutschland und Italien im deskriptiven Teil ebenso nicht nachgewiesen werden. Die sektoralen Arbeitsproduktivitäten sind für diese zwei Länder seit Anfang 1990 im tertiären Sektor höher als im sekundären Sektor. Umgekehrt ist es für Frankreich und Großbritannien, wo die sektoralen Arbeitsproduktivitäten im sekundären Sektor höher sind.
Die empirische Überprüfung mit Schätzungen zum Verdoornschen Gesetz führte genauso wenig zum Nachweis eines Produktivitätsbias. Es fand insofern eine Erweiterung bisheriger Schätzungen dieser Art statt, indem die oftmals vorliegende Autokorrelation der Residuen durch Cochrane-Orcutt-Schätzungen beseitigt wurde. Granger-Kausalitäts-Tests bringen hervor, dass 'klassische' Schätzungen zum Verdoorn-Zusammenhang revidiert werden müssen, weil Wachstumsraten von Wertschöpfung und Arbeitsproduktivität interdependent sind und als endogene Variablen in einem Mehrgleichungssystem aufgenommen werden müssten.

Das Ergebnis einer modifizierten Schätzung des Lilien-Index ist, dass für alle vier Länder die durchschnittlichen Wachstumsraten der Dienstleistungsbeschäftigung in den letzten 20 Jahren größer als die im Industriesektor waren, womit prinzipiell die Hoffnung besteht, dass die durch die Deindustrialisierung wegfallenden Arbeitsplätze durch Arbeitsplätze im tertiären Sektor ersetzt werden können.
Mit einem Classical-Pooling-Ansatz wird schließlich eine Gesamtschätzung zum Strukturwandel für die vier Länder durchgeführt, wobei bisherige Studien um zusätzliche Erklärungsvariablen, wie Investitionen, außenwirtschaftliche Aspekte, und notwendige Hypothesentests auf Annahmeverletzungen erweitert werden.
Die Interdependenz der Variablen und die Dynamik beim Strukturwandel werden zum Abschluss der Studie mit SVAR-Modellen aufgenommen. Das besondere an diesem ökonometrischen Schätzverfahren ist, dass es explizit durch Innovationsrechnungen die Wirkungen von Schocks auf die makroökonomischen Variablen im Zeitablauf darstellen und den Erklärungsanteil der einzelnen Variablen für die Varianz des Prognosefehlers quantifizieren kann. Dieses Verfahren wird erstmals für die Tertiarisierung durch denkbare Nachfrage- und Angebotsschocks im Dienstleistungssektor dargestellt und erweitert insofern das verfügbare ökonometrische Analyseinstrumentarium des Strukturwandels. Aufgrund von Datenrestriktionen und vorhergehenden Auswahltests können Nachfrageschocks nur für Deutschland und Großbritannien, Produktivitätsschocks nur für Deutschland untersucht werden. Entsprechend dem strukturellen Dekompositionsverfahren von Blanchard/Quah werden Nachfrageschocks ohne Langfristwirkung modelliert, Produktivitätsschocks mit Langfristwirkung. Das Ergebnis ist, dass Produktivitätsschocks in Deutschland einen relativ großen Erklärungsanteil für die Änderungen im Pro-Kopf-Einkommen und den Wertschöpfungs- und Beschäftigungsanteil des Dienstleistungssektors haben.

ANHANGVERZEICHNIS

Anhang 1: Durchschnittliche Zahl der Arbeitslosen und Anteil der Arbeitslosenzahl an der Bevölkerungszahl, 1970 bis 2001

	durchschnittliche absolute Arbeitslosenzahl in 1000			Anteil der Arbeitslosenzahl an der Bevölkerungszahl in %		
	1970-1979	1980-1989	1990-2001	1970-1979	1980-1989	1990-2001
Deutschland	647	1738	3082	1,22	3,15	5,31
Frankreich	865	2190	2739	1,41	3,57	3,42
Italien	1336	2338	2578	2,45	4,15	4,53
Großbritannien	967	2702	2164	1,72	4,78	3,73
Durchschnittssumme bzw. -anteil	3815	8968	10564	1,70	3,91	4,25

Quelle: Datenbank Source OECD, Rubrik: Employment, Stand: 31.07.2002, eigene Berechnungen.

Anhang 2: Prozentualer Anteil der unfreiwillig Teilzeitbeschäftigten, 1990 bis 2000

	1990	1995	2000	Durchschnitt der Jahre 1990 bis 2000
Deutschland	4,5	9,8	12,0	9,6
Frankreich	-	39,4	26,8	34,3[1]
Italien	37,2	36,9	35,6	36,1
Großbritannien	6,3	13,4	9,7	11,1

[1] 1992-2000

Quelle: Eurostat, 2002*a*, S. 105

Anhang 3: Systematik der Wirtschaftszweige gemäß NACE, Rev. 1

A. Land- und Forstwirtschaft
  - Landwirtschaft, gewerbliche Jagd
  - Forstwirtschaft

B. Fischerei und Fischzucht

C. Bergbau und Gewinnung von Steinen und Erden
  - Kohlenbergbau, Torfgewinnung
  - Gewinnung von Erdöl und Erdgas, Erbringung damit verbundener Dienstleistungen
  - Bergbau auf Uran- und Thoriumerze
  - Erzbergbau
  - Gewinnung von Steinen und Erden, sonstiger Bergbau

D. Verarbeitendes Gewerbe
  - Ernährungsgewerbe
  - Tabakverarbeitung
  - Textilgewerbe
  - Bekleidungsgewerbe
  - Ledergewerbe
  - Holzgewerbe (ohne Herstellung von Möbeln)
  - Papiergewerbe
  - Verlagsgewerbe, Druckgewerbe, Vervielfältigung von bespielten Ton-, Bild- und Datenträgern
  - Kokerei, Mineralölverarbeitung, Herstellung und Verarbeitung von Spalt- und Brutstoffen
  - Chemische Industrie
  - Herstellung von Gummi- und Kunststoffwaren
  - Glasgewerbe, Keramik, Verarbeitung von Steinen und Erden
  - Metallerzeugung und -bearbeitung
  - Herstellung von Metallerzeugnissen
  - Maschinenbau (einschl. Herstellung von Haushaltsgeräten)
  - Herstellung von Büromaschinen, Datenverarbeitungsgeräten und -einrichtungen
  - Herstellung von Geräten der Elektrizitätserzeugung, -verteilung u. ä.
  - Rundfunk-, Fernseh- und Nachrichtentechnik
  - Medizin-, Mess-, Steuer- und Regelungstechnik, Optik
  - Herstellung von Kraftwagen und Kraftwagenteilen (ohne Kraftfahrzeugelektrik)
  - Sonstiger Fahrzeugbau
  - Herstellung von Möbeln, Schmuck, Musikinstrumenten, Sportgeräten, Spielwaren und sonstigen Erzeugnissen
  - Recycling

E. Energie- und Wasserversorgung
  - Energieversorgung
  - Wasserversorgung

F. Baugewerbe

G. Handel; Instandhaltung und Reparatur von Kraftfahrzeugen und Gebrauchsgütern
  - Kraftfahrzeughandel; Instandhaltung und Reparatur von Kraftfahrzeugen; Tankstellen
  - Handelsvermittlung und Großhandel (ohne Handel mit Kraftfahrzeugen)
  - Einzelhandel (ohne Handel mit Kraftfahrzeugen und ohne Tankstellen); Reparatur von Gebrauchsgütern

H. Gastgewerbe
I. Verkehr und Nachrichtenübermittlung
  Landverkehr: Transport in Rohrfernleitungen
  Schifffahrt
  Luftfahrt
  Hilfs- und Nebentätigkeiten für den Verkehr; Verkehrsvermittlung
  Nachrichtenübermittlung
J. Kredit- und Versicherungsgewerbe
  Kreditinstitute
  Institutionen für Finanzierungsleasing
  Übrige Finanzierungsinstitutionen
  Fonds von Kapitalanlagegesellschaften
  Versicherungsgewerbe
  Mit dem Kredit- und Versicherungsgewerbe verbundene Tätigkeiten
K. Grundstücks- und Wohnungswesen, Vermietung beweglicher Sachen, Erbringung von Dienstleistungen überwiegend für Unternehmen
  Wohnungsunternehmen
  Sonstige Grundstückswesen
  Vermietung beweglicher Sachen ohne Bedienungspersonal
  Datenverarbeitung und Datenbanken
  Forschung und Entwicklung
  Erbringung von Dienstleistungen überwiegend für Unternehmen
  (ohne Beteiligungsgesellschaften)
  Beteiligungsgesellschaften
L. Öffentliche Verwaltung, Verteidigung, Sozialversicherung
  Öffentliche Verwaltung und Verteidigung
  · Bund
  · Länder
  · Gemeinden und Gemeindeverbände
  Sozialversicherung
M. Erziehung und Unterricht
N. Gesundheits-, Veterinär- und Sozialwesen (ohne Organisationen ohne Erwerbszweck)
O. Erbringung von sonstigen öffentlichen und persönlichen Dienstleistungen
  Abwasser- und Abfallbeseitigungen und sonstige Entsorgung
  Interessenvertretungen (ohne Sozialwesen und Sport)
  Kultur, Sport und Unterhaltung
  Erbringung von sonstigen Dienstleistungen
P. Private Haushalte
  Organisationen ohne Erwerbszweck (ohne Unternehmensorganisation)

Quelle:
http://www.bundesbank.de/melde/aussenwirtschaft/download/schluessel/Systematik%20der%20Wirtschaftszweige%20gem%E4%DF%20NACE.pdf, Stand: 1.7.2003.

Anhang 4: Durchschnittliche Dienstleistungsproduktivitäten als Verhältnis von Bruttowertschöpfung in konstanten Preisen (Mio. 1995er €) zu Anzahl der Beschäftigten, 1. Quartal 1980 bis 2. Quartal 2002

Sektor	Durchschnitt der Quartale	Deutschland	Frankreich	Italien	Großbritannien
Handel, Transport, Verkehr[1]	I/80- IV/89	-	-	7,2	4,3
	I/90-IV/99	8,4	10,8	8,6	5,4
	I/00-IV/02	9,5	12,0	9,3	6,5
Finanz-, Unternehmensdienste[2]	I/80- IV/89	-	-	22,7	10,4
	I/90-IV/99	27,6	23,3	19,3	10,5
	I/00-IV/02	26,1	20,8	18,0	11,4
Sonstige Dienste[3]	I/80- IV/89	-	-	6,4	5,0
	I/90-IV/99	9,2	8,4	6,0	5,4
	I/00-IV/02	9,3	8,7	6,1	5,6

NACE-Gliederung, Rev. 1 (siehe Anhang 3): [1] G, H, I, [2] J, K, [3] L bis P,
Datenquelle: Eurostat, Datenbank Euroindicators, Rubrik: National Accounts, Stand: 13.09.2002, eigene Berechnungen

Anhang 5: Punkteränge des Regulierungsindex, 1970 bis 2000

Land \ Jahr	2000	1995	1990	1985	1980	1975	1970
Deutschland	15	18	10	9	9	9	5
Frankreich	38	36	20	38	30	32	23
Italien	35	50	26	45	51	44	27
Großbritannien	4	6	6	9	20	22	32
USA	3	4	3	5	4	3	11

Datenquelle: Gwartney/Lawson, 2002, dataset.

Anhang 6: Saldo des Dienstleistungshandels-Volumens in Mio. US$, 1989 bis 1998

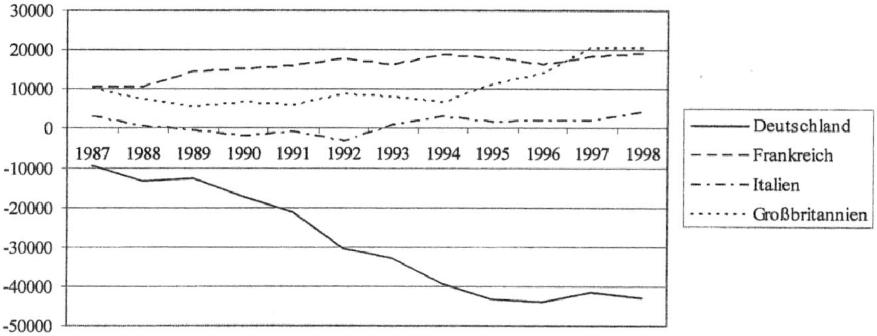

Datenquelle: OECD/Eurostat, 1998, S. 50, 2000, S. 44f., eigene Berechnungen.

Anhang 7: Anteile des Dienstleistungs- bzw. Güterhandels am Volumen der gesamten Zahlungseingänge, bzw. -ausgänge des jeweiligen Landes in %

Land / Jahr	1987	1988	1989	1990	1991	1992	1993	1994	1995	1996	1997	1998
Deutschland: Anteile des Dienstleistungshandels												
Zahlungseingänge	13,8	12,9	12,8	13,4	13,9	13,8	14,5	13,3	13,5	14,0	13,8	13,3
Zahlungsausgänge	20,1	19,9	19,1	19,2	18,4	19,8	22,3	21,8	21,7	22,2	21,9	21,4
Deutschland: Anteile des Güterhandels												
Zahlungseingänge	86,2	87,1	87,2	86,6	86,1	86,2	85,5	86,7	86,5	86,0	86,2	86,7
Zahlungsausgänge	79,9	80,1	80,9	80,8	81,6	80,2	77,7	78,2	78,3	77,8	78,1	78,6
Frankreich: Anteile des Dienstleistungshandels												
Zahlungseingänge	26,0	24,8	25,9	26,4	26,8	28,5	29,9	28,5	23,2*	22,9	22,2	22,2
Zahlungsausgänge	20,6	20,1	20,1	21,3	21,8	24,5	26,5	24,6	19,8*	20,1	19,7	19,6
Frankreich: Anteile des Güterhandels												
Zahlungseingänge	74,0	75,2	74,1	73,6	73,2	71,5	70,1	71,5	76,8*	77,1	77,8	77,8
Zahlungsausgänge	79,4	79,9	79,9	78,7	78,2	75,5	73,5	75,4	80,2*	79,9	80,3	80,4
Italien: Anteile des Dienstleistungshandels												
Zahlungseingänge	19,8	18,8	18,2	22,0	22,0	23,5	22,9	21,6	20,5	21,8	23,3	21,7
Zahlungsausgänge	18,2	18,4	18,3	22,8	22,3	25,0	26,7	24,6	23,7	26,3	26,9	23,4
Italien: Anteile des Güterhandels												
Zahlungseingänge	80,2	81,2	81,8	78,0	78,0	76,5	77,1	78,4	79,5	78,2	76,7	78,3
Zahlungsausgänge	81,8	81,6	81,7	77,2	77,7	75,0	73,3	75,4	76,3	73,7	73,1	76,6
Großbritannien: Anteile des Dienstleistungshandels												
Zahlungseingänge	25,2	25,3	24,5	23,9	23,5	24,7	24,6	23,7	24,0*	24,0	25,1	26,8
Zahlungsausgänge	18,4	18,6	18,6	19,0	20,0	20,2	20,3	20,5	20,1*	19,6	19,7	20,5
Großbritannien: Anteile des Güterhandels												
Zahlungseingänge	74,8	74,7	75,5	76,1	76,5	75,3	75,4	76,3	76,0*	76,0	74,9	73,2
Zahlungsausgänge	81,6	81,4	81,4	81,0	80,0	79,8	79,7	79,5	79,9*	80,4	80,3	79,5

* ab diesem Jahr Abgrenzung nach BPM5

Datenquelle: OECD/Eurostat, 1998 und 2000, eigene Berechnungen.

Anhang 8: Handelsvolumen (V) in Mio. US$ und Anteile (A) in % der drei größten Dienstleistungshandelsgruppen Deutschlands

Gruppe / Jahr		1987	1988	1989	1990	1991	1992	1993	1994	1995	1996	1997	1998
Zahlungseingänge													
268 Andere geschäftl. Dienste	V	9331	9217	10848	14831	15110	15519	15788	16547	22038	23910	24153	25632
	A	20,1	19,4	21,7	23,4	23,2	22,6	24,4	25,1	26,9	28,1	29,5	30,8
205 Transport	V	10296	11080	11629	14660	15368	16738	15896	16589	19518	19786	19112	20243
	A	22,2	23,3	23,2	23,1	23,6	24,3	24,6	25,1	23,9	23,3	23,3	24,3
236 Reisen	V	9783	10396	10802	14290	15080	15914	14874	14817	17908	17550	16488	16423
	A	21,1	21,8	21,6	22,6	23,2	23,1	23,0	22,4	21,9	20,6	20,1	19,7
Zahlungsausgänge													
236 Reisen	V	24749	26639	26678	33775	35824	41176	40871	45200	52139	50995	46316	46921
	A	44,2	43,7	42,6	41,9	41,5	41,5	41,8	42,9	41,0	39,5	37,6	37,2
268 Andere geschäftl. Dienste	V	10874	11816	12983	17209	17985	21169	21277	22133	27744	28521	29037	30331
	A	19,4	19,4	20,7	21,3	20,8	21,4	21,8	21,0	21,8	22,1	23,6	24,0
205 Transport	V	11778	12827	13257	17040	18926	20771	19334	20669	24712	24745	23843	24573
	A	21,0	21,0	21,1	21,1	21,9	21,0	19,8	19,6	19,4	19,2	19,3	19,5
Nachrichtlich: Zahlungseingänge													
245 Kommunikation	V	1020	1188	1067	1418	1154	2177	544	678	2043	2025	1929	1766
	A	2,2	2,5	2,1	2,2	1,8	3,2	0,8	1,0	2,5	2,4	2,4	2,1
262 Computer/Information	V	132	228	247	257	361	474	702	898	1404	1594	2149	2808
	A	0,3	0,5	0,5	0,4	0,6	0,7	1,1	1,4	1,7	1,9	2,6	3,4
Zahlungsausgänge													
245 Kommunikation	V	1237	1409	1226	1696	1607	2696	1317	1482	2959	2692	2934	2879
	A	2,2	2,3	2,0	2,1	1,9	2,7	1,3	1,4	2,3	2,1	2,4	2,3
262 Computer/Information	V	392	509	568	705	781	935	1222	1234	1963	2379	3054	3500
	A	0,7	0,8	0,9	0,9	0,9	0,9	1,2	1,2	1,5	1,8	2,5	2,8

Datenquelle: wie Anhang 7.

Anhang 9: Handelsvolumen (V) in Mio. US$ und Anteile (A) in % der drei größten Dienstleistungshandelsgruppen Frankreichs

Gruppe / Jahr		1987	1988	1989	1990	1991	1992	1993	1994	1995*	1996	1997	1998
Zahlungseingänge													
236 Reisen	V	11877	13784	16245	20184	21363	25193	23562	24677	27528	28358	28010	29928
	A	24,0	25,9	26,9	26,8	27,6	27,8	27,7	27,8	32,8	33,9	34,3	34,8
268 Andere geschäftl. Dienste	V	4982	4609	5171	6761	7928	17253	16915	16014	18552	20844	21395	21385
	A	10,1	8,6	8,6	9,0	10,3	19,1	19,9	18,0	22,1	25,0	26,2	24,9
205 Transport	V	10957	12631	14731	16559	17427	18619	17519	17183	20455	20167	19728	21033
	A	25,5	27,1	30,9	29,7	30,3	27,7	27,3	25,5	32,1	30,7	30,5	30,3
Zahlungsausgänge													
205 Transport	V	9961	11603	14229	17903	18597	20216	18819	17974	21240	20618	19353	20339
	A	25,5	27,1	30,9	29,7	30,3	27,7	27,3	25,5	32,1	30,7	30,5	30,3
236 Reisen	V	8497	9714	10030	12423	12321	13915	12835	13773	16329	17747	16577	17789
	A	21,8	22,7	21,7	20,6	20,1	19,1	18,6	19,6	24,7	26,4	26,1	26,5
268 Andere geschäftl. Dienste	V	5864	5562	5163	6965	7600	15747	14434	13848	15841	16697	15786	15988
	A	15,0	13,0	11,2	11,6	12,4	21,6	21,0	19,7	24,0	24,8	24,9	23,8
Nachrichtlich: Zahlungseingänge													
245 Kommunikation	V	640	477	380	499	514	359	402	363	471	582	641	875
	A	1,3	0,9	0,6	0,7	0,7	0,4	0,5	0,4	0,6	0,7	0,8	1,0
262 Computer/Information	V	-	-	-	-	-	-334	-310	-219	-156	27	36	141
	A	-	-	-	-	-	0,2	0,2	0,3	0,4	0,6	0,7	0,9
Zahlungsausgänge													
245 Kommunikation	V	507	429	259	319	412	363	419	404	405	417	672	886
	A	1,3	1,0	0,6	0,5	0,7	0,5	0,6	0,6	0,6	0,6	1,1	1,3
262 Computer/Information	V	-	-	-	-	-	483	475	468	516	482	516	627
	A	-	-	-	-	-	0,7	0,7	0,7	0,8	0,7	0,8	0,9

* ab diesem Jahr Abgrenzung nach BPM5; - nicht verfügbar; Datenquelle: wie Anhang 7.

Anhang 10: Handelsvolumen (V) in Mio. US$ und Anteile (A) in % der drei größten Dienstleistungshandelsgruppen Italiens

Gruppe / Jahr		1987	1988	1989	1990	1991	1992	1993	1994	1995	1996	1997	1998
Zahlungseingänge													
236 Reisen	V	12172	12402	11986	16225	18420	22919	22031	23755	27450	29973	29855	29824
	A	42,4	42,0	38,4	33,9	38,6	41,8	43,7	45,1	45,9	42,8	41,2	44,4
205 Transport	V	6868	7644	8480	9633	11016	11213	11861	12810	14913	15136	15998	10630
	A	23,9	25,9	27,2	20,1	23,1	20,5	23,5	24,3	24,9	21,6	22,1	15,8
268 Andere geschäftl. Dienste	V	3220	3708	3958	6026	6961	6407	4858	4815	6186	11814	12174	13201
	A	11,2	12,6	12,7	12,6	14,6	11,7	9,6	9,1	10,3	16,9	16,8	19,7
Zahlungsausgänge													
205 Transport	V	9428	10517	11683	14433	14836	17121	16068	18519	23270	23636	24819	13618
	A	36,5	36,3	36,7	28,9	30,6	29,4	32,4	36,5	40,0	34,8	35,2	21,6
236 Reisen	V	4534	5988	6773	9896	11648	18224	14279	12386	12693	15778	16724	17585
	A	17,6	20,7	21,3	19,8	24,0	31,3	28,8	24,4	21,8	23,2	23,7	27,9
268 Andere geschäftl. Dienste	V	3654	4397	5000	6473	6992	7616	6915	7081	8809	14614	14608	17524
	A	14,2	15,2	15,7	13,0	14,4	13,1	14,0	13,9	15,2	21,5	20,7	27,8
Nachrichtlich: Zahlungseingänge													
245 Kommunikation	V	138	191	195	248	272	223	275	310	290	536	685	669
	A	0,5	0,6	0,6	0,5	0,6	0,4	0,5	0,6	0,5	0,8	0,9	1,0
262 Computer/Information	V	-	-	-	-	-	273	146	141	161	207	236	286
	A	-	-	-	-	-	0,5	0,3	0,3	0,3	0,3	0,3	0,4
Zahlungsausgänge													
245 Kommunikation	V	154	180	211	227	334	490	471	630	627	944	1058	1418
	A	0,6	0,6	0,7	0,5	0,7	0,8	1,0	1,2	1,1	1,4	1,5	2,2
262 Computer/Information	V	-	-	-	-	-	295	386	403	456	590	592	782
	A	-	-	-	-	-	0,5	0,8	0,8	0,8	0,9	0,8	1,2

-: nicht verfügbar, Datenquelle: wie Anhang 7.

Anhang 11: Handelsvolumen (V) in Mio. US$ und Anteile (A) in % der drei größten Dienstleistungshandelsgruppen Großbritanniens

Gruppe \ Jahr		1987	1988	1989	1990	1991	1992	1993	1994	1995*	1996	1997	1998
Zahlungseingänge													
236 Reisen	V	10234	11000	11360	13828	12645	14177	14245	15186	18792	21483	22600	24019
	A	23,4	22,7	23,2	24,4	22,6	22,9	23,9	23,7	24,6	26,0	24,0	24,1
205 Transport	V	9924	11562	11999	14081	13243	14415	13864	15247	16927	16881	18301	19054
	A	22,7	23,9	24,5	24,8	23,6	23,3	23,3	23,8	22,1	20,5	19,4	19,2
268 Andere geschäftl. Dienste	V	5197	9394	10983	12287	12968	13595	12462	13297	14685	20457	23415	25956
	A	11,9	19,4	22,4	21,7	23,1	21,9	20,9	20,7	19,2	24,8	24,9	26,1
Zahlungsausgänge													
236 Reisen	V	11902	14614	15305	17614	17349	19806	19478	22197	24754	26100	28489	33099
	A	35,5	35,4	35,1	35,1	34,6	37,1	37,9	38,6	37,8	38,0	38,6	41,8
205 Transport	V	11328	13675	13296	14979	13981	15300	14239	16141	17217	18591	21759	22605
	A	33,8	33,2	30,5	29,9	27,9	28,7	27,7	28,1	26,3	27,1	29,5	28,5
268 Andere geschäftl. Dienste	V	2382	3945	5221	5531	6848	6614	7270	6873	7103	9241	9078	9359
	A	7,1	9,6	12,0	11,0	13,7	12,4	14,1	11,9	10,9	13,5	12,3	11,8
Nachrichtlich: Zahlungseingänge													
245 Kommunikation	V	1108	1231	1289	1611	1765	1548	1573	1518	1567	1715	1878	2004
	A	2,5	2,5	2,6	2,8	3,2	2,5	2,6	2,4	2,0	2,1	2,0	2,0
262 Computer/Information	V	-	213	259	233	178	1086	1185	1795	1832	1701	2058	2501
	A	-	0,4	0,5	0,4	0,3	1,8	2,0	2,8	2,4	2,1	2,2	2,5
Zahlungsausgänge													
245 Kommunikation	V	1232	1373	1415	1694	2021	1667	1821	1835	1892	2100	2207	2408
	A	3,7	3,3	3,2	3,4	4,0	3,1	3,5	3,2	2,9	3,1	3,0	3,0
262 Computer/Information	V	-	-	-	-	-	957	972	1388	1892	520	663	722
	A	-	-	-	-	-	1,8	1,9	2,4	2,9	0,8	0,9	0,9

* vorher Abgrenzung nach BPM4, ab diesem Jahr nach BPM5;- nicht verfügbar

Datenquelle: wie Anhang 7.

Anhang 12: Anteile der Dienstleistungshandelsgruppen an den Dienstleistungs*exporten* der einzelnen Länder, 1987 bis 1998

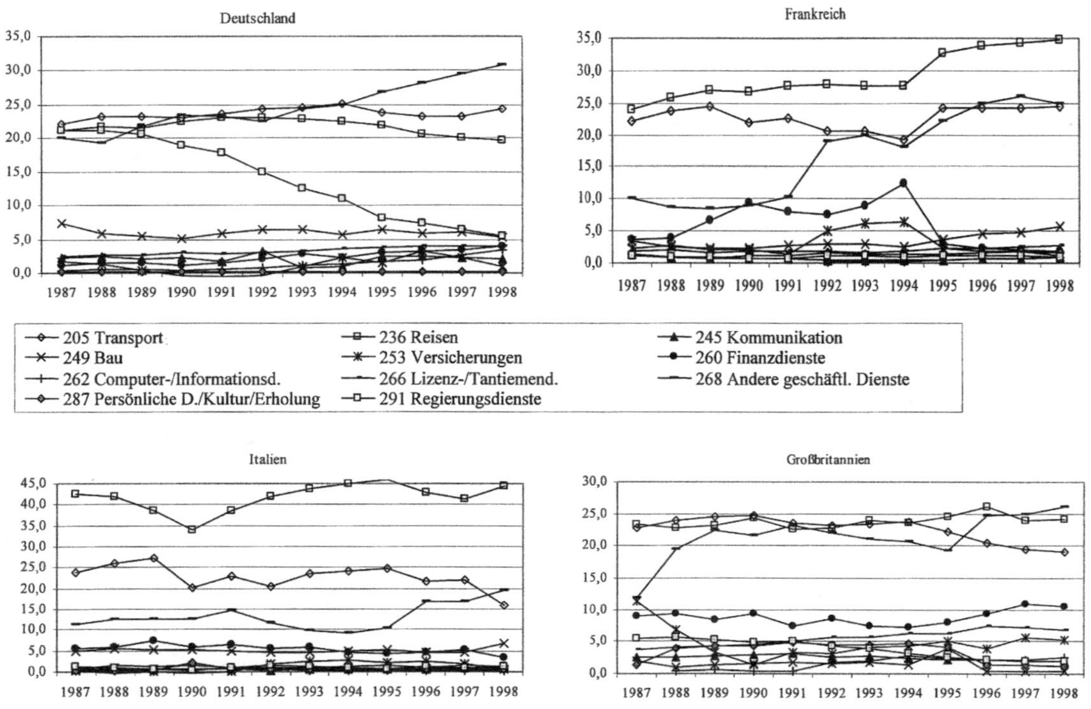

Datenquelle: OECD/Eurostat, 1998 und 2000, eigene Darstellungen.

Anhang 13: Anteile der Dienstleistungshandelsgruppen an den Dienstleistungs*importen* der einzelnen Länder, 1987 bis 1998

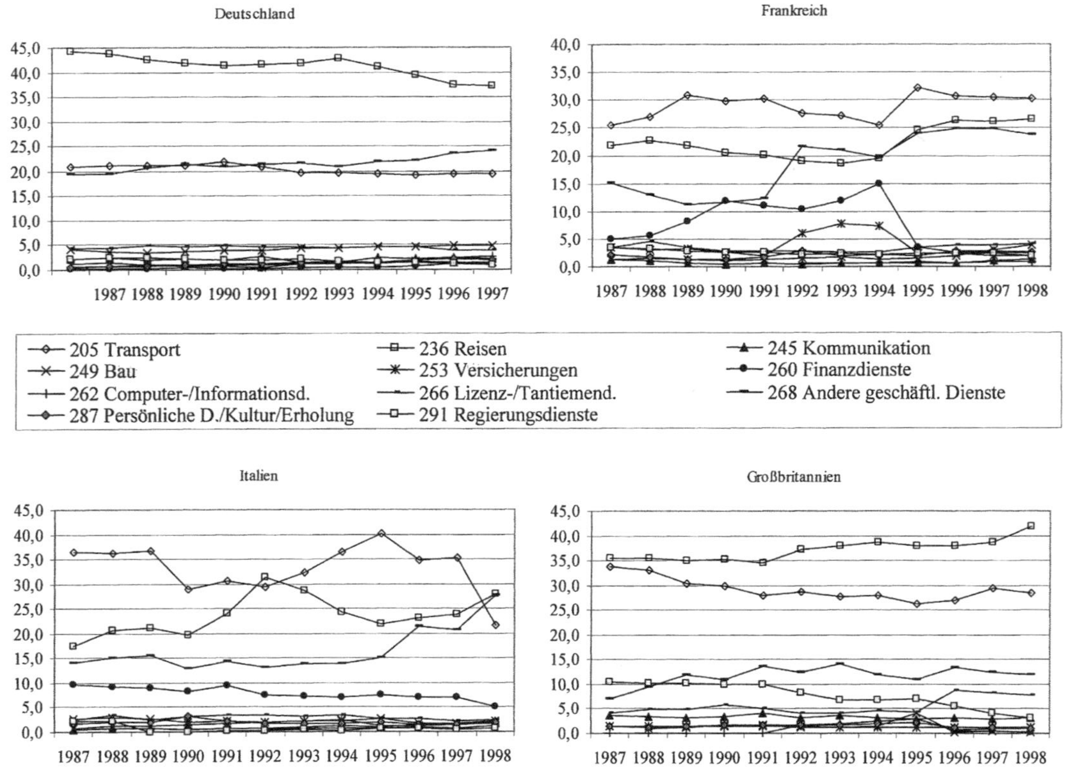

Datenquelle: wie Anhang 12.

Anhang 14: IKT-Anteil an den gesamten Wareneinfuhren bzw. -ausfuhren (in %.), 1990, 2000

	Anteil an den Einfuhren		Anteil an den Ausfuhren	
	1990	2000	1990	2000
EU	6,7	11,3	5,0	5,8
D	6,3	10,2	4,0	7,5
Fr	5,7	10,1	4,4	9,3
It	5,6	7,5	3,7	3,8
GB	8,2	16,6	7,3	10,1

Datenquellen: für IKT-Handel: OECD, 2002*d*, S. 273; für Einfuhr/Ausfuhr: Statistisches Bundesamt, 1995, S. 186ff. und 2002, S. 156ff., für Wechselkurse: Statistisches Bundesamt 1995, S. 129, 2002, S. 98, eigene Berechnungen.

Anhang 15: Direktinvestitions-Abflüsse aus der EU in Drittländer im Bereich Marktbestimmte Dienstleistungen (Mio. €), 1996 bis 1999

	1996	1997	1998	1999
Dienstleistungen gesamt	27368	41817	76753	154372
davon				
Handel, Instandhaltung u. Reparatur	7089	5176	5232	4347
Gastgewerbe	-180	-876	1115	1319
Verkehr	339	-272	466	2361
Telekommunikation	2054	3558	3430	87433
Kredit- und Versicherungsgewerbe	9957	23246	41075	35830
davon u.a Zentralbanken u. Kreditinstitute	1956	5350	13033	11393
Sonstige Finanzierungsinstitutionen	5268	6992	22855	17890
Versicherungsgewerbe u. verbundene Tätigkeiten	2475	10366	-9674	-1370
Grundst.-/Wohnungswaltung u. Dienstleistungen für Unternehmen davon u.a	8257	10019	23052	22209
Grundstücks- und Wohnungswesen	791	-409	49	855
Datenverarbeitung und Datenbanken	102	-834	2655	1491
Forschung und Entwicklung	283	1854	159	282
Dienstleistungen für Unternehmen	6066	9417	19605	16255
Sonstige Dienstleistungen	-148	966	2384	873

Quelle: Passerini, 2001*b*, S. 4.

Anhang 16: Direktinvestitions-Zuflüsse aus Drittländern in die EU im Bereich Marktbestimmte Dienstleistungen (Mio. €), 1996 bis 1999

	1996	1997	1998	1999*
Dienstleistungen gesamt	21250	24522	67428	41497
davon				
Handel u. Reparatur	5091	4020	3624	4137
Hotelgewerbe	457	663	546	994
Verkehr u. Nachrichtenübermittlung davon u.a.	538	2610	8447	43
Telekommunikation	-39	586	6468	-1734
Kredit- u. Versicherungsgewerbe davon u.a	8836	5308	33034	21102
Kreditinstitute	1176	3874	3792	2189
Versicherungsgesellschaften	1894	1397	2485	10829
Finanzholdings	5710	-143	26765	12891
Grundst.-/Wohnungswaltung u. Dienstleistungen für Unternehmen davon u.a	6327	11920	21777	15221
Grundstücks- und Wohnungswesen	846	200	849	-254
Datenverarbeitung und Datenbanken	162	326	1894	1725
Forschung und Entwicklung	532	-90	764	255
Dienstleistungen für Unternehmen	4482	11502	17741	12676

* ohne Fusion Mannesmann/Orange PLC.

Quelle: Passerini, 2001*a*, S. 3.

Anhang 17: Ergebnisse des Jarque-Bera-Tests

H_0 : Normalverteilung liegt vor

Land	$\chi^2(2)$	p-value
Lilien-Index für die Wertschöpfung $S_{Y,t}$		
Deutschland	0,53814	0,764088
Frankreich	8,00614	0,018260
Italien	1,54437	0,462003
Großbritannien	1,12894	0,568662
Lilien-Index für die Beschäftigung $S_{L,t}$		
Deutschland	3,97289	0,137182
Frankreich	1,29332	0,523793
Italien	6,19686	0,045120
Großbritannien	0,12984	0,937143

Anhang 18: Ergebnisse der Unit-Root-Tests[1]

Zeitreihe	Lags	Teststatistik	I(d)
$WRAP_I\_D$	0	τ_τ = - 7,096 **	I(0)
$WRAP_{DL}\_D$	0	τ_τ = -4,991 **	I(0)
WRY_I_D	0	τ_τ = -6,883 **	I(0)
WRY_{DL}_D	0	τ_τ = -4,933 **	I(0)
$WRAP_I\_F$	0	τ_τ = -9,370 **	I(0)
$WRAP_{DL}\_F$	0	τ_τ = -6,094 **	I(0)
WRY_I_F	0	τ_τ = -8,992 **	I(0)
WRY_{DL}_F	0	τ_τ = -10,07 **	I(0)
$WRAP_I\_I$	0	τ_τ = -7,753 **	I(0)
$WRAP_{DL}\_I$	1	τ_τ = -6,070 **	I(0)
WRY_I_I	0	τ_τ = -7,428 **	I(0)
WRY_{DL}_I	0	τ_τ = -6,300 **	I(0)
$WRAP_I\_UK$	4	τ_τ = -4,825 **	I(0)
$WRAP_{DL}\_UK$	4	τ_τ = -5,010 **	I(0)
WRY_I_UK	0	τ_τ = - 6,457 **	I(0)
WRY_{DL}_UK	4	τ_τ = - 4,805 **	I(0)

[1] Die Zahl der aufzunehmenden Lags wurde mit dem SBC bestimmt;
Testablauf siehe unter Anhang 20;
Kritische Werte für T = 50: τ_τ: 1%: -4,15; 5%: -3,50, vgl. Enders, 1995, S. 419 und 421;
**signifikant auf dem 1% Niveau.

Anhang 19: Test des Steigungskoeffizienten β_1

H_0: $\beta_1 = 1$

Regressor	Teststatistik		p-value
WRY_I_D	F(1,38) =	0,9131	0,34533
WRY_I_F	F(1,82) =	0,3222	0,57186
WRY_I_I	F(1,82) =	0,6459	0,42391
WRY_I_UK	F(1,38) =	25,0011	0,00001
WRY_{DL}_D	F(1,38) =	0,0011	0,97416
WRY_{DL}_F	F(1,42) =	0,3096	0,58085
WRY_{DL}_I	F(1,82) =	2,4945	0,11810
WRY_{DL}_UK	F(1,82) =	2,1759	0,14402

Anhang 20: Ergebnisse der Unit-Root-Tests[1] für die VAR-Modelle

	Niveauvariablen				1. Differenz		
Zeitreihe	Lags	Teststatistik	NV(0,1)	I(d)	Lags	Teststatistik	I(d)
lnPKY_D	0	τ = 2,350			0	τ_τ = -6,660 **	I(1)
lnYANT_D	7	τ_τ = -5,001 **		I(0)			
lnBANT_D	0	τ_τ = -6,393 **		I(0)			
lnPKY_F	0	ϕ_1 = 15,555 **	= 0,015	I(0)			
lnYANT_F	3	τ_τ = -4,368 **		I(0)			
lnBANT_F	4	τ = 2,031			3	τ_τ = -4,246 **	I(1)
lnPKY_I	0	ϕ_1 = 11,015	= 0,727		0	τ_τ = -6,298 **	I(1)
lnYANT_I	0	τ = 0,829			0	τ_τ = -7,999 **	I(1)
lnBANT_I	1	τ_τ = -3,875 *		I(0)			
lnPKY_UK	1	ϕ_1 = 5,940	= -0,511		0	τ_τ = -3,696 *	I(1)
lnYANT_UK	0	ϕ_1 = 17,941 **	= 1,788	I(0)			
lnBANT_UK	0	τ_τ = -6,393 **		I(0)			

[1] Die Zahl der aufzunehmenden Lags wurde mit dem SBC bestimmt;
Der Übersichtlichkeit halber wurde jeweils nur die Teststatistik des letzten Testschrittes angegeben;
Kritische Werte für T=50: τ: 1%: -2,62; τ_τ: 1%: -4,15; 5%: -3,50; ϕ_1: 1%: 7,06, vgl. Enders, 1995, S. 419 und 421;
**signifikant auf dem 1% Niveau, * signifikant auf dem 5% Niveau

Testprozeduren (vgl. Enders, 1995, S. 223 und 257):

(1) $$\Delta Y_t = \mu + \alpha t + \gamma Y_{t-1} + \sum_{j=1}^{K} \beta_j \Delta Y_{t-j} + \varepsilon_t$$

(2) $$\Delta Y_t = \mu + \gamma Y_{t-1} + \sum_{j=1}^{K} \beta_j \Delta Y_{t-j} + \varepsilon_t$$

(3) $$\Delta Y_t = \gamma Y_{t-1} + \sum_{j=1}^{K} \beta_j \Delta Y_{t-j} + \varepsilon_t$$

Testschritt	Modellgleichungen	H_0	Teststatistik
1	(1)	$\gamma = 0$	τ_τ
2	(1) und (2)	$\gamma = \alpha = 0$	ϕ_3
3	(1) und (3)	$\gamma = \alpha = \mu = 0$	ϕ_2
4	(2)	$\gamma = 0$	τ_μ
5	(2) und (3)	$\gamma = \mu = 0$	ϕ_1
6	(3)	$\gamma = 0$	τ

Anhang 21: Auswahl der Lag-Länge für das VAR-Modell

Deutschland			Frankreich			Italien			Großbritannien		
dlnPKY_D, lnYANT_D, lnBANT_D			lnPKY_F lnYANT_F dlnBANT_F			dlnPKY_I, dlnYANT_I, lnBANT_I			dlnPKY_UK, lnYANT_UK, lnBANT_UK		
LAGS	AIC	SBC	LAGS	AIC	SBC	LAGS	AIC	SBC	LAGS	AIC	SBC
1	325,082	45,120	1	391,880	111,917	1	289,250	9,287	1	352,919	72,956
2	285,430	-27,474	2	358,746	45,842	2	241,288	-71,616	2	323,361	10,457
3	252,770	-91,427	3	305,921	-38,276	3	205,162	-139,035	3	283,579	-60,618
4	897,176	523,414	4	727,912	354,150	4	950,617	576,855	4	947,738	573,976
5	973,266	576,543	5	876,785	379,994	5	1002,675	604,887	5	987,776	654,434
$\chi^2(6)$		p-value	$\chi^2(6)$		p-value	$\chi^2(6)$		p-value	$\chi^2(6)$		p-value
27,094		0,000	15,311		0,020	32,835		0,000	28,125		0,000

Anhang 22: Ergebnisse des Block-F-Tests für Frankreich, Italien und Großbritannien

Frankreich			Italien			Großbritannien		
F-Test, Abhängige Variable:								
	lnPKY_F			dlnPKY_I			dlnPKY_UK	
Variable	F-Statistik	p-value	Variable	F-Statistik	p-value	Variable	F-Statistik	p-value
lnPKY_F	2,6276	0,1261	dlnPKY_I	8,7812	0,0078	dlnPKY_UK	5,4727	0,0256
lnYANT_F	1,3066	0,3848	dlnYANT_I	2,9817	0,0984	lnYANT_UK	0,8521	0,6022
dlnBANT_F	2,7045	0,1193	lnBANT_I	2,2496	0,1680	lnBANT_UK	0,4897	0,8387
lnPKY_F	0,4635	0,8557	dlnPKY_I	1,5097	0,3174	dlnPKY_UK	3,0974	0,0911
lnYANT_F	2,1732	0,1785	dlnYANT_I	0,5491	0,7990	lnYANT_UK	5,5979	0,0242
dlnBANT_F	0,8828	0,5843	lnBANT_I	0,5089	0,8260	lnBANT_UK	2,5243	0,1360
lnPKY_F	1,2476	0,4075	dlnPKY_I	0,5857	0,7742	dlnPKY_UK	1,8822	0,2274
lnYANT_F	1,2964	0,3886	dlnYANT_I	0,4317	0,8760	lnYANT_UK	1,1564	0,4455
dlnBANT_F	42,1456	0,0000	lnBANT_I	1,3656	0,3636	lnBANT_UK	3,9243	0,0551

Anhang 23: Residuen-Tests für die VAR-Modelle

Nullhypothesen: Normalverteilung und White Noise liegen vor[1]

	Deutschland						Großbritannien			
	RESIDD(1)		RESIDD(2)		RESIDD(3)		RESIDUK(1)		RESIDUK(2)	
	Wert	p-value	Wert	p-value	Wert	p-value	Wert	p-value	Wert	p-value
JB	0,45669	0,79585	0,82820	0,66093	0,33305	0,84660	1,78138	0,41037	0,07090	0,96517
Q(12)	11,10881	0,51961	14,01774	0,29958	15,98808	0,19178	19,25725	0,08250	10,49604	0,57253

[1] Normalverteilung wurde mit dem Jarque-Bera-Test (JB) geprüft, White Noise mit dem Ljung-Box-Test. Die Zahl der Lags wurde mit der Faustregel T/4 ermittelt.

LITERATURVERZEICHNIS

Abraham, K.G./Katz, L.F. (1986), Cyclical Unemployment: Sectoral Shifts or Aggregate Disturbance? In: Journal of Political Economy, Vol. 93, S. 507-522.

Aghion, P./Howitt, P. (1992), A Model of Growth Trough Creative Destruction, in: Econometrica, Vol. 60, S. 323-351.

Aghion, P./Howitt, P. (1998), Endogenous Growth Theory, Cambridge (Mass.).

Alecke, B. (1997), Regressionsanalyse mit Panel-Daten: Eine Einführung, in: ZA-Information Nr. 40, S. 87-121.

Alecke, B./Schaden, B./Untiedt, G./Wilhelm, M. (1999), Globalisierung und neue Informations- und Kommunikationstechnologien, Strukturberichterstattung 1996-1998: Neue Informations- und Kommunikationstechnologien, Tertiarisierung und Globalisierung - Herausforderungen für den Strukturwandel, Ifo-Studien zur Strukturforschung Nr. 28/II, München.

Arrow, K.J. (1962), The Economic Implications of Learning by Doing, in: Review of Economic Studies, Vol. 29, S. 155-173.

Asea, P.K./Mendoza, E.G. (1994), Do Long-Run Productivity Differentials Explain Long-Run Real Exchange Rates? IMF Working Papers Nr. 60, Washington, D.C.

Audenis, C./Deroyon, J./Fourcade, N. (2002), L'impact des nouvelles technologies de l'information et de la communication sur l'économie française. Un bouclage macroéconomique, Documents de travail d'INSEE Nr. G2002/06, Paris.

Auer, L.v. (1999), Ökonometrie. Eine Einführung, Berlin usw.

Bade, F.-J. (1987), Regionale Beschäftigungsentwicklung und produktionsorientierte Dienstleistungen, Berlin.

Bade, F.-J. (1998), Beschäftigungsperspektiven des Dienstleistungssektors, in: Cornetz, W. (Hrsg.), Chancen durch Dienstleistungen, Wiesbaden, S. 127-154.

Bach, H.-U./Spitznagel, E. (2003), Was kostet uns die Arbeitslosigkeit? Gesamtfiskalische Modellrechnungen. IAB-Kurzbericht Nr. 10 vom 21.7.2003, Nürnberg. http://www.iab.de/asp/internet/dbdokShow.asp?pkyDoku=k030722n01.

Baethge, M./Oberbeck, H./Glott, R. (1997), Zwischen tertiärer Wohlstandsgesellschaft und tertiärer Krise, Bericht aus dem Arbeitskreis "Entwicklungstrends im Dienstleistungsbereich" (BMBF Initiative "Dienstleistung 2000 plus"), Stand: 08.04.2002, http://webdoc.gwdg.de/edoc/le/sofi/1997_25/ho-rg-mb.pdf.

Balassa, B. (1964), The Purchasing Power Parity Doctrine: A Reappraisal, in: Journal of Political Economy, Vol. 72, H. 6, S. 584-596.

Baltagi, B.H. (2001), Econometric Analysis of Panel Data, 2nd ed., New York.

Balz, Chr. (1999), Multivariate Überprüfung von Hysteresiseffekten: Eine empirische Analyse ausgewählter Arbeitsmärkte, Frankfurt a.M. usw., Zugl.: Diss. Univ. Mainz.

Barro, R.J./Sala-i-Martin, X. (1995), Economic Growth, New York usw.

Baumol, W.J. (1967), Macroeconomics of Unbalanced Growth: The Anatomy of Urban Crisis, in: American Economic Review, Vol. 57, S. 415-426.

Baxter, M./King, R.G. (1999), Measuring Business Cycles: Approximate Band-Pass Filters for Economic Time Series, in: Review of Economics & Statistics, Vol. 81, S. 575-593.

Bell, D. (1976), Die nachindustrielle Gesellschaft, 2. Aufl., übersetzt von Summerer, S., Kurz, G., Frankfurt a.M., New York.

Bell, D. (1996), Die nachindustrielle Gesellschaft, Neuausgabe der 2. Aufl. von 1976, Frankfurt a.M., New York.

Benhabib, J./Spiegel, M.M. (1994), The Role of Human Capital in Economic Development: Evidence from Aggregate Cross-Country Data, in: Journal of Monetary Economics, Vol. 34, H. 2, S. 143-173.

Bernanke, B. (1986), Alternative Explanations of the Money-Income Correlation, in: Carnegie-Rochester Conference Series on Public Policy, Vol. 46, S. 51-58.

Bertola, G./Garibaldi, P. (2003), The Structure and History of Italian Unemployment, CESifo Working Paper Series, Nr. 907, München, Stand: 03.03.2003: http://www.cesifo.de/pls/ifo_app/DocLinkCESifoDl?getDoc=cesifo_wp907.pdf.

Bilger, F. (2000), Der französische Arbeitsmarkt, in: Berg, H. (Hrsg.), Arbeitsmarkt und Beschäftigung: Deutschland im internationalen Vergleich, Berlin, S. 77-99.

Blanchard, O./Quah, D. (1989), The Dynamic Effects of Aggregate Demand and Supply Disturbances, in: American Economic Review, Vol. 79, S. 655-673.

Blanke, K./Ehling, M./Schwarz, N. (1996), Zeit im Blickfeld: Ergebnisse einer repräsentativen Zeitbudgeterhebung, Schriftenreihe des Bundesministeriums für Familie, Senioren, Frauen und Jugend, Nr. 121, Stuttgart u.a.

Bleses, P./Stahmer, C. (2000), Input-Output-Rechnung 1995 und 1997, in: Wirtschaft und Statistik, H. 12, S. 901-913.

Borrmann, Chr./Dennig, U./Jungnickel, R./Keller, D./Koopmann, G. (2001), Standort Deutschland im internationalen Verbund, Veröffentlichungen des Hamburgischen Welt-Wirtschafts-Archivs (HWWA), Bd. 76, Baden-Baden.

Breuss, F. (2000), Gesamtwirtschaftliche Evaluierung der EU-Mitgliedschaft Österreichs, Aktualisierung des Wifo-Monatsberichtes 8/1999.

Bundesministerium für Arbeit und Sozialordnung (2001), Teilzeit = Halb(e)zeit? Mehr Vorteile als Nachteile für Arbeitnehmer und Arbeitgeber, Pressemitteilung vom 15.11.2001, Stand: 10.11.2002, Berlin, http://www.teilzeit-info.de/presse/pm161101.pdf.

Bundesministerium für Wirtschaft (1995), Die Informationsgesellschaft: Fakten, Analysen, Trends, Bonn.

Bußmann, L. (1999), Drei-Sektoren-Trend und Vollbeschäftigung, in: Bußmann, L. (Hrsg.), Vollbeschäftigung und Tertiarisierung (Drei-Sektoren-Hypothese), Berlin, S. 11-58.

Cassel, D./Kruber, K.-P. (1974), Sektoraler Strukturwandel der Wirtschaft, in: Wirtschaftswissenschaftliches Studium, Vol. 3, H. 7, S. 314-318.

Castells, M. (2001), Das Informationszeitalter. Wirtschaft. Gesellschaft. Kultur. Bd. 1: Der Aufstieg der Netzwerkgesellschaft, übersetzt von Kößler, R., Opladen.

Castells, M./Aoyama, Y. (1994), Paths toward the Informational Society: Employment Structure in G-7 Countries, 1920-90, in: International Labour Review, Vol. 133, Nr. 1, S. 5-33.

Cette, G./Mairesse, J./Kocoglu, Y. (2000), Les technologies de l'information et de la communication en France: diffusion et contribution à la croissance, in : Economie et Statistique, H. 9/10, S. 117-146.

Clark, C. (1957), The Conditions of Economic Progress, 3rd ed., London.

Cohen, S./Zysman, J. (1987), Manufacturing matters. The Myth of the Post-Industrial Economy, New York.

Cook, M./Healey, N.M. (1995), Growth and Structural Change, Houndmills et al.

Colecchia, A. (2001), The Impact of Information and Communications Technologies on Output Growth. Issues and Preliminary Findings. OECD, STI Working Papers Nr. 11, Paris.

Colecchia, A./Schreyer, P. (2001), ICT Investment and Economic Growth in the 1990s: is the United States a Unique Case? A Comparative Study of Nine OECD Countries. OECD, STI Working Papers Nr. 7, Paris.

Cornelius, P.K./Zhang, Y. (2001/02), Labor Markets in Europe: Performance, Reform, and Perception, in: World Economic Forum (Hrsg.), The Global Competitiveness Report, New York usw., S. 140-154.

Cornetz, W./Schäfer, H. (1998), Dienstleistungsdefizit in der Bundesrepublik Deutschland? In: Cornetz, W. (Hrsg.), Chancen durch Dienstleistungen, Wiesbaden, S. 37-76.

Corsten, H. (1984), Zum Problem der Mehrstufigkeit in der Dienstleistungsproduktion, in: Jahrbuch der Absatz- und Verbrauchsforschung, H. 3, S. 253-269.

Crépon, B./Heckel, Th. (2000), Informatisation en France: une évaluation à partir de données individuelles, Documents de travail d'INSEE No. G 2000/13, Paris.

Cuthbertson, K./Hayes, S./Hyde, St. (1998), The Industry Response to Macroeconomic Shocks in the UK, Germany and France and the Convergence Debate, in: The Economic and Social Review, Vol. 29, H. 4, S. 383-401.

Dannenbaum, J. (1998), Der Strukturwandel in Deutschland und seine Bedeutung für die Arbeitslosigkeit, Frankfurt a.M. usw., Zugl.: Diss. Univ. Hamburg.

Deiss, R. (2002), Statistiken über die Informationsgesellschaft, in: Eurostat: Statistik kurz gefaßt, Thema 4, Nr. 32.

Dielman, T.E. (1989), Pooled Cross-Sectional and Time Series Data Analysis, New York, Basel.

Doan, Th.A. (2000), RATS User's Guide, Version 5, Evanston.

Donges, J.B./Gundlach, E./Dicke, H./Jüttemeier, K.-H./Klodt, H./Schmidt, K.-D./-Weiss, F.D. (1988), Mehr Strukturwandel für Wachstum und Beschäftigung: die deutsche Wirtschaft im Anpassungsstau, Institut für Weltwirtschaft, Kieler Studien Nr. 216, Tübingen.

Döpke, J./Pierdzioch, Chr. (2000), Stock Market Dispersion, Sectoral Shocks, and the German Business Cycle, Kiel Working Paper Nr. 966, Kiel.

Dostal, W. (1984), Datenverarbeitung und Beschäftigung. Teil 3. Der Informationsbereich, in: Mitteilungen aus der Arbeitsmarkt- und Berufsforschung, 17. Jg., H. 4, S. 490-505.

Dostal, W. (2000), Konkretisierung eines quartären Sektors - Möglichkeiten und Grenzen aus der Sicht der Arbeitsmarkt- und Berufsforschung, in: Boos, M., WissensWert!?: ökonomische Perspektiven der Wissensgesellschaft, Baden-Baden, S. 317-331.

Eaton, J./Kortum, S. (1995), Trade in Ideas: Patenting and Productivity in the OECD, NBER Working Paper Nr. 5069, Cambridge, (Mass.).

Eckey, H.-F./Kosfeld, R./Dreger, Chr. (2001), Ökonometrie, 2., überarb. und erw. Aufl., Wiesbaden.

Edler, D. et al. (1998), Deutschland im Strukturwandel: Strukturberichterstattung 1997, DIW-Beiträge zur Strukturforschung, H. 179, Berlin.

Ehrenberger, H. (1999), Vollbeschäftigungspolitik heute, in: Bußmann, L. (Hrsg.), Vollbeschäftigung und Tertiarisierung (Drei-Sektoren-Hypothese), Berlin, S. 60-84.

Elmeskov, J. (1993), High and Persistent Unemployment: Assessment of the Problem and its Causes, OECD Economics Department Working Papers Nr. 132, Paris.

Enders, W. (1995), Applied Econometric Time Series, New York usw.

Enders, W. (2003), RATS Programming Manual, E-Book, http://www.estima.com/enders/.

Europäischer Rat (2000), Schlussfolgerungen des Vorsitzes, Stand: 10.11.2002, http://www.europarl.eu.int/summits/lis1_de.htm.

Eurostat (2002*a*), Eurostat-Jahrbuch 2002, Luxemburg.

Eurostat (2002*b*), Regionen: Statistisches Jahrbuch 2002, Luxemburg.

EZB (2002), Monatsbericht August, Frankfurt a.M..

Fehn, R. (1997), Der strukturell bedingte Anstieg der Arbeitslosigkeit in Europa: Ursachen und Lösungsansätze, Baden-Baden, Zugl.: Diss. Univ. Würzburg.

Filip-Köhn, R./Neckermann, G./Stäglin, R. (1984), Information Activities: Updating and Improving the Data Base for the Federal Republic of Germany. DIW, Berlin.

Fisher, A.G.B. (1939), Production, Primary, Secondary and Tertiary, in: The Economic Record, June 1939, S. 24-38.

Fisher, A.G.B. (1952), A note on Tertiary Production, in: The Economic Journal, Vol. 62, S. 820-834.

Fisher, A.G.B. (1954*a*), Marketing Structure and Economic Development: Comment, in: Quarterly Journal of Economics, Vol. 68, S. 151-154.

Fisher, A.G.B. (1954*b*), Tertiary Production: a Postscript, in: The Economic Journal, Vol. 64, S. 619-621.

Förster M.F. (2000), Trends and Driving Factors in Income Distribution and Poverty in the OECD Area, OECD Labour Market and Social Policy Occasional Papers Nr. 42, Paris.

Fourastié, J. (1969), Die große Hoffnung des 20. Jahrhunderts, 2. Aufl., Köln.

Franz, W. (2003), Arbeitsmarktökonomik, 5., vollst. überarb. Aufl., Berlin usw.

Freeman, H.L. (1989), Learning to Love the Service Sector, in: DIW (Hrsg.), Dienstleistungen - Neue Chance für Wirtschaft und Gesellschaft, Berlin, S. 329-335.

Freeman, R.B. (1995), The Large Welfare State as a System, in: American Economic Review, Vol. 85, No. 2, S. 16-21.

Frenkel, M./Hemmer, H.-R. (1999), Grundlagen der Wachstumstheorie, München.

Frenkel, M./Nickel, Chr./Schmidt, G. (2001), Strukturelle Vektorautoregression, in: Das Wirtschaftsstudium, Vol. 19, Nr. 8/9, S. 1182-1190.

Fuller, W.A. (1996), Introduction to Statistical Time Series, 2nd ed., New York usw.

Furuta, H./Makita, N. (2001), Overview of IT Statistics in Japan, IAOS Satellite Meeting on Statistics for the Information Society August 30 and 31, 2001, Tokio, Stand: 20.11.2002, http://www.stat.go.jp/english/iaos/paper/furuta.pdf.

Garonna, P./Sica, F.G.M. (1997), Intersectoral Labour Reallocations and Flexibility Mechanism in Post-War Italy, in: Siebert, H. (Hrsg.), Structural Change and Labour Market Flexibility. Experience in Selected OECD Economies, Tübingen, S. 51-88.

Garonna, P./Sica, F.G.M. (2000), Intersectoral Labour Reallocations and Unemployment in Italy, in: Labour Economics, Vol. 7, S. 711-728.

Gershuny, J.I. (1981), Die Ökonomie der nachindustriellen Gesellschaft. Produktion und Verbrauch von Dienstleistungen, übersetzt von Ridder-Aab, P., Frankfurt a.M., New York.

Gershuny, J.I. (1986), Beschäftigungsstruktur und nachindustrieller Wandel, in: Pestel, E. (Hrsg.), Perspektiven der Dienstleistungswirtschaft: Beiträge zu einem Internationalen Dienstleistungssymposium der Niedersächsischen Landesregierung vom 13. - 15. Mai 1985 in Hannover, Göttingen, S. 57-72.

Gerstenberger, W. et al. (1988), Wettbewerbsfähige Strukturen gestatten Expansionspolitik, Strukturberichterstattung 1987, Schriftenreihe des Ifo-Instituts für Wirtschaftsforschung, Nr. 120, München.

Gilles, S.-P. (1997), Labour Rigidities and the Performance of the French Economy, in: Siebert, H. (Hrsg.), Structural Change and Labour Market Flexibility. Experience in Selected OECD Economies, Tübingen, S. 29-50.

Gornig, M. (2000), Gesamtwirtschaftliche Leitsektoren und regionaler Strukturwandel. Eine theoretische und empirische Analyse der sektoralen und regionalen Wirtschaftsentwicklung in Deutschland 1895-1987, Zugl.: Berlin, Technische Universität, Diss. 1998.

Görgens, E. (1975), Die Drei-Sektoren-Hypothese, in: Das Wirtschaftsstudium, Vol. 4, Nr. 6, S. 287-292.

Granger, C.W.J. (1969), Investigating Causal Relations by Econometric Models and Cross-Spectral Methods, in: Econometrica, Vol. 37, S. 424-438.

Greene, W.H. (2003), Econometric analysis, 5th ed., Prentice Hall.

Grömling, M./Lichtblau, K./Weber, A. (1998), Industrie und Dienstleistungen im Zeitalter der Globalisierung, Köln.

Grossman, G.M./Helpman, E. (1991*a*), Quality Ladder in the Theory of Growth, in: Review of Economics Studies, Vol. 58, S. 42-61.

Grossman, G.M./Helpman, E. (1991*b*), Innovation and Growth in the Global Economy, Cambridge, (Mass.).

Grubel, H./Lloyd, P.J. (1975), Intra-Industry Trade, New York.

Gujarati, D.N. (2003), Basic Econometrics, 4th ed., New York usw.

Gundlach, E. (1993), Die Dienstleistungsnachfrage als Determinante des wirtschaftlichen Strukturwandels, Tübingen.

Gundlach, E. (1994), Demand Bias as an Explanation for Structural Change, in: Kyklos, Vol. 47, S. 249-267.

Gwartney, J./Lawson, R. (2002), Economic Freedom of the World: 2002 Annual Report Stand: 06.09.2002, http://www.freetheworld.com/release.html.

Haid, A./Preissl, B. (1997), Dienstleistungsdynamik in der Europäischen Union uneinheitlich, in: DIW-Wochenbericht, Vol. 64, H. 16, S. 273-280.

Hamilton, J.D. (1994), Time Series Analysis, Princeton.

Härtel, H.-H. (1996), Grenzüberschreitende Produktion und Strukturwandel: Globalisierung der deutschen Wirtschaft, Veröffentlichungen des Hamburgischen Welt-Wirtschafts-Archivs (HWWA), Bd. 29, Baden-Baden.

Härtel, H.-H./Jungnickel, R. (1998), Strukturprobleme einer reifen Volkswirtschaft in der Globalisierung: Analyse des sektoralen Strukturwandels in Deutschland, Veröffentlichungen des Hamburgischen Welt-Wirtschafts-Archivs (HWWA), Bd. 43, Baden-Baden.

Hartley, K. (1984), Information Technology and Society - Where the Tension lie, in: Lutz, Chr., Westeuropa auf dem Weg in die Informationsgesellschaft: Dokumentation des GDI-Symposiums; 18. - 20. Juni; II. Europäisches Symposium über langfristige Zukunftsfragen, Gottlieb Duttweiler Institut (GDI), GDI-Schrift Nr. 32: Wirtschafts- und Unternehmenspolitik, Rüschlikon usw.

Heinze, J. (1979), Strukturwandel in der BRD. Eine Auseinandersetzung mit der Drei-Sektoren-Hypothese, in: Ifo-Schnelldienst Nr. 33, S. 8-19.

Helmstädter, E. (1980), Möglichkeiten und Grenzen der Strukturberichterstattung, in: Politik und Macht. Wirtschaftspolitische Probleme der 80er Jahre, Stuttgart, New York.

Hensel, M. (1990), Die Informationsgesellschaft: neuere Ansätze zur Analyse eines Schlagwortes, München, Zugl.: Diss. Univ. Mainz., 1989.

Hesse, H. (1996), Arbeitslosigkeit als unbewältigtes Anpassungsproblem, Stuttgart.

Hodrick, R./Prescott, E. (1997), Post-War U.S. Business Cycles: An Empirical Investigation, in: Journal of Money, Credit & Banking, Vol. 29, H. 1, S. 1-16.

Hofmann, H./Ochel, W./Wilhelm, M. (1999), Beschäftigungspotentiale Unternehmensbezogener Dienstleistungen, in: Ifo-Schnelldienst, Vol. 52, S. 31-42.

Holtfrerich, C.-L. (1980), Wachstum I: Wachstum der Volkswirtschaften, in: Albers, W. (Hrsg.), Handwörterbuch der Wirtschaftswissenschaft, Bd. 8, Stuttgart usw., S. 413-432.

Hospers, G.-J./Steenge, A.E. (2002), Structural and Institutional Change in Europe: An Analysis Inspired by Fourastié and Perroux, in: Prinz, A./Steenge, A.E./Vogel, A. (Hrsg.), Agglomeration, Population und Koordination in Europa, Münster, S. 1-34.

Hsiao, C. (2003), Analysis of Panel Data, 2nd ed., Cambridge usw.

Huber, R. (1992), Die Nachfrage nach Dienstleistungen, Hamburg.

Hubert, F. (1997), Determinanten der Arbeitslosigkeit in der EU: eine empirische Analyse für die Bundesrepublik Deutschland, Frankreich, Großbritannien und Italien, Frankfurt a. M. usw., Zugl.: Diss. Univ. Mainz.

ILO (2001), Beitrag der Informations- und Kommunikationstechnologie zur Überwindung der Beschäftigungskrise, in: ILO-Nachrichten Nr. 1, Bonn.

Japanische Regierung, (2002), e-Japan Priority Policy Program - 2002, Stand: 27.10.2002, http://www.kantei.go.jp/foreign/it/network/0122full_e.html.

Jasperneite, Chr./Allinger, H.J. (1998), Langfristige Perspektiven am westdeutschen Arbeitsmarkt: Was sagen die Gesetze von Okun und Verdoorn? Passauer Diskussionspapiere Nr. V-12, Volkswirtschaftliche Reihe, Passau.

Johnston, J./DiNardo, J. (1997), Econometric methods, 4th ed., New York usw.

Kaldor, N. (1966), Causes of the Slow Rate of Economic Growth of the United Kingdom, Oxford.

Kalmbach, P. (1998), Wachstumsschwäche durch Dienstleistungen vs. Dienstleistungsbereich als Wachstumsmotor, in: Cornetz, W. (Hrsg.), Chancen durch Dienstleistungen, Wiesbaden, S. 103-126.

Kirsanova, T./Sefton, J. (2001), A Comparison or Personal Sector Saving Rates in the UK, US and Italy, National Institute of Economic and Social Research, Discussion Paper, London, Stand: 04.04.2003, http://www.niesr.ac.uk/pubs/dps/dp192.PDF.

Klauder, W. (1990), Zur Entwicklung von Produktivität und Beschäftigungsschwelle, in: Mitteilungen aus der Arbeitsmarkt- und Berufsforschung, 23 Jg., H. 1, S. 86-99.

Kleinert, J./Schimmelpfennig, A./Schrader, K./Stehn, J. (2000), Globalisierung, Strukturwandel und Beschäftigung, Kieler Studien Nr. 308, Tübingen.

Klodt, H. (1995), Auf dem Weg in die Dienstleistungsgesellschaft. Geht die industrielle Basis verloren? In: Wirtschaftswissenschaftliches Studium, Vol. 24, H. 6, S. 297-301.

Klodt, H. (1998), Tertiarisierung. Ursachen und Konsequenzen, in: Wirtschaftswissenschaftliches Studium, Vol. 27, H. 8, S. 394-399.

Klodt, H. (2001), Direktinvestitionen, Fusionen und Strukturwandel, Kieler Arbeitspapier Nr. 1083, Institut für Weltwirtschaft, Kiel.

Klodt, H./Maurer, R./Schimmelpfennig; A. (1997), Tertiarisierung in der deutschen Wirtschaft, Kieler Studien Nr. 283, Tübingen.

Klodt, H./Schmidt, K.-D. et al. (1989), Weltwirtschaftlicher Strukturwandel und Standortwettbewerb, Kieler Studien Nr. 228, Tübingen.

Kmenta, J. (1997), Elements of Econometrics, 2nd ed., Ann Arbor.

Knottenbauer, K. (2000), Theorien des sektoralen Strukturwandels, Zugl.: Diss. Univ. Hohenheim.

Kommission der Europäischen Gemeinschaft (2002), eEurope 2005: Eine Informationsgesellschaft für alle. Aktionsplan zur Vorlage im Hinblick auf den Europäischen Rat von Sevilla am 21./22. Juni 2002, Stand: 27.10.2002, http://europa.eu.int/information_society/eeurope/news_library/documents/eeurope2005/eeurope2005_de.pdf.

Kortmann, W. (1998), Reale Außenwirtschaftstheorie: Fakten-Erklärungen-Massnahmen, Stuttgart, Berlin, Köln.

Krämer, H. (1998), Perspektiven für Dienstleistungsunternehmen, in: Cornetz, W. (Hrsg.), Chancen durch Dienstleistungen, Wiesbaden, S. 155-177.

Kühnel, P. (2003), Internationale Wettbewerbsfähigkeit, in: Das Wirtschaftsstudium, Vol. 21, Nr. 6, S. 755-757.

Kuntze, O.-E. (2000), Großbritannien, in: Ifo-Schnelldienst, Vol. 53, H. 1/2, S. 31-43.

Lamberts, W. (1987), Dienstleistungsproduzenten und Warenproduzenten in der Marktwirtschaft, in: RWI-Mitteilungen, Vol. 37./38, H. 4, S. 503-525.

Legler, H./Speckner, B. (1978), Informationssektor in der Bundesrepublik Deutschland - Beschäftigung und Einkommen, Fraunhofer-Gesellschaft. Institut für Systemtechnik und Innovationsforschung, Karlsruhe.

Lilien, D. (1982), Sectoral Shifts and Cyclical Unemployment, in: Journal of Political Economy, Vol. 90, S. 777-793.

Lindner, H. (1987), Die De-Industrialisierungsthese, Eine Analyse ihrer empirisch-statistischen Grundlagen, Tübingen.

Linz, S./Eckert, G. (2002), Zur Einführung hedonischer Methoden in der Preisstatistik, in: Wirtschaft und Statistik, H. 10, S. 857-863.

Loidl-Stuppi, J. (2001), Dienstleistungsbereich: Eine Datenlücke wird geschlossen, in: Berliner Statistik, Monatsschrift 4/01, S. 160-164.

Lucas, R.E. (1988), On the Mechanics of Economic Development, in: Journal of Monetary Economics, Vol. 22, H. 1, S. 3-42.

Lütkepohl, H. (1993), Introduction to Multiple Time Series Analysis, 2nd ed., Berlin usw.

Lutz, R. (1984), Die sieben zukünftigen Szenarien für die sanfte Wende, in: Lutz, Chr., Westeuropa auf dem Weg in die Informationsgesellschaft: Dokumentation des GDI-Symposiums; 18. - 20. Juni 1984; Gottlieb Duttweiler Institut (GDI)-Schrift Nr. 32: Wirtschafts- und Unternehmenspolitik, Rüschlikon usw.

Lützel, H. (1987), Statistische Erfassung von Dienstleistungen, in: Allgemeines Statistisches Archiv, Vol. 71, S. 17-37.

Machlup, F. (1962), The Production and Distribution of Knowledge in the United States, Princeton.

Maddala, G.S. (2001), Introduction to Econometrics, 3rd ed., Chichester usw.

Maddison, A. (1996), Macroeconomic Accounts for European Countries, in: van Ark, B./Crafts, N.F.R., Quantitative Aspects of Post-War European Economic Growth, Cambridge usw., S. 27-83.

Maddison, A. (2001), The World Economy: A Millennial Perspective, OECD, Paris.

Maennig, W./Stamer, W. (1999), Ist der Strukturwandel in Deutschland zu langsam? Ein empirischer Vergleich mit den USA und Japan, in: Review of Economics, Vol. 50, S. 1-22.

Maennig, W./Wagner, H. (1996), Structural Adjustment and Growth Policies in Europe: Competition and/or Cooperation? in: Tilly, R./Welfens, P.J.J. (Hrsg.), European Economic Integration as a Challenge to Industry and Government: Contemporary and Historical Perspectives on International Economic Dynamics, Berlin usw., S. 211-262.

Maennig, W./Wilfing, B. (1998), Außenwirtschaft. Theorie und Politik, München.

Mangold, K. (1997), Die Zukunft der Dienstleistungen, Wiesbaden.

Mehnert, A./Schäfer, H. (1998), Dienstleistungen: Begriff und Ansatzpunkte für ökonomische Untersuchungen, in: Cornetz, W. (Hrsg.), Chancen durch Dienstleistungen, Wiesbaden, S. 9-35.

Meißner, W./Fassing, W. (1989), Wirtschaftsstruktur und Strukturpolitik, München.

Miles, I. (1989), Services and the New Industrial Economy, in: DIW (Hrsg.), Dienstleistungen - Neue Chance für Wirtschaft und Gesellschaft, Berlin, S. 49-65.

Müller-Michaelis, W. (1996), Die Informationsgesellschaft im Aufbruch: Perspektiven für Wachstum, Beschäftigung und Kommunikation, Frankfurt a.M.

Nefiodow, L.A. (1997), Der sechste Kondratieff. Die großen neuen Märkte des 21. Jahrhunderts, in: Ifo-Studien, Vol. 17, S. 253-286.

Neugebauer, W. (1974), Irreales Inlandsprodukt zu konstanten Preisen, in: Allgemeines Statistisches Archiv, Vol. 58, S. 237-271.

Nickell, St. (1997), Structural Changes and the British Labour Market in: Siebert, H. (Hrsg.) Structural Change and Labor Market Flexibility. Experience in Selected OECD Economies, Tübingen, S. 3-28.

Ochel, W./Wegner, M. (1987), Service Economies in Europe. Opportunities to Growth, London, Colorado.

OECD (1994), Employment Outlook, Paris.

OECD (1998), Employment Outlook, Paris.

OECD (1999), Employment Outlook, Paris.

OECD (2000), Measuring the ICT Sector (E-book PDF Format), Paris, Stand: 12.07.2002, http://www.oecd.org/pdf/M00002000/M00002651.pdf.

OECD (2001*a*), OECD in Figures, 2001 Edition, Stand: 02.09.2002, http://www.oecdwash.org/DATA/STATS/oecdinfig2001.pdf.

OECD (2001*b*), OECD Science, Technology and Industry Scoreboard 2001 (E-book PDF Format), Stand: 12.07.2002, http://www1.oecd.org/publications/e-book/92-2001-04-1-2987/.

OECD (2002*a*), Economic Outlook, Vol. 72, Paris.

OECD (2002*b*), Measuring the Information Economy 2002, (E-book PDF Format), Paris, Stand: 08.11.2002, http://www.oecd.org/pdf/M00036000/M00036089.pdf.

OECD (2002*c*), OECD in Figures, OECD Observer 2002/Supplement 1, Stand: 24.08.2002, http://www.oecdwash.org/DATA/STATS/oecdinfig2002.pdf.

OECD (2002*d*), OECD Information Technology Outlook, Paris.

OECD (2002*e*), OECD Statistics on International Trade in Services, Partner Country Data and Summary Analysis, 1999-2000, Stand: 22.10.2002, http://www.oecd.org/EN/document/0,,EN-document-0-nodirectorate-no-1-32974-0,00.html

OECD (2002*f*), OECD in Washington, Nr 37, Washington.

OECD (2002*g*), Trends and Recent Developments in Foreign Direct Investment, Article forthcoming in the OECD International Investment Perspectives, September 2002, Stand: 22.10.2002, http://www.oecd.org/pdf/M00031000/M00031885.pdf.

OECD/Eurostat (1995), Manual on the Measurement of Human Resources Devoted to S&T - Canberra Manual, Paris.

OECD/Eurostat (1998), Statistics on International Trade in Services, Paris.

OECD/Eurostat (2000), Statistics on International Trade in Services, Paris.

OECD/ICCP (1981), Information Activities, Electronics and Telecommunications Technologies. Impact on Employment, Growth and Trade. Vol. I + II. ICCP Series No. 6, Paris.

Oliner, St.D./Sichel D.E. (1994), Computers and Economic Growth Revisited: How Big is the Puzzle? In: Brookings Papers on Economic Activity, S. 273-317.

Oulton, N. (2001), ICT and Productivity Growth in the UK, Bank of England Working Paper 140, London. Stand: 10.11.2002, http://www.bankofengland.co.uk/workingpapers/wp140.pdf.

Passerini, P. (2001*a*), Anteil des Dienstleistungssektors an den DI-Zuflüssen in die EU wächst, in: Statistik kurz gefasst, Thema 2, Nr. 19. Stand: 10.11.2002, http://www.eu-datashop.de/download/DE/sta_kurz/thema2/nj_01_19.pdf

Passerini, P. (2001*b*), 1996-1999: Direktinvestitionen der EU im Dienstleistungssektor außerhalb der EU nehmen zu, in: Statistik kurz gefasst, Thema 2, 27/2001, Stand: 10.11.2002, http://www.eu-datashop.de/download/DE/sta_kurz/thema2/nj_01_27.pdf.

Pelloni, G./Polasek, W. (1999), Intersectoral Labour Reallocation and Employment Volality: a Bayesian Analysis using a VAR-GARCH-M Model, Discussion Papers in Economics, University of York, 1999,4.

Pelloni, G./Polasek, W. (2000*a*), Macroeconomic Effects of Sectoral Shocks in US, UK and Germany: a BVAR-GARCH-M Approach, Department of Economics Discussion Paper Series, University of Sheffield, 2000,3.

Pelloni, G./Polasek, W. (2000*b*), A Bayesian VAR-GARCH Analysis of Sectoral Labour Reallocation, Department of Economics Discussion Paper Series, University of Sheffield, 2000,4.

Peri, G./Urban, D. (2002), The Veblen-Gerschenkron Effect of FDI in Mezzogiorno and East Germany, Centro Studi Luca d'Agliano, Development Studies Working Papers Nr. 164, Turin.

Peters, H.-R. (1988), Sektorale Strukturpolitik, München.

Petrauschke, B./Kaumanns, S.C. (2003), Informationstechnologie in Unternehmen, in: Wirtschaft und Statistik, H. 2, S. 106-114.

Pilat, D./Lee, F.C. (2001), Productivity Growth in ICT-Producing and ICT-Using Industries. A Source of Growth Differentials in the OECD? OECD, STI Working Papers No. 4, Paris.

Porat, M.U. (1976), The Information Economy, Stanford.

Porath, D. (1999), Fiskalische Beurteilung der Staatsverschuldung mit ökonometrischen Methoden: Eine empirische Studie für die Bundesrepublik Deutschland, Frankfurt a.M. usw., Zugl.: Diss. Univ. Mainz.

Postlep, R.-D. (1982), Regionale Effekte höherwertiger Dienstleistungen, Schriftenreihe der Gesellschaft für Regionale Strukturentwicklung, Bd. 10, Bonn.

Pötzsch, O./Decker, J./Kühnen, C. (2003), Private Haushalte in der Informationsgesellschaft, in: Wirtschaft und Statistik, H. 2, S. 94-105.

Pindyck, R.S./Rubinfeld, D.L. (1998), Econometric models and economic forecasts, 4th ed., Boston, Mass. usw.

Rasmussen, T. (1977), Entwicklungslinien des Dienstleistungssektors, Göttingen.

Rebelo, S. (1991), Long-Run Policy Analysis and Long-Run Growth, in: Journal of Political Economy, Vol. 99, S. 500-521.

Reim, U. (1988), Zum Ausbau statistischer Informationen über Dienstleistungen, in: Wirtschaft und Statistik, H. 12, S. 842-848.

Rinne, H./Specht, K. (2002), Zeitreihen: Statistische Modellierung, Schätzung und Prognose, München.

Rissmann, E.R. (1986), What is the Natural Rate of Unemployment? In: Economic Prespectives, Federal Reserve Bank of Chicago, S. 3-17.

Rivera-Batiz, L.A./Romer, P. (1991), Economic Integration and Endogenous Growth, in: Quarterly Journal of Economics, Vol. 106, S. 531-555.

Romer, P.M. (1986), Increasing Returns and Long Run Growth, in: Journal of Political Economy, Vol. 94, S. 1002-1032.

Romer, P.M. (1990), Endogenous Technological Change, in: Journal of Political Economy, Vol. 98, S. 71-102.

Rose, K. (1991), Grundlagen der Wachstumstheorie, 6. unveränd. Aufl., Göttingen.

Rose, K./Sauernheimer, K. (1999), Theorie der Außenwirtschaft, 13. überarb. Aufl., München.

Rowthorn, R./Ramaswamy, R. (1997), Deindustrialization: Causes and Implication, IMF Working Paper, Nr. 42, Washington, D.C.

Rowthorn, R./Ramaswamy, R. (1999), Growth, Trade and Deindustrialization, IMF Staff Papers, Vol. 46, Nr. 1, Washington, D.C.

Saeger, S.S. (1997), Globalization and Deindustrialization: Myth and Reality in the OECD, in: Weltwirtschaftliches Archiv, Vol. 133, S. 579-608.

Samuelson, P.A. (1964), Theoretical Notes on Trade Problems, in: Review of Economics and Statistics, Vol. 46, H. 2, S. 145-154.

Say, J.B. (1852), Cours Complet d'économie politique pratique, 3. ème ed., tome I, Paris.

Schaden, B. (1999), Zwanzig Jahre Strukturberichterstattung, in: Ifo-Studien, Vol. 45, S. 161-169.

Schaden, B. et al. (2000), Neue Informations- und Kommunikationstechnologien, Tertiarisierung und Globalisierung. Strukturberichterstattung 1996-1998, Schriftenreihe des Ifo Instituts für Wirtschaftsforschung, Nr. 149, Berlin.

Schedl, H./Vogler-Ludwig, K. (1987), Strukturverlagerungen zwischen sekundärem und tertiärem Sektor: zur Rolle der Dienstleistungen in der arbeitsteiligen Wirtschaft, Ifo-Studien zur Strukturforschung Nr. 8, München.

Schnur, P. (1990), Investitionstätigkeit und Produktivitätsentwicklung. Empirische Analyse auf Basis eines erweiterten Verdoorn-Ansatzes, in: Mitteilungen aus der Arbeitsmarkt- und Berufsforschung, Vol. 23, Nr. 1, S. 106-110.

Schulze, P.M. (2001), Regionales Wachstum und Strukturwandel. Quantitative Analysen mit Regionaldaten für die Bundesrepublik Deutschland, Schriften zur empirischen Wirtschaftsforschung Nr. 4, Frankfurt a.M. usw.

Schulze, P.M. (2003), Beschreibende Statistik, 5. erw. und akt. Aufl., München, Wien.

Schumann, J./Meyer, U./Ströbele, W. (1999), Grundzüge der mikroökonomischen Theorie, 7., neubearb. und erw. Aufl., Berlin usw.

Seeling, R. (1974), Das relative Wachstum des Dienstleistungssektors. Ein Beitrag zur Bewertungsfrage im Rahmen langfristiger Strukturuntersuchungen, in: RWI-Mitteilungen, 25. Jg., S. 15-25.

Skolka, J. (1976), The Substitution of Self-Service Activities for Marketed Services, in: Review of Income and Wealth, Vol. 22, No. 4, S. 297-304.

Sims, C.A. (1980), Macroeconomics and Reality, in: Econometrica, Vol. 48, S. 1-48.

Sims, C.A. (1986), Are Forecasting Models Usable for Policy Analysis? Federal Reserve Bank of Minneapolis, Quarterly Review, Winter.

Staroske, U. (1995), Die Drei-Sektoren-Hypothese: Darstellung und kritische Würdigung aus heutiger Sicht, Regensburg.

Statistisches Bundesamt (1992), Klassifizierung der Berufe: systematisches und alphabetisches Verzeichnis der Berufsbenennungen, Stuttgart.

Statistisches Bundesamt (1995), Statistisches Jahrbuch für das Ausland, Wiesbaden.

Statistisches Bundesamt (2001), Statistisches Jahrbuch für das Ausland, Wiesbaden.

Statistisches Bundesamt (2002*a*), Im Blickpunkt: Informationsgesellschaft, Wiesbaden.

Statistisches Bundesamt (2002*b*), Empfehlungen zur Weiterentwicklung der amtlichen Statistik. Bericht des Statistischen Beirats an die Bundesregierung, in: Wirtschaft und Statistik, H. 9, S. 784-791.

Statistisches Bundesamt (2002*c*), Informationen aus der amtlichen Statistik, Nr. 3, Wiesbaden.

Statistisches Bundesamt (2002*d*), Statistisches Jahrbuch für das Ausland, Wiesbaden.

Statistisches Bundesamt (2002*e*), VGR des Bundes: Input-Output-Rechnung 1997 nach 71 Gütergruppen/Produktionsbereichen. Statistik-Shop-Produkt Nr. 815000210, Wiesbaden.

Stehn, J. (2000), Globalisierung und Beschäftigung, in: Wirtschaftswissenschaftliches Studium, Vol. 29, H. 9, S. 528-530.

SVR (2000), Chancen auf einen höheren Wachstumspfad, Jahresgutachten 2000/01, Stuttgart.

SVR (2001), Für Stetigkeit - gegen Aktionismus, Jahresgutachten 2001/02, Stuttgart.

Thomas, G./Miles, I. (1986), Technologies and Changes in the Provision of Services in Households, Brüssel.

Thuy, P. (1994), Strukturwandel, Qualifikation und Beschäftigung: eine ökonomische Analyse unter besonderer Berücksichtigung des tertiären Sektors, Bern usw., Zugl.: Diss. Univ. Bayreuth, 1993.

UNCTAD (1998), World Investment Report, New York, Genf.

UNCTAD (2000), World Investment Report, New York, Genf.

UNCTAD (2001), World Investment Report, New York, Genf.

UNCTAD (2002), World Investment Report, New York, Genf.

Varian, H.R. (2001), Grundzüge der Mikroökonomik, 5., überarb. Aufl., übersetzt von Buchegger, R., München Wien.

Verdoorn, P.J. (1951), On an Empirical Law Governing the Productivity of Labour, in: Econometrica, Vol. 19, H. 2, S. 209-210.

Vijselaar, F./Albers, R. (2002), New Technologies and Productivity Growth in the Euro Area, EZB Working Paper Nr. 122, Frankfurt a.M.

Werner, H. (2000), Frankreich geht andere Wege - und erzielt Erfolge, IAB-Kurzbericht Nr. 13 vom 15.9.2000, Nürnberg. http://www.iab.de/asp/internet/dbdokShow.asp?pkyDoku=k001012n01.

Willms, M. (1999), Strukturpolitik, in: Vahlens Kompendium der Wirtschaftstheorie und Wirtschaftspolitik, Bd. 2, 7. überarb. und erw. Aufl., München.

Wolfe, M. (1955), The concept of Economic Sectors, in: Quarterly Journal of Economics, Vol. 90, S. 402-420.

WTO (2002), International Trade Statistics, Genf.

Schriften zur empirischen Wirtschaftsforschung

Herausgegeben von Peter M. Schulze

Band 1 Christoph Balz: Multivariate Überprüfung von Hysteresiseffekten. Eine empirische Analyse ausgewählter Arbeitsmärkte. 1999.

Band 2 Daniel Porath: Fiskalische Beurteilung der Staatsverschuldung mit ökonometrischen Methoden. Eine empirische Studie für die Bundesrepublik Deutschland. 1999.

Band 3 Martina Johannsen: Theorie und Empirie von Arbeitsmärkten. Eine ökonometrische Analyse für Rheinland-Pfalz. 2000.

Band 4 Peter M. Schulze: Regionales Wachstum und Strukturwandel. Quantitative Analyse mit Regionaldaten für die Bundesrepublik Deutschland. Unter Mitarbeit von Christoph Balz. 2001.

Band 5 Nora Lauterbach: Tertiarisierung und Informatisierung in Europa. Eine empirische Analyse des Strukturwandels in Deutschland, Frankreich, Italien und Großbritannien. 2004.

www.peterlang.de

FSC
www.fsc.org
MIX
Papier | Fördert gute Waldnutzung
FSC® C083411

Kolibri 360 GmbH
Ferdinand-Jühlke-Straße 7
99095 Erfurt, Deutschland
produktsicherheit@kolibri360.de

Druck:
CPI Druckdienstleistungen GmbH
im Auftrag der
Kolibri 360 GmbH
Ferdinand-Jühlke-Str. 7
99095 Erfurt